現代世界経済叢書
5

ヨーロッパ経済論

田中友義・久保広正
編著

ミネルヴァ書房

刊行のことば

　世界の各地域は，貿易・投資の自由化，国際金融市場の発展，あるいは通信・輸送コストの低下などによって，互いの結び付きを一層強めつつある。いわゆるグローバリゼーションの進行である。その結果，我々は瞬時にして世界の動きを知ることができるし，また，他の地域で生じた変化がたちどころに我々の日常生活にまで影響を及ぼすようになった。ニューヨーク株式市場の株価に連動して日経平均株価も動くようになり，その結果，わが国の金融機関・企業の収益，さらには雇用にまで影響していることなどは一例である。

　はたしてグローバリゼーションは，我々の生活にとって，いかなる好ましい経済的成果をもたらすのであろうか。あるいは，我々の生活はグローバリゼーションによって翻弄されるようになったのであろうか。今後，グローバリゼーションによって，世界の各地域はどのような課題に直面するのだろうか。

　こうした問題を考える際，まず重要と思われる点は，グローバリゼーションの進展によって，世界の各地域がいかなる変化に見舞われ，どのように対応しようとしているかを具体的に考察することにある。また，このような考察を下に，各地域の変化・対応を比較することも，21世紀における世界経済とグローバリゼーションという問題を考える際に重要といえる。

　グローバリゼーションを共通テーマとする本シリーズは，①日本，②中国，③アメリカ，④アジア，⑤ヨーロッパ，⑥ロシア・東欧，⑦ラテンアメリカ，⑧アフリカの全8巻で構成され，それぞれの国・地域の立場からグローバリゼーションと今後の課題を具体的に明らかにすることを目的としている。このため，執筆陣には地域経済研究のエキスパートを集め，エアリア・スタディーの観点から各地域経済を分析しようとするものである。

　世界のほとんどの地域を網羅する本シリーズは，わが国でも例をみない企画であり，これからの世界経済を総合的に学ぶうえで必読のテキストとなることを目指している。本シリーズの各書を通読すれば，世界各地域の経済を概観することができるだけでなく，上記したグローバリゼーションにかかわる問題点について考察することが可能になるであろう。本シリーズにより，読者が国際経済の変化について一層の興味を持たれることを念じてやまない。

2004年3月

編集者一同

　　　　　　　は　し　が　き

　2002年に通貨統合を完成させたEU（European Union, 欧州連合）は，新たな課題に挑戦しつつある。中東欧諸国を中心とする新加盟国の受け入れ，さらにはEU憲法の採択問題などである。このような「拡大（Widening）」および「深化（Deepening）」によって，EUはヨーロッパ大陸のほとんどを占めることになり，かつ，そのEUは限りなく「国家」に近い存在となる見込みである。

　ヨーロッパの歴史を振り返ると，近代だけをとっても，19世紀末の普仏戦争，20世紀の第一次および第二次世界大戦など戦乱が絶えなかった。さらに第二次大戦後も，いわゆる「ベルリンの壁」によって，東西ヨーロッパは分断されてきた。ヨーロッパ史とは，対立と戦争の歴史であったとすら評価できよう。このようなヨーロッパで，同じような民主主義体制が確立し，EU統合が「国家」を目指すまでに至ったのである。すなわち，対立と戦争の時代を経て，ヨーロッパは安定と統合の時代を迎えつつあるといえよう。

　一方，このように政治的な側面を中心にEU統合が進展するという背景の下，経済面でも注目される動きがみられる。市場統合，通貨統合などである。さらに，ヨーロッパの経済体制をいかに改革するかということも重要な課題になってきた。

　われわれは，しばしば「欧米」という言葉を用いる。ただ，第二次世界大戦後，わが国において「欧米」とは，実際にはアメリカを指すことが多かった。さらに，至近時点をみても，グローバリゼーションの進展とともに，「グローバル・スタンダード」という言葉が用いられることが多いが，その内容は，「アメリカン・スタンダード」であることがしばしば見受けられる。本書の範囲を超える問題であるが，例えば，会計基準であったり，あるいは株主重視の経営であったり，さらには「小さな政府」への指向である。

i

フランス人であるミシェル・アルベールは，その著書『資本主義対資本主義』（小池はるひ訳，竹内書店新社，1996年）のなかで，世界には，米英を中心とする「アングロサクソン型資本主義」と大陸ヨーロッパにみられる「ライン型資本主義」が存在すると主張した。個人主義的志向・「小さな政府」志向が強い前者と，社会的連帯を重視し，「大きな政府」を志向する後者との対比である。そのうち，ライン型資本主義に問題があることは，現在のヨーロッパでおおむね共通の認識となりつつある。「大きな政府」は非効率を生みがちだからである。ただ，イギリスを除くヨーロッパは，グローバルな競争が激化するという環境の下，ライン型でもなくアングロサクソン型でもない独自の経済体制を模索しつつ改革を行なおうとしている。いわゆる「第三の道」である。

低迷が続く日本経済の将来像を考える際，はたして日本は，アメリカが主導するアングロサクソン型資本主義を受け入れ，「構造改革」を進展させることが飛躍につながるのであろうか。あるいは，EUを中心とするヨーロッパ諸国の動向をみながら，日本独自の経済体制の構築を目指して改革を進めるべきなのであろうか。

本書は，このような課題を考察する際，日本では必ずしも十分に知られているとはいえないヨーロッパ経済の動き，あるいはヨーロッパの経済体制を究明することを目的としている。このため，わが国の代表的なヨーロッパ経済研究者に執筆をお願いし，できるだけ平易に論じていただいた。本書により，読者がヨーロッパ経済に一層の興味をもち，その研究を通じて日本経済を展望する際の参考になれば幸いである。

なお，本シリーズの刊行は，神戸大学「地域経済研究会」メンバーに加え，同一の課題に取り組んでおられる他大学・機関の研究者に呼びかけを行なったことにより実現したものである。大変多忙ななか快諾された各執筆者およびミネルヴァ書房編集部の冨永雅史氏に謝意を表したい。

2004年1月

田中友義・久保広正

ヨーロッパ経済論

目　次

はしがき

地　図

序　章　ヨーロッパとは何か……………………………………………… 1
　　　1　地理的特徴　1
　　　2　経済的特徴　5
　　　3　政治的特徴　8
　　　4　日本経済への教訓　12

第1章　ヨーロッパ主要国の歴史………………………………………… 15
　　　1　イギリス　15
　　　2　ドイツ　21
　　　3　フランス　27
　　　4　イタリア　33

第2章　ヨーロッパ中小諸国の歴史……………………………………… 41
　　　1　ヨーロッパの中小諸国の多様性　41
　　　2　ベネルクス諸国　46
　　　3　北欧諸国　55

第3章　欧州統合の歴史と現在…………………………………………… 65
　　　1　欧州統合の見取り図と統合前史　65
　　　2　第二次世界大戦後の初期欧州統合と西欧分裂の克服　72
　　　3　雌伏の15年を経た欧州統合の再発進　77
　　　4　冷戦後の欧州統合と今後の課題　80

第4章　ヨーロッパ経済とグローバリゼーション……………………… 91
　　　1　グローバリゼーションとは　91
　　　2　景気循環の同時化　95
　　　3　EUの国際競争力　99

目次

第5章　EU通貨統合 ………………………………………… 105
1　通貨統合の便益と費用　105
2　西ヨーロッパでの通貨協力から通貨統合へ　108
3　ユーロ圏での金融・財政政策の運営と成果　114
4　国際通貨としてのユーロと世界経済　121

第6章　ヨーロッパ金融市場 ………………………………… 129
1　債券市場と株式市場　129
2　銀行業務と銀行の戦略　136
3　EU拡大と金融市場　145

第7章　EU社会保障制度の改革 …………………………… 149
1　EU社会保障制度の定義　149
2　EU社会保障の変革　154
3　EU公的扶助制度の改革　157
4　EU年金改革　159
5　EU医療・介護・家族保障制度の改革　163
6　EU社会保障制度の今後　167

第8章　労働市場の改革 ……………………………………… 169
1　欧州労働市場の構造変化と欧州雇用戦略　169
2　第一期欧州雇用戦略の内容　174
3　雇用戦略の見直しと第二期欧州雇用戦略　183

第9章　EUの環境政策 ……………………………………… 189
1　EU環境政策における「深化と拡大」　189
2　EU環境政策における「拡大問題」　193
3　地球温暖化問題に対するEUの対応　197
4　再生可能エネルギー導入政策　202
5　EUにおける環境税制改革　205

第10章　日欧関係……………………………………………………………… 211
　　　1　日本・EU経済関係の経緯　　211
　　　2　日本―EU間の貿易・投資関係　　215
　　　3　日本―EU貿易摩擦と通商政策　　224
　　　4　今後の展望　　230

終　章　21世紀のヨーロッパ経済と社会………………………………… 233
　　　1　拡大と平和・安定・繁栄圏の形成　　233
　　　2　知識基盤経済・社会を目指すヨーロッパ　　241
　　　3　QUO VADIS EUROPA？（ヨーロッパはどこへ行くのか）　　246

資料編
　統　計
　関連年表
　索　引

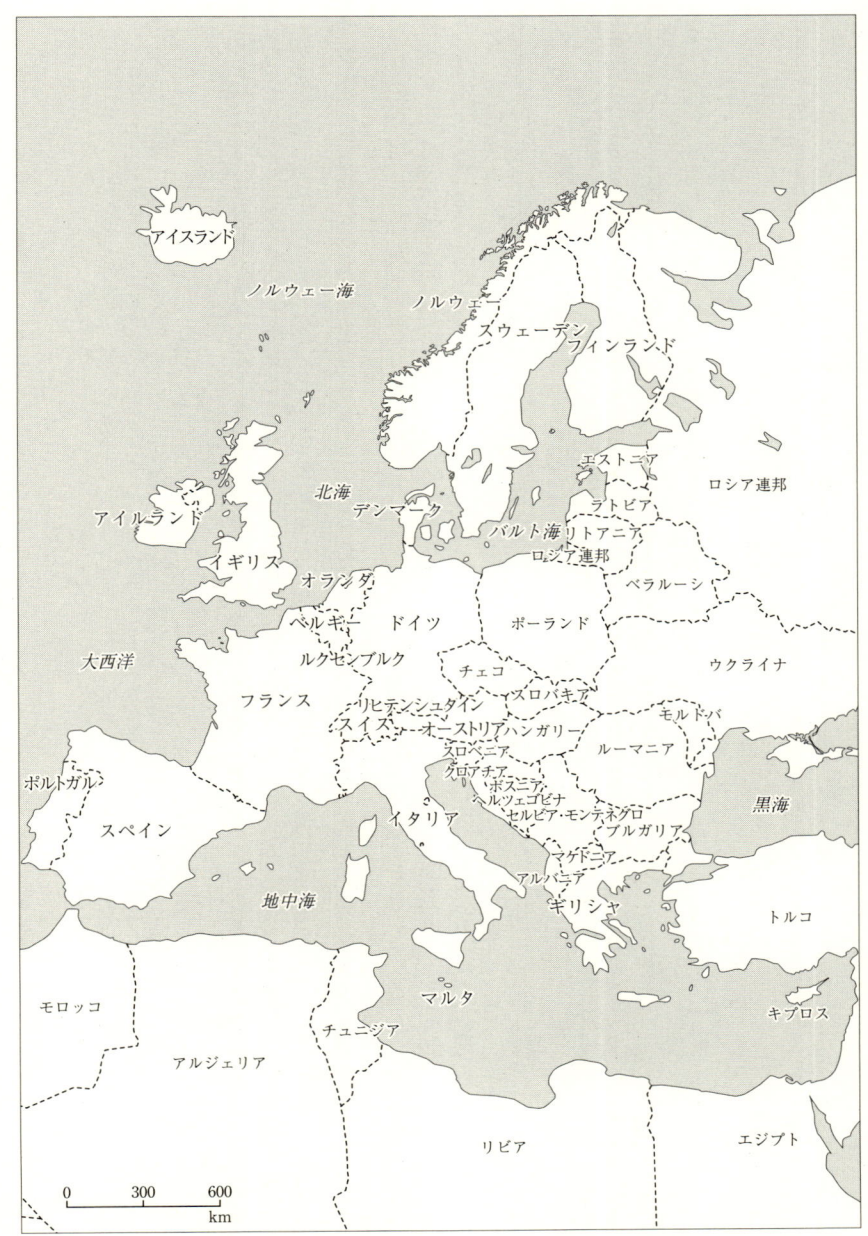

序章

ヨーロッパとは何か

要　約

　ヨーロッパとは，いかなる特徴を有する地域であるのか，あるいはヨーロッパ経済とは，他地域に比して，いかなる点で際立っているのであろうか？　本書全体を通じて，このような問題を論じるのであるが，各論に入る前に，ヨーロッパおよびヨーロッパ経済の地理的，経済的，政治的特徴を概観することにより，次章からの議論の出発点としたい。

　各節の内容を要約すると，次のようになる。まず地理的特徴を述べた第1節では，ヨーロッパという地域がウラル山脈，ボスポラス・ダーダネルス両海峡以西とされることが多く，そこでは，多くの民族が居住し，多くの言語が使用されている点が説明される。第2節では，ヨーロッパの経済的特徴が紹介される。基本的には豊な地域であるが，低成長率，高失業率など抱える問題も多いことが述べられている。政治的特徴を要約した第3節では，民主主義体制が確立されていること，さらにヨーロッパ諸国間の国際関係を安定させるため模索が続けられ，その結果，地域統合が進展している点が述べられている。

1　地理的特徴

（1）　ヨーロッパの境界

　地理的特徴に触れる前に，「ヨーロッパ」の語源について若干述べておきたい。様々な説が存在するが，一般的にはギリシャ神話に由来するとされる。すなわち，フェニキア（現在のレバノン）王の娘「エウロペ（Europe）」という人名であり，彼女はゼウスによってクレタ島に連れ去られたとされる。このよう

な人名が何故に地名として用いられるに至ったかは明らかではないが，紀元前9世紀頃，フェニキアからみてギリシアを示す言葉として用いられるようになった。

ところで，地理的にみてヨーロッパとはどの地域かについてみておきたい。通常，「ヨーロッパ」からイメージする地域は，例えば，スイスの山々，ロンドン・パリの賑わい，イタリアの遺跡などであるが，これらは，いずれもヨーロッパの中央部に位置する。問題は，周辺地域，換言すれば，ヨーロッパと他地域との間で，どこに境界を引くかということである。例えば，南の限界は比較的明瞭である。地中海という境界が存在するからである。ちなみに，ヨーロッパとアフリカとの境界で最も接近している箇所はジブラルタル海峡であるが，潮流などの関係で，これを渡ることは必ずしも容易でない。

また，西側にも，大西洋という天然の境界が存在する。なお，かつてイギリスでは，「ヨーロッパ」というと，ヨーロッパ大陸を示す言葉であり，あたかも自らはヨーロッパに含まれていないと考えているようであった。ちょうど，日本人がアジアというと，日本を除くアジアを意味する場合があることと同様である。ただ，後述するように，1973年にEC（当時）に加盟して以来，イギリス人の意識も変化しつつあり，今日ではイギリス，さらにはアイルランドがヨーロッパに属することを疑う人はほとんどない。さらに，西側で問題になるのは，グリーンランドである。この島はデンマークに属するが，通常，ヨーロッパに含めない。

北側の境界は北極海であり，これもきわめて明瞭である。ただ，最も困難な境界は東側である。通常は，ウラル山脈からボスポラス・ダーダネルス両海峡に至る線が東側の境界とされる。ただ，こうした区分には，いくつかの困難が伴う。重要な問題は，トルコをヨーロッパに含めるか否かである。上述の線引きによると，ヨーロッパに属するトルコは，地理的にいうと同国領土の4％にすぎないからである。なお，かつてローマ帝国時代に栄えたコンスタンチノープル（現在のイスタンブール）は，この地域に位置する。こうした境界を妥当なものとすると，同国の96％は地理的にみてアジアに属することになる。この点

序　章　ヨーロッパとは何か

は，同国と EU がすでに加盟交渉に入っていることから，加盟が認められれば，解消する問題といえるかもしれない。

　東側の境界で，次に問題となる点は，ロシアをどう考えるかということである。もし，ウラル山脈以西をヨーロッパとすると，同国領土の3分の1はヨーロッパ，3分の2はアジアに属することになり，同国は分断されることになる。現時点で可能性は乏しいものの，例えば，同国が EU 加盟を申請し，これが認められればウラジオストックもヨーロッパの一部ということにもなりかねない。

　このように，地理的境界を巡って様々な議論がありえるが，ここでは，東側をウラル山脈からボスポラス・ダーダネルス両海峡に至る線，南側を地中海，東側を大西洋，北側を北極海と考えることにしよう。

(2)　ヨーロッパの民族・言語・宗教

　このようにヨーロッパは，他地域に比して，いくつかの点で特徴を有している。次に，これらについて概観しておこう。

　まず第一点は，民族の多さである。もちろん，この点は，「民族」の定義次第では，必ずしもヨーロッパの特徴といえないかもしれないが，それでもきわめて多くの民族から構成される地域であることは間違いない。ヨーロッパの民族は，大きくゲルマン系，ラテン系，ケルト系およびスラブ系民族に分類することができる。いうまでもなく，ゲルマン系民族が多く居住する国はドイツであり，ラテン系はフランス・スペインおよびイタリア，ケルト系はアイルランドおよびイギリスの一部（スコットランドおよびウェールズ），さらにスラブ系はチェコなど中東欧諸国である。これ以外にも，例えば，ハンガリーはマジャール族が居住するなど，ヨーロッパには多くの民族が居住している。なお，このような背景として，かつて域内外で民族移動が多く起こった点を指摘できるであろう。ローマ人の入植，ゲルマン人の大移動，バイキングの侵入，フン族の侵入などである。このような民族移動の歴史，さらには幾度となく戦乱に見舞われたこともあって，民族の境界と国境が一致していないことも，ヨーロッパ

3

の特徴をなしている。したがって，いずれの国も，程度の差はあれ，民族問題を抱えている。例えば，ベルギーでは，ゲルマン系に属しオランダ語に近いフラマン語を話すフラマン人，ラテン系に属しフランス語を話すワロン人が同国を二分している。また，アイルランド人のように，複数の国に居住することもある。

　このことは第二の特徴，すなわち，ヨーロッパでは多くの言語が使用されていることにつながる。ヨーロッパには36の言語が存在するとされる程である。ちなみに，25カ国が加盟するEUの公用語は21カ国語に達する。EUを国際機関とすると，他の国際機関に比してきわめて多くの言語が公用語として使用されていることがわかる。なお，21カ国語の組み合わせは110通りにも達する。このため，欧州委員会スタッフの3分の1近くは翻訳を担当しており，翻訳という面についていかに大きなエネルギー・人的資源が費やされているかを知ることができる。はたして，この面で実務的な障害が生じないか懸念されるところである。

　第三の特徴は宗教面にある。ヨーロッパは多民族地域であるといっても，宗教面では比較的多様性が乏しいといえるかもしれないことである。すなわち，プロテスタントであるか，あるいはカソリックであるかは別として，おおむねキリスト教に属する宗派が一般的だからである。ただ，ドイツにおけるトルコ系住民，フランスにおける北アフリカ系住民のように，イスラム教徒も多数居住するようになってきており，宗教面での統一性は薄れつつある。なお，増田四郎は，その著書『ヨーロッパとは何か』において，「ヨーロッパとは，古典古代の伝統とキリスト教，それにゲルマン民族の精神，この3つが……組み合わされたもの」としている。なお，ヨーロッパとしてのアイデンティティが育まれた過程をみると，キリスト教と密接に関連していたことがわかる。例えば，中世における十字軍の遠征などである。当時，ヨーロッパとは，キリスト教圏とほぼ同義であった。

序　章　ヨーロッパとは何か

2　経済的特徴

（1）豊かなヨーロッパ

　次に，ヨーロッパ経済の特徴について簡単に触れておきたい。まず経済規模をみてみよう。ヨーロッパの中核をなすEUについてみると，そのGDPはおよそ9.0兆ドルと，アメリカの10.4兆ドルに次ぐ規模に達している。なお，世界のGDPに占めるシェアはEU28.0%，アメリカは32.1%である。一方，人口は4.54億人であり，その結果，人口1人当たりGDPは1万9,278ドルとなる。アメリカの3万6,006ドル，日本の3万1,407ドルには及ばないものの高水準であり，このことからEUは豊かな先進国であることがわかる（いずれも2002年時点）。また，国別にみても，いずれも所得水準は相当高水準であり，貧富の格差が相対的にみると小さな地域ともいえるであろう。もちろん，ヨーロッパのなかでも，一定の所得格差は存在する。すなわち，おおむねドイツ・フランス・イタリア北部以北は高所得地域であるが，スロバキア・ポーランド・バルト三国などは発展途上段階にあり，相対的にみると所得水準は低い。

　ただ，例えば，アジアをみると，躍進が賞賛される中国でさえ，全体としてみると1人当たりGDPは1,300ドル前後にすぎず，域内先進国である日本との格差はヨーロッパと比較するときわめて大きなものがあるといえるであろう。なお，後述するように，現在，EU加盟を申請している諸国のなかには所得水準が十分なレベルに達していない国もあり，今後，域内における経済発展の格差が大きな問題になる可能性は存在する。

　次にヨーロッパにおける経済システムについて，若干，述べてみよう。もともと西ヨーロッパ諸国は市場経済制度を採用していた。さらに1979年に成立したイギリスのサッチャー政権は，国営企業の民営化など「小さな政府」を推し進めたが，こうした動きは他の諸国にも波及し，今日に至っている。このため，「大きな政府」による福祉国家建設を目指してきた北ヨーロッパ諸国も，程度の差は別としても，より「小さな政府」へと転換が図られており，その結果，

表序-1　EU経済の概観（2002年）

	名目GDP（十億ドル）	人口（百万人）	1人当たりGDP（ドル）	面積（万km²）
EU	9,041	453.7	19,278	393.5
アメリカ	10,383	288.4	36,006	962.9
日本	3,993	127.2	31,407	37.7

出典：EUROSTAT.

表序-2　EU各国の主要経済指標（2002年）

				面積（km²）	人口（人）	GDP（100万ドル）
世界				133,744,160	6,198,687,744	32,312,146
EU 25カ国（対世界比）				3,934,600 2.9%	453,675,000 7.3%	9,040,721 28.0%
	EU 15カ国（対世界比）			3,245,290 2.4%	379,010,000 6.1%	8,628,016 26.7%
		ユーロ参加国（対世界比）		2,509,330 1.9%	305,483,000 4.9%	6,648,492 20.6%
			ドイツ	357,030	82,495,000	1,984,095
			フランス	551,500	59,485,000	1,431,278
			イタリア	301,340	57,690,000	1,184,273
			スペイン	505,990	40,917,000	653,075
			オランダ	41,530	16,144,000	417,910
			ポルトガル	91,980	10,177,000	121,595
			ベルギー	33,120	10,333,000	245,395
			オーストリア	83,860	8,048,000	204,066
			フィンランド	338,150	5,199,000	131,508
			アイルランド	70,270	3,920,000	121,449
			ルクセンブルク	2,600	444,000	21,025
			ギリシャ	131,960	10,631,000	132,824
		イギリス		242,910	59,229,000	1,566,283
		スウェーデン		449,960	8,924,000	240,313
		デンマーク		43,090	5,374,000	172,928
	新規加盟10カ国（対世界比）			689,310 0.5%	74,665,000 1.2%	412,705 1.3%
			ポーランド	312,690	38,626,000	189,021
			チェコ	78,870	10,210,000	69,514
			ハンガリー	93,030	10,159,000	65,843
			キプロス	9,250	765,000	10,106
			スロベニア	20,250	1,964,000	21,960
			エストニア	45,100	1,358,000	6,507
			ラトビア	64,600	2,338,000	8,406
			リトアニア	65,200	3,469,000	13,796
			スロバキア	n.a.	5,379,000	23,682
			マルタ	320	397,000	3,870
加盟候補国			ルーマニア	238,390	22,300,000	45,749
			ブルガリア	110,910	7,965,000	15,486
			トルコ	774,820	69,626,000	183,665

出典：外務省ホームページ（http://www.mofa.go.jp/mofaj/area/n_eu/k_kankei/index.html）より。
なお、原データはWorld Bank, "World Bank Online database 2002", U.N., "World Investment Report"など。

表序-3　日米EUの経済成長率

(単位：%)

	1991〜95	1996〜2000	2001〜05	2006	2007
EU	1.5	2.6	1.6	2.1	2.4
アメリカ	2.4	4.1	2.6	3.2	2.7
日　本	1.5	1.4	1.3	2.2	1.8

注：2006年および2007年は欧州委員会による予測。
出典：European Commission, *European Economy* 各号。

市場メカニズムの重要性は一段と高まっている。また，90年代に入ると，中東欧の社会主義政権が崩壊し，体制移行を図ったため，いまやヨーロッパ全域が市場経済化したといえるであろう。

　なお，産業構造に注目すると，ヨーロッパ諸国のほとんどは経済のサービス化が進行しているといえる。すなわち，サービス産業が経済全体のGDPに占める比率は，おおむね7割弱という水準にまで高まっている。一方，製造業の同比率は25〜30％というレベルである。残りは農業・鉱工業など一次産業であるが，経済全体に占めるウエイトは小さい。なお，ヨーロッパの中心を占めるEUおよび，その加盟国の経済指標は，表序-1および表序-2に示されている。

（2）　ヨーロッパが抱える経済問題

　このように，基本的には豊かなヨーロッパ諸国であるが，経済面でみると，いくつかの問題も存在する。まず第一点は，アメリカに比較すると経済成長率が低い水準にとどまっていることである。表序-3は，至近時点について，日米EUの経済成長率を比較したものである。これによれば，とりわけ1990年代後半以降，2001年を除いて米・EU間の成長率に格差が生じていることを読み取ることができよう。

　その主因に関連するが，第二の問題点はEU経済が「構造改革」で遅れをとったことである。とりわけIT（情報技術）を中心とする経済構造の変革という面でアメリカとの差は大きい。現在，このような遅れを取り戻すべく，「欧州電子化計画」が進められているが，その成果は十分にあがっているとはいえ

ない。

　第三点は高失業率である。例えば，2004年時点でEU加盟国平均の失業率は9.0%であるが，これはアメリカの5.5%，日本の4.7%より高い。しかも，失業者の内訳をみると，若年労働者・女性労働者の失業率は相対的には高水準にある。また，失業期間が1年を超える長期失業者も多く，これら失業者は職場で新しい技能を取得する機会がないため，ますます雇用機会は減少する可能性がある。ちなみに，全失業者に占める長期失業者の比率は，アメリカの6.1%，日本の26.6%に対して，EUは43.7%となっている（いずれも2001年）。

　このように，ヨーロッパ経済はいくつかの問題を抱えながら，それらを解決すべく様々な政策が実施されつつある。これらについては次章以降，詳しく論じられるであろう。

3　政治的特徴

（1）　安定した政治体制

　まず，ヨーロッパで一般的な政治制度について概観しておこう。いうまでもなく，この地域は民主主義制度に基づく安定した政治体制を形成している。今後，中東欧を中心とする諸国がEUに加盟する予定であるが，そうなると，広大なヨーロッパ地域が安定した体制の下に入ることになる。さらに政治体制をより詳しくみると，ヨーロッパでは議院内閣制が一般的であり，国会における多数政党から選出される首相が行政の責任者となるのが通例であることがわかる。もちろん，いくつかの国では立憲君主制に基づく王制を残しているが，国王は国家統合の象徴としての機能を果たしているにすぎず，その政治的役割はほとんどないに等しい。また，いくつかの国では国民が直接選出する大統領制が行政の責任者となる国もある。その場合，選出された大統領は必ずしも議会の多数派政党に属するとは限らない。

　一般に，大統領あるいは首相の権限は大きい。彼らの任期は最大期間が決められているだけであり，その期間中，いつ議会を解散し，総選挙を実施するか

はもっぱら大統領・首相の専権事項に属する。また、大臣の決定権限を有していることから、その政治力も強力である。さらに、一般的には議会の多数派から選出されることから、その指導力も強いものがある。ただし、議会に安定的な多数派がなく、連立政権を余儀なくされたり、あるいは政権交代が頻繁に行なわれたりする国にあっては、彼らが十分に強力な政治力を発揮できないこともある。

　ヨーロッパ諸国の政党はかなり幅広い党派から構成されている。最も左派は共産党であるが、社会主義体制の崩壊以降、支持率は低い。次に、社会民主主義党であるが、ほとんどすべてのEU加盟国に政党を有しており、各国民に幅広く支持されているなど、その影響力は強い。中道右派を代表する政党はキリスト教民主政党であり、この党も高支持率を得ている。また、近年、特定の問題に特化した政党が支持率を伸ばしている点も注目される。環境保護の重要性を訴える「緑の党（The Greens）」などである。さらに、移民受け入れ反対などを主張する極右勢力が存在するが、オーストリア、オランダあるいはフランスなどでは影響力を有するようになってきたとはいえ、その程度は限定的である。

　一方、行政形態についてみると、ヨーロッパではおおむね中央集権制度が採用されている。すなわち、中央政府と地方政府のうち、どちらかといえば中央政府の権限が強く、逆に地方政府の権限は弱い。ただ、ドイツなど連邦国家にあっては、地方政府の権限は強く、中央政府から独立性をかなり獲得している。なお、同国で連邦制度が採用されているのは、同国が19世紀後半まで多くの領邦国家に分裂していたという歴史的な経緯の他、戦前、あまりにも権力が集中した独裁国家が生まれたことへの反省からでもある。

　もちろん、中央集権国家といっても、一般的には、中央政府は外交・安保政策およびマクロ経済政策・福祉政策など経済全体に関わる政策を担当し、公共サービスの供給など国民と密接に関連した機能は地方政府が責任を有することが多い。

（2） 地域統合に対する考え方

　次に他の地域に比較してヨーロッパの大きな特徴ともいえる地域統合について，若干，触れておきたい。近年，地域統合は世界各地でみられるようになっているが，その深化の程度において，ヨーロッパにおける統合は際立っているからである。例えば，共通通貨を導入するまでに至った統合は他にない。

　ところで，ヨーロッパの過去を振り返ると，現代に至るまで戦争の歴史であったといえるであろう。近代だけをとっても，19世紀末に普仏戦争，20世紀も第一次および第二次世界大戦に見舞われている。こうした歴史を背景に，ヨーロッパの政治家・学者などの間で，どのような体制を形成すれば，戦争を回避し，平和と安定を実現できるかが模索されてきた。例えば，19世紀，E. カントは『恒久平和のために』を著し，また，1920年代にクーデンホフ・カレルギー伯が『パン・ヨーロッパ』を出版，平和実現への期待を表明したことなどである。なかでもヨーロッパ統合への意欲を鼓舞したのは後者で，日本人を母にもつ同伯爵は，ヨーロッパを統合することによって，ヨーロッパの国際的地位を高め，かつヨーロッパにおける平和が実現すると主張した。

　このような試みは，ヒトラーの台頭によって裏切られてしまうのであるが，第二次世界大戦後，ヨーロッパ統合へ向けた動きに結実する。なお，この面で具体的な動きについては，第3章で述べられているため，ここでは統合に向けた政治的主張に焦点を当てることにしよう。まず重要と思われる主張は，連邦主義（Federalism）である。この連邦主義とは，複数の国家を一つの連邦国家に統合しようとする動きと定義される。ここで連邦国家とは，地方政府にかなり権限が与えられた地方分権型の国家といえる。

　彼らの主張は次のように要約できる。すなわち，複数の国家の間では，どの程度まで深刻であるかは別としても紛争あるいは対立が生じる。とりわけ，既述したように，比較的狭い地域に多くの諸国が存立し，しかも多くの民族が隣り合って生存しているヨーロッパにあっては，国家間の対立はしばしば深刻なものとなりがちであった。この結果，各国は他国の脅威に直面することが多かった。

序章 ヨーロッパとは何か

こうした背景の下，連邦主義者達は，複数の国家を統合することができれば国家間の対立が回避され，平和が実現できると主張した。すなわち，戦争の主因は，ナショナリズムに過度なこだわりをみせることがある国家が存在するためであり，より大きな連邦国家を形成することが可能となれば，こうした対立は回避でき，この地域に安定がもたらされると考えたのである。

ただ，こうした連邦主義には，いくつかの面で弱点が存在した。なかでも重要な点は，連邦主義者が「連邦」をいかなるプロセスで形成していくかについて，具体的に描けなかったことである。換言すれば，あまりにも「理想主義」であったのである。したがって，人々に訴える力はあったとしても，それが政治的な動きに結びつくことはなかった。なお，通貨統合が完成した後のEUに関して，それがヨーロッパ「連邦」となりうるのかという点で議論がありえるであろう。2000年5月，ドイツのヨシュカ・フィッシャー外相（当時）がベルリンのフンボルト大学で「欧州連邦（European federation）」構想を表明，その後，バレリー・ジスカール・デスタン元仏大統領を議長とする「欧州の将来に関するコンベンション（Convention on the future of Europe）」さらには，それを受けた欧州憲法条約において，通貨統合およびEU拡大後のEU像の一つとして公式に議論されるに至っているからである。

このように，連邦主義が限界に直面するなかで，いわば漸進主義的なアプローチが議論されるようになった。しばしば新機能主義（Neofunctionalism）と呼ばれる主張である。この新機能主義の主張を要約すると，次にようになろう。すなわち，国家間の対立を回避するためには，まず国家間の対立を招くことの少ない非政治的分野，具体的には経済的分野において，協調関係を構築する。もちろん，そのような分野は，一定の重要性を有する分野でなければならない。次に，こうした分野において，統合が進展するように監視するため，「統合機関（high authority）」が設立される。このようにして，特定分野において統合が形成できれば，「スピルオーバー効果（spill-over effect）」によって，隣接する分野にまで協力関係は波及し，やがて国家間の相互依存関係が一段と強化される。例えば，鉄鋼産業において共同体が形成されれば，石炭・鉄鋼，さらには

鉄鋼製品の輸送のために鉄道部門で協力関係を構築せねばならないであろう。あるいは，鉄鉱石・石炭の輸送を効率化するためには，より広く陸運・海運両部門を共同で管理する必要性が高まるかもしれない。こうした動きが続く結果，各国経済あるいは各国民の間で次第に相互依存関係が緊密化し，国境の重要性を低下させると主張するのである。そうなると，もし，ある国が戦争を引き起こそうとしても，戦争によって得られる利益と，戦争によって失われる損失を比較すれば，互いの依存関係が緊密であればあるほど，損失が利益を上回るため，戦争は回避されるのである。

　こうした動きが強まり，かつ広まっていくと，従来であれば国家間の対立を招きやすい安保・外交といった分野にまで統合の効果が及び，いずれ政治統合にまで発展せざるをえない。その結果，超国家的機関が設立され，国家間の対立が回避できるのと主張するのである。したがって，新機能主義は，最終的には連邦国家の形成に行きつくことになる。ただ，当初から，連邦形成を目標とする連邦主義と異なり，あくまで漸進的に進めようとする点で異なる。第3章で述べられるように，石炭鉄鋼部門における統合（具体的にはECSC設立）が経済全般の統合を視野に入れたEEC設立を経て，通貨統合にまで進展したのは，このようなヨーロッパの安定に対する数々の模索が影響したといえるであろう。

　本章では，ヨーロッパを概観してきた。多くの国家，多くの民族が共存していたヨーロッパという地域では，一方では安定した政治的環境をいかに築くか，他方では，経済の持続的な発展を実現するためにいかなる措置が必要かを模索している地域ということができよう。

4　日本経済への教訓

　ここではヨーロッパ経済論を学ぶ目的の一つとして，ヨーロッパにおいて試みられている数々の政策・措置から，停滞を続けるわが国経済に対する教訓を学びうる点を指摘しておきたい。例えば，次のようなことである。まず第一は，経済面での危機対策である。ヨーロッパ経済は，過去，幾度となく「危機」に

序　章　ヨーロッパとは何か

見舞われてきた。最近では，1980年代の前半，経済成長率の低下，国際収支の悪化，失業率の上昇が深刻化したことである。このような「ユーロペシミズム（Europessimism）」を克服すべく，市場統合計画が策定され，1980年代後半の市場統合ブームをもたらし，経済成長率の低下に歯止めがかかった。いわば，危機対策が効果をあげたのである。また，様々な既成制度を改革していく際，採用された手法のいくつかはわが国にも参考になるかもしれない。

　第二点は国際関係の安定化である。ヨーロッパにおいては，すでにユーロという共通通貨を保有するまで，統合内容が深化している。このことは，金融政策というきわめて重要な主権を互いにEUという機関（具体的には欧州中央銀行）に移譲したことを意味する。このような主権移譲が可能になったのは，様々な対立が依然として存在するとはいえ，EU加盟国間で相互に信頼が醸成（confidence building）されているからである。つい数十年前まで戦乱が絶えることがなかった地域であるにもかかわらずである。アジアにおいて相互の信頼を醸成し，ここを安定した地域とするためには，ヨーロッパで行なわれた努力のうち，いくつかは参考になるかもしれない。

　このような問題意識をもちつつ，次章以降でヨーロッパ経済について，一層深く探求することにしよう。

□　□　□　□　□

■ 参 考 文 献

久保広正『欧州統合論』勁草書房，2003年。
田中俊郎『EUの政治』岩波書店，1998年。
田中素香・長部重康・久保広正・岩田健治『現代ヨーロッパ経済』有斐閣，2001年。
フレデリック・ドルーシュ総合編集，木村尚三郎監修，花上克己訳『ヨーロッパの歴史　第2版』東京書籍，1998年。
増田四郎『ヨーロッパとは何か』岩波書店，1967年。

（久保広正）

第1章

ヨーロッパ主要国の歴史

要約

　第二次世界大戦直後，政治は無力化し，経済は機能不全に陥り崩壊の瀬戸際にあった。そのため，「マーシャル・プラン」，「シューマン・プラン」や各国独自の経済復興計画が実施された。左翼政党の政権参加により，計画化・国有化への動きが強まった結果，国家の役割は大きくなった。また，戦後ヨーロッパの混合経済システムは完全雇用と経済成長をもたらし，福祉国家は成長のかなりの部分を国民に再配分し，社会の安定と平和とをもたらした。

　ヨーロッパは「栄光の30年」と呼ばれた1950年代～70年代前半の石油危機まで最長の経済的繁栄を続けた。しかしながら，1970年代後半～80年代前半までのヨーロッパは，経済的，社会的，政治的に後退の時期に入り，全体的崩壊への不安が増幅して欧州悲観主義（ユーロペシミズム）が蔓延した。

　1980年代末から進行した冷戦体制の激変は，「ベルリンの壁の崩壊」，「ドイツ統一」を経て，戦後の終焉へと向かった。1980年代以降，「新自由主義（ネオ・リベラリズム）」は「小さな政府」と自由競争社会を追求し，肥大化した福祉国家の見直し，規制緩和，民営化への動きを強めた。

1　イギリス

（1）戦後福祉国家への道

　イギリスは第二次世界大戦で戦勝国となったものの，この戦争による膨大な被害やインド，セイロン（スリランカ），ビルマ（ミャンマー）などの属領・植民

地が自国の支配から離れていったことから，かつての大英帝国の「陽の沈まぬ国」の地位は一層低下した。戦後の英国経済再建のための，アメリカから11億ポンドにのぼる借款とともに「計画経済」の導入と主要産業の「国有化」による再建が急ピッチで進められた。

　1945年7月，ウィンストン・チャーチル戦時挙国一致内閣に代わって，クレメント・アトリー労働党政権が誕生した。労働党政権の主要な政策は基幹産業の国有化，包括的な社会保障制度，無料の健康保険制度の確立，計画経済の導入などであった。大戦中の1942年に提出されたウィリアム・ベヴァリッジ委員会がまとめた報告書「ベヴァリッジ報告」は欠乏，疾病，無知，不潔，失業という5つの悪を根絶する社会政策を求めたものであり，「揺りかごから墓場まで」の戦後の本格的な「福祉国家」への道を開くものであった。

　アトリー内閣は，混合経済と福祉国家を編み出した。国家財政が破産状態に近い状況のなかで，アトリーはベヴァリッジ勧告を受け入れて，1946年11月には国民保険制度（NHS）法案を成立させ，貧困対策，失業・疾病・老齢対策，児童手当，住宅建設など包括的な社会保障政策を実施に移した。このNHS制度の下で医療サービスが無料で行なわれるようになった。

　他方，労働党政権は1946年のイングランド銀行（中央銀行），民間航空業の国有化を皮切りに，1947年には石炭，電気通信，1948年には電力，鉄道，運輸，1949年には鉄鋼，ガス，地下鉄，バスなどの基幹産業を次々と国有化した。

　アメリカのマーシャル・プランによる財政援助があったにもかかわらず，疲弊した英国経済の戦後復興はきわめて困難な課題であり，相当の努力なしにはイギリスは戦後世界での地位を維持できないことを英国人の誰もが疑わなくなっていた。

　1951年10月の総選挙でチャーチルの保守党が勝ち，政権の座に返り咲いた。保守党は混合経済と福祉国家の建設を基本的に承認していたので，労働党政権の経済政策の変更による混乱を回避するために，ほぼその政策を踏襲し，社会福祉政策を廃止も，削減もしなかった。国有化された基幹産業のうちチャーチル内閣が民営化したのは，1952年の運輸業と1953年の鉄鋼業だけであった（鉄

鋼業は1967年に再度労働党政権の手によって国有化された)。

このように二大政党の政治にはあまり違いがないため,英エコノミスト誌は,前政権の労働党財務相ヒュー・ゲイツケルと保守党財務相リチャード・バトラーの名前を一緒にして「バッケリズム」という呼び方をしたほどである。

(2) ポンド危機とイギリス病

1957年1月,スエズ派兵問題によって引退したアンソニー・イーデンを継いだハロルド・マクミラン内閣の経済拡大政策(「ゴー政策」)は物価とインフレを高騰させ,国際収支の悪化をもたらした。また,それに対処するためのデフレ政策(「ストップ政策」)が経済成長を縮小させるという悪循環を招いてしまった。このように「ストップ・アンド・ゴー政策」がとられたため,重要な課題は何も解決されなかった。

保守党政権の一大外交問題はEEC(欧州経済共同体)加盟問題であった。1961年7月,マクミランは自国の主権の放棄を含むような欧州統合に対する従来からの強い反対の立場を大転換した。マクミランはEEC加盟国の経済的成功とイギリスの経済的困難をヨーロッパという,より大きな枠組みのなかで解決をはかることの容易さとに惹かれて正式にEEC加盟を申請した。

延々と続いた交渉の後,1963年1月,シャルル・ド・ゴール仏大統領は記者会見で一方的にイギリスのEEC加盟を拒否した結果,マクミラン外交は袋小路に陥ってしまった。その後もハロルド・ウィルソン労働党内閣が再び加盟を申請したが,1967年11月,再度ド・ゴールは拒否した。ド・ゴールが政治の舞台から退場した後の1973年にようやくにしてEC(欧州共同体)加盟が実現したのである。

1964年10月の総選挙でウィルソンの労働党は13年ぶりに政権に返り咲いた。保守党政権が過去13年間に繰り返してきたストップ・アンド・ゴー政策と決別して,科学技術の振興による英国産業の近代化と長期的な展望に基づく計画経済の実現という「ニュー・ディール」政策を掲げた。しかしながら,労働党政権は英国経済の再建に取り組んだものの目覚しい進展は見られず,しかも国際

収支の赤字は解消されないまま，1967年11月には14.3%のポンド切り下げに追い込まれた。これは1949年9月の30.4%切り下げ以来，2回目の切り下げであった。イギリスの周期的な国際収支とポンド危機は1947年，49年，51年，55年，57年，60～61年，64～65年，67～68年と再三にわたって繰り返された。

　1970年6月成立したエドワード・ヒースの保守党政権は1973年1月，EC加盟を実現したが，福祉国家の根本的な改革計画に反対する炭鉱労働者や労働組合などの猛烈な抵抗を受けた。影響力を強めていた労働組合は，ヒース政権の行動の自由を厳しく制約していた。1973年の第一次石油危機が深刻化するなかで英国経済が窒息し，国全体が身動きの取れない状態に陥っていた。「英国病」の治癒はきわめて困難な課題であった。政策的にはケインズ主義への「Uターン」をはかるなど，徹底した改革を最後まで貫徹できないヒース政権は1974年3月，再び総選挙で敗北しウィルソンの労働党に政権の座を譲った。

　いずれにしても，保守党政権（1970～74年），労働党政権（1974～79年），はともに英国病とうまく付き合うことに成功しなかったといえる。そして，1987年には，イギリスのGDP（国内総生産）はイタリアよりも小さくなっていた。英国国民は新しい事態を容易に認めることができなかったが，「帝国」の終わりはとっくに始まっていた。

（3）　サッチャー革命と自由競争社会

　運輸，地方自治体，病院などの公共部門の労働組合による相次ぐストライキがイギリスの社会混乱をひきおこした，1978～79年にかけての「不満の冬」を経て，1979年5月誕生したマーガレット・サッチャーの保守党政権は新自由主義（ネオ・リベラリズム）を掲げて「小さな政府」のもとでの「自由競争社会の復権」を追求した。

　英国経済の再生のために，戦後の揺りかごから墓場までといわれた福祉国家システムを解体し，自由競争社会を目指した「サッチャリズム」（1979～90年）の中心テーマは，経済に対する国家介入の縮小であり，この目的を達成する主要手段の一つが民営化であった。サッチャーは，経済の主要部門を民営化し，

労働組合の勢力を削ぐ必要があるとみて、不人気な政策に強い信念と鉄の意志をもって取り組んだ。

英国病は、このようなサッチャーのマネタリスト政策によってある程度克服された。堅実な成長率、インフレの低下、失業率の減少など、1980年代後半はヨーロッパで最も高い成長率を示した。サッチャリズムを成功に導いた理由は、とりわけ大幅に生産性が向上したことであったが、強大な労働組合が影響力を失ったこともある。労働組合は、時代遅れの産業に対する大規模な国家支援に固執し、新たなテクノロジーの導入に反対した。1984年3月、戦後最大ともいうべき石炭ストが勃発し、その後1年にわたり英国全土を揺るがしたが、サッチャーは戦闘的な労働組合との戦いに勝利した。

イギリスにおける民営化政策の具体的な目的は、国有企業・公営企業への市場競争原理の導入、国有企業の強大な労働組合の弱体化、個人株主の拡大と経営参加意識の向上（ポピュラー・キャピタリズム）、企業家精神の再生、国有企業支援のための財政負担の削減、政府保有株式や国有資産の売却益による歳入増、企業の意思決定に対する政府介入の縮小などであった。1979年から1987年までに15以上の主要な国有企業が民営化された。

福祉国家の中心ともいうべき社会保障については、サッチャーは1986年に社会保障法を制定して、社会保障費の大幅削減を実施したほか、教育改革にも積極的に取り組んだ。1982年以降、英国経済は8年間連続して成長した。4～5％の経済成長率は他の欧州諸国の羨望の的となった。インフレ率もドイツ、フランスよりも低水準であった。失業率も6％台へと低下し、フランス、イタリアよりも低くなった。保守党内の「穏健派（ウエット）」などからはサッチャリズムの反動的な傾向を厳しく批判する動きも強まったが、世論は「イギリスの奇跡」を口にするようになった。

1985～89年までがサッチャリズムの絶頂期であった。確かに、1980年代の10年間は「サッチャーの時代」であったが、保守党政権に逆風が吹き始めていた。対外的には、サッチャーは、ブリュッセルのECの「介入主義的官僚主義」に強く反発した。1988年9月、サッチャーはベルギー・ブリュージュの欧州大学

院での講演で,「主権国家間の自発的かつ積極的な協力こそが欧州共同体の構築を成功に導く道である」として,ド・ゴール以上にECの超国家的傾向に強く反対する立場をとり続けたが,そのかたくなな姿勢がサッチャリズムの信奉者をサッチャーから離反させることになり,また,政府内部での対立を生じさせた。1990年10月,サッチャーは保守党内の圧力に屈して党首を辞任し,腹心のジョン・メージャーが後継首相に就任した。

(4) ブレアのニュー・レイバー

　1997年5月,トニー・ブレアは「新しい労働党(ニュー・レイバー)」をかかげて,劇的な地滑り的勝利を収めて政権の座についた。実に18年ぶりのことである。ブレアは過去18年にわたる保守党政権の政策を攻撃するのと同じ激しさで,経済への国家介入と政府の役割の拡大や既得権益の擁護という「古い労働党(オールド・レイバー)」の過去の政策を厳しく批判した。ブレアは「われわれの課題は明確である。イギリスはもっと良くなるはずだし,ならなければならない」ことを強調した。

　ブレアの「第三の道」革命が目指すものは,「開放され,競争力があり,成功を収めている経済と,公正で寛大で人間的な社会とを結びつけることである」。政府の役割は経済がうまく機能するようにすることであり,機会の増加,不平等の是正,サッチャリズムが軽視した「弱者への配慮」を促すことであるとブレアは主張している。そのために長期的には,教育などの人的資本を生み出す投資が必要だというのである。

　ブレアは党の近代化のために過去の社会主義的な二つのドグマを捨て去るべきだと主張している。その一つが労働党の看板である福祉国家の改革である。ブレアは,社会保障制度を維持するが,肥大化した制度を改革し,スリム化するべきだと訴えている。もう一つが国有化と再国有化路線の放棄である。ブレアは,政権獲得前の1995年4月党大会で,古い労働党のグループとの熾烈な論争の後に1918年の党綱領である「生産・分配・交換手段の共同所有」の部分を修正し,社会主義的理念に基づく基幹産業の国有化路線を放棄させることに成

功した。このようにみてくると，ブレアはサッチャリズムと決して訣別はしていないことが明らかである。

対外的には，政権発足時から「ヨーロッパで指導的な役割を果たす」，「ユーロ参加はイギリスの運命」だと強く主張してきたブレアにとって，現在最重要課題はイギリスのユーロ導入問題である。

ブレアはユーロ参加に積極的な姿勢をみせているものの，2003年6月，ブレアに批判的なゴードン・ブラウン財政相はイギリスがユーロ参加するための，①ユーロ金利とイギリスの景気循環の共存，②ユーロ体制の経済的ショックに対する柔軟性，③長期の対英投資の有利性，④イギリスの金融業の競争力の有利性，⑤ユーロ参加後の雇用と経済成長という5つの経済的条件を満たしていないとして，導入の前提となる国民投票を当面先送りすることを発表した。そして，ブラウンは条件さえ整えば早期の国民投票を目指すと言明した。

国内的には反ユーロ感情が根強いうえに，政権内でもブレアなどのユーロ賛成派とブラウンなど消極派の対立が激化しているため，ブレアは将来の欧州建設で指導力を発揮できず焦燥感を強めている。

2005年5月，ブレア率いる労働党は総選挙で3度目の勝利をおさめたものの，議席を大幅に減らしたことから，ニュー・レイバーをかかげたブレアの求心力は大きく低下してしまった。

イギリスは今後，大国ではなくて中規模国家として内外からの挑戦に機敏に対応していかなければならない。ヨーロッパとの関係をどのように構築していくのかは喫緊の課題である。また，国内的課題は，競争力のある経済の実現，揺りかごから墓場までの福祉国家の改革，公正な社会の実現など第三の道の改革をどこまで推し進められるかである。

2 ドイツ

（1） 戦後復興と経済の奇跡

第二次世界大戦で西独経済は崩壊状態に陥り，戦後かなりの期間にわたって

西独は統制経済下におかれていた。西独の復興への歩みが軌道に乗り始めたのは，やっと1948年の通貨改革後のことであった。

ドイツ領土は4つの占領地区と4地区に分かれたベルリンからなっていた。1947年1月，西側2地区（米英占領区）は単一経済地域に統合化，ドイツ再統一のいかなる動きにも強く抵抗してきたフランスもこれに追随し，西側占領地区では共通政策が実施されるようになった。

経済新計画が実施され，西独の工業生産に対する規制緩和が着実に進められた。緊急を要する課題であった通貨改革が1948年6月に行なわれて，旧10マルクと新1マルクが交換され，多少のリスクが見込まれたものの市場経済メカニズムが再び導入されることになった。この通貨・経済改革の試みは，予想以上に成功を収め，1950年代の「経済の奇跡」への道を開くこととなった。

この通貨改革は，経済的な意味だけでなく，政治的・社会的にも大きな意味をもった。それは，通貨改革に抗議したソ連による1948年6月のベルリン封鎖の後，1949年西独国家を建設するための「ボン基本法」が制定されたことである。1949年5月，西側3カ国占領地域は統一されて西独（ドイツ連邦共和国）が生まれて，東独（ドイツ民主共和国）との分断が決定的になった。

マーシャル・プランによる西独に対する15億ドルの当初の援助によって西独の経済再建が急速に進んだ。また，1951年4月，ECSCに加盟した。コンラート・アデナウアー率いるCDU／CSU（キリスト教民主・社会同盟）が主導する西独政権は，西側陣営への編入を決めた。

1963年に辞任するまで，アデナウアーは第二次世界大戦で深く傷ついたドイツ国家を立ち直らせ，ECSC，EECなどの原加盟国として最初から積極的に参加するなど西側陣営と密接な関係を結んだ。そして，アデナウアーは西独を西側に深く組み入れることによって経済的に西独を強化し，近隣諸国が西独の強大化に対して抱く脅威をとり除き主権を回復することに努めた。

1950年代の西独の政治的安定は目覚しい経済復興と経済の奇跡を可能にした。特に，1963年1月に締結した独仏友好条約（エリゼ条約）は，アデナウアーが何世紀にもわたるドイツとフランスの対立に終止符を打つもので，ド・ゴール

のフランスとの和解を果たした。やがて西独経済は統制経済から脱皮し「社会的市場経済」へと移行していった。アデナウアー時代の半ばまで高い経済成長，失業率の低下，超完全雇用，物価安定など経済の奇跡に支えられて，西独経済はヨーロッパ諸国の羨望の的となった。事実，1950～70年のGDPの年平均成長率は6.2%と西ヨーロッパ諸国のなかで最高水準に達した。

（2） 社会的市場経済とネオ・リベラリズム

西独の経済復興のための一連の政策を推し進めたのは，ルートヴィッヒ・エアハルトであった。西独は社会的市場経済の下で，経済の奇跡を生み出したのである。すなわち，西独の経済政策はフランスの「モネ・プラン」に代表されるようなものとは大きく異なっていた。

この経済システムはエアハルトや，アルフレッド・ミューラー＝アルマック，ワルター・オイケンらフライブルク大学の有力な経済学者たちを結集して打ち出したもので，それは「見えざる手」の自由放任主義的な経済（レッセ・フェール）を進める「オールド・リベラリズム」に対して「ネオ・リベラリズム（オルドー派自由主義ともいう）」と呼ばれた。

ネオ・リベラリズムは，市場の力と競争に基づく経済を理論の中心にしていた。政府の責任は，競争を促し，カルテルを防ぐ法制度や経済政策などの枠組みを作り出し，維持することである。政治力や経済力の集中化を防ぐには，競争が最善の方法であると彼らは説いた。

「できる限りで競争を，必要な限りで計画を」という主張は，換言すれば自由市場の擁護と社会的公正や社会的安全網の支持とを両立できる経済秩序の実現ということである。西独経済はこの社会的市場経済を背景に歩んできており，この原則は西独経済の基本的な理念となっている。

1966年10月，連立相手である自由党が増税を見込んだ予算案に反対して連立を離脱したため，エアハルトが首相を辞任したが，戦後最悪の経済危機が深刻なことを考慮したCDUは大連立を選択し，戦後初のクルト・キージンガー大連立内閣が成立した。キージンガーは「市場経済秩序の枠内で適正な経済成長

を維持しながら，同時に物価安定，高い雇用水準と国際収支の均衡をはかる」ことを目指した。

1967年6月，ケインズ主義者の経済相カール・シラーはこの1966〜67年の経済危機を克服するために「経済安定・成長促進法」を成立させた。この法律の目的は，「魔法の四角形」とよばれる4つの目標である「物価の安定，低い失業率，貿易収支の均衡，適度な継続的成長」を達成することであった。経済計画らしい計画がなかった西独で，中期的な経済と財政の見通しに基づいて経済成長を促し，同時に投資的財政支出を計画的に行なう政策手段としてはこれが初めてのものであった。

産業構造の変革に関連したエネルギー，石炭，農業などに見られるいくつかの産業政策を除けば，国家が目標を立てて経済の発展を政策的に推し進めることはなく，社会的市場経済の理念に支えられ，総需要量の調節は金利政策をはじめとした金融政策によって行なわれ，比較的順調な経済成長をみた。

（3） オストポリティークからベルリンの壁の崩壊へ

1969年10月社会民主党（SPD）は自由党と連立してドイツ連邦共和国成立20年を経て政権交替した。その後1982年までの13年間政権を維持することとなった。SPDの指導者ウィリー・ブラントは東独との関係正常化や，1970年8月のモスクワ条約，同年12月のワルシャワ条約の締結，ソ連・東欧諸国との関係改善など，「新東方政策（オストポリティーク）」に力を注いだ。

第一次石油危機の結果，1975年には戦後初めてのマイナス成長を経験するなど経済状況が悪化し，インフレや失業率が上昇したため，その後の政策をめぐってSPD政権内で論争が巻き起こり，スパイ事件の責任を問われて辞任したブラントに代わってヘルムート・シュミットが1974年5月首相の座についた。

シュミット政権は経済安定化に尽くした。特に，ヴァレリー・ジスカール・デスタン仏大統領との関係の緊密化に努め，EMS（欧州通貨制度）など欧州統合の推進役を務めた。また，シュミットは東独を含む東側諸国を積極的に訪問し，デタント（緊張緩和）の維持に努めた。

1951年4月石炭・鉄鋼業部門で法制化された「共同決定制度」をさらに全産業に拡大発展させるため，シュミット政権は1976年3月「新共同決定法」を制定した。この新しい法律によって，2000人以上の大企業における監査役会や取締役会への従業員の参加する権利が認められて，今日のドイツの企業経営や企業統治の基本的な体制が確立した。

　1970年代の西独政府が直面した問題としてテロリズムがある。国民は断固たる措置を求めるようになり，テロリズムの社会的原因と治安強化策をめぐって政治的対立が生じた。

　1982年10月，シュミット政権は内政問題と経済問題の危機のため倒れて，ヘルムート・コールがひきいるCDU／CSUが政権の座についた。政権に復帰した時期，世界は不況の真っ只中にあったことから，経済面で非常に困難な課題に直面した。ロナルド・レーガンのアメリカ，サッチャーのイギリスは新自由主義（ネオ・リベラリズム）の理念を掲げて，小さな政府，規制緩和，民営化などを進めていたが，コールも国民に不人気な失業手当の削減など社会保障制度の見直しや財政赤字の削減の達成を目指したが，福祉国家の抜本的な改革には手をつけなかった。

　もう一つは民営化政策の取り組みであった。コール政権は硬直化した戦後の経済・社会システムを改革し，広範な領域において行き過ぎた国家介入を撤廃・緩和することによって，民間経済セクターが自由に活動できる自由裁量の余地を広めることを目指した。

　1985年，コール政権は「連邦の民営化・資本参加政策の全体構想」決議によって，民営化に関する基本方針を決定した。その後1989年の連邦郵便（ドイツ・ブンデスポスト）を皮切りに一連の民営化政策が実施されてきた。いわゆる重厚長大型産業を基軸とする西独の巨大企業への巨額の資金援助が財政改革を阻害していたことや，西独の産業構造を組み立て加工，先端技術を中心とする軽薄短小型の産業構造へ転換することが喫緊の課題となっていたためである。

（4） 統一後のドイツと独自の道

　1989年11月，冷戦時代の象徴でもあるベルリンの壁が突然崩壊した。その前年コール首相は自分が生きている間にドイツが統一されることはないだろうとの見通しを明らかにしていた。1990年10月，予想をはるかに上回る早さでドイツ統一が行なわれて，東独が崩壊したが，中・東欧諸国で最も先進国だと喧伝されていた東独経済の実態は現実には非効率をきわめていたことから，西独からの膨大な援助と信用供与が緊急に必要なことが明らかになった。

　統一後のドイツ経済は旧東ドイツ地域に対する巨額の財政援助負担のために大きな課題をいまだに抱えている。また，「豊かな州」（旧西独）が「貧しい州」（旧東独）のツケを払うことへの不満は消えていない。

　さらに，統一後旧東独と旧西独の間での大きな問題になったのは，心理的な意味での統一が難しいことである。旧東独市民は旧西独市民に対して劣等感や不満を抱いて心の壁を作ってきた。心理的な統一も徐々に変化してきている。

　1998年9月，ゲアハルト・シュレーダーが率いるSPDが16年ぶりに政権の座についた。「緑の党」が初めて連合政権に参加した。当初，ブレアの「第三の道」の考え方をモデルとしていたが，シュレーダーは大きな試練の時期を迎えている。統一後のドイツは「ドイツ病」と揶揄される長期的な経済不振と500万人に迫る史上最悪の失業者の増大に見舞われているからである。

　ドイツ病の最大の要因は高福祉社会と硬直化した労働市場である。失業率が10%を超えるなかでの医療保険や年金など福祉制度の見直しに国民の反発は強いが，シュレーダーは支持基盤の労働組合と衝突してでもあえて構造改革に取り組む構えをみせた。ドイツ病がドイツの産業立地の比較優位性を失わせているという議論が強まっている。

　このような情勢が外国人労働者や移民問題を政治的・社会的に深刻化させている。シュレーダーは2002年6月，議会や国内で激しい議論の末，新移民法を制定し，外国人労働者の流入規制に乗りだした。結局，2002年9月の総選挙でシュレーダー政権は歴史的な接戦の末，緑の党の善戦に支えられてかろうじて過半数を制し，第二期目に入った。

2005年9月に実施された総選挙で7年ぶりに野党のCDU／CSUが第一党に返り咲いたが，過半数の議席を獲得できなかった。政局混迷が続くなかで，二大政党による大連立政権を視野に入れた協議がシュレーダー首相とCDUのアンゲラ・メルケル党首らの間で開かれた結果，同年10月SPDとCDU／CSU両党による大連立政権が成立，ドイツ初のメルケル女性首相が誕生した。大連立政権は1966年のキージンガー政権以来約40年ぶりのことである。

　ドイツはアデナウアーからコールまで戦後一貫して「ヨーロッパの中のドイツ」に徹してきたが，統一後から次第に国益を強く主張するようになってきたドイツは独自の道を歩むことを意味しているのかどうか，これまでのように「パリ・ベルリン枢軸」を維持していくのか，ドイツの今後の動向は注目される。

3　フランス

（1）　経済復興とモネ・プラン

　第二次世界大戦がフランスに与えた打撃は甚大であった。1944年8月フランス解放後，ド・ゴール（後に第五共和政初代大統領）が指導する共産党，社会党や中道左派を中心とする共和国臨時政府の課題は，財政再建と高騰するインフレ対策であった。フランスの工業生産水準は1944年には戦前の水準（1938年の水準は不況で決して高いものではなかった）の35％という悲惨な水準に下落してしまっていた。とにかく供給と輸送の問題，農業と工業の再建問題が優先的課題であった。

　ド・ゴール臨時政府の国有化にはいくつもの目的があった。投資を促進する，産業を近代化する，技術の進歩を図る，独占の問題を解決するなどであった。1944年12月，石炭業が国有化され，翌45年には四大預金銀行（クレディ・リヨネ，ソシエテ・ジェネラルなど），ルノー，航空機製造，フランス銀行（中央銀行），ガス，保険，46年にはエール・フランスなどが国有化された。

　戦後のフランス経済の復興と発展は1947年1月から始まり数次にわたる「設

備近代化計画」と「経済社会発展計画」(モネ・プラン)の実施の成果であるといわれる。そして，フランス経済の立て直し策は，まず何よりも生産の拡大と高進するインフレの収拾を同時的に行なうことであった。モネ・プランの創設者，ジャン・モネは，フランスは「近代化か衰退か」の選択に迫られていると訴えた。

モネを委員長とする「設備近代化計画の一般委員会」(経済企画庁)が1946年1月創設された。モネは経済計画のなかで，フランス経済の再建と特に，国有化された電力，石炭，鉄道と非国有化産業の鉄鋼，セメント，農業機械の6部門の基幹産業の再建に焦点をあてた設備技術の近代化による生産性の向上を図ることを提唱し，積極的な経済拡大政策を推進することを強く要請した。

モネ・プランは当時のソ連のような拘束的な中央経済計画ではなく，制度金融や優遇税制，利子補給などの政策手段を通じて，国家や国有企業などを目標達成のため誘導していく点である。モネ・プランは他の国からも注目された。

フランスの経済体制は，自由市場経済の原則を尊重しつつも，公共部門の比重が大きく，戦後数次にわたる経済計画の枠内で公的経済と私的経済とが互いに協調し発展してきた。「混合経済 (mixed economy)」，あるいは「協調経済 (concerted economy)」などといわれるようにフランスの経済体制は国有化企業や公企業など，公的セクターのウエイトが高く，高度に中央集権化された官僚主導のシステムである。そのため，国家権力が経済活動に介入する度合いが他のヨーロッパ諸国に比べて特に強いといえる(ディリジスム，国家主導経済)。

(2) ド・ゴールとゴーリスムのフランス

1958年5月，アルジェリア問題(フランスからの独立)の解決を目指して政権に復帰したド・ゴールは，同年10月憲法を改正して第五共和政への移行を実現し，強力な権限をもつ大統領制を誕生させた。ド・ゴール時代の始まりである。

「ゴーリスム(ド・ゴール主義)」下のフランス経済は，仏経済史家ジャン・フーラスティエが「栄光の30年」と呼んだように1970年代初めまで高度経済成長を遂げた。事実，1950～70年のGDPの年平均成長率は5.0%と史上最高の

成長率に達した。と同時にEECの発展とともにフランスは伝統的な保護主義体制を脱して、開放体制へと向かった。そして、フランス経済は「開放と拡張」とを継続した。

1950年5月のシューマン・プランはモネによって生み出された構想であり、その後ECSC, EECへと具体的に発展した。ド・ゴールは当初、この構想の超国家的な傾向に強く反対していたが、EECの注目すべき成果を次第に受け入れるようになった。そして、フランスの国家威信を高めるためにEECを利用しようと考えた。イギリスのEEC加盟を再三に拒否したのは、ド・ゴールの戦略の一環である。

しかし、ド・ゴールは、ヨーロッパは独立した諸国家の緩やかな連合体、すなわち「諸国家からなるヨーロッパでなければならない」と考えていた。ド・ゴールの欧州政策は西独との緊密な協力関係を前提としていた。それは、1963年1月に結ばれたエリゼ条約が象徴している「パリ・ボン枢軸」を基礎とするものであった。1957年と1958年との二度にわたって37.5%の大幅なフラン切り下げ以後、フランス経済は発展を続け、フランス国内状況は比較的安定していると見られていた。

しかしながら、1968年5月、教育の荒廃と管理社会への反発から、首都パリから全国規模に拡大した学生反乱とゼネストによる社会危機（いわゆる5月危機）によってド・ゴール体制の脆弱さが明らかになった時、その報いが訪れた。国内不安から生じた不確実性のために、ゴーリスムの威信のシンボルであった仏フランの切り下げが回避できないほどにフランス社会は崩壊寸前の状態に追い込まれた。そして、1969年4月ド・ゴールが政界から引退して、ド・ゴール時代は突然に幕を閉じた。

ポスト・ド・ゴールのフランスを指導した非ド・ゴール派のジョルジュ・ポンピドゥ、ジスカール・デスタンが率いた中道右派政権は脱ゴーリスムの自由化政策を掲げたが、いずれも10%を超える高インフレの抑制や失業率の引き下げに奏効せず、これが1981年の社会党政権が誕生した当時の一般的な状況であった。フランスの非効率的な、国民から乖離した官僚支配の「硬直した社会」、

「閉ざされた社会」（仏社会学者ミシェル・クロジェの批判）の抜本的な改革を求める国民の声が高まった。

　フランスの対外政策は，ポンピドゥは東側との関係強化（オストポリティーク）を積極化するブラントの西独に対抗してヒースのイギリスとの関係緊密化をはかり1973年からのイギリスのEC加盟を承認したほか，ジスカール・デスタンは西独のシュミット政権とのパリ・ボン枢軸の蜜月時代を前提に欧州統合を積極的に推進した。以後フランスが主導し西独がこれに協力するというパターンが定着した。このような関係は1980年代から90年代のミッテラン・コール時代にも継続した。

（3）　保革共存と対立の時代

　1981年5月の大統領選挙で，フランソワ・ミッテランは二期目をねらうジスカール・デスタンを僅差で破り，第五共和政の下で初めての左翼の大統領に就任した。その直後総選挙で勝利した社会党と共産党は左翼連立政権を樹立した。この政権は，法定最低賃金と家族手当の引き上げ，週当たり労働時間の短縮（ワークシェアリングによる雇用拡大），有給休暇の延長（4週間から5週間），公務員の増員などを内容とするケインズ主義による「大きな政府」と大規模な国有化・計画化による介入主義（ディリジスム）による経済の再建を目指した。

　社共連立政権は，1982年国有化法によって，ローヌ・プーラン（化学），トムソン（電機）など五大企業グループ，ユジノール，サシロールの二大鉄鋼グループ，パリバ，スエズなど二大金融グループ，39の主要銀行を国有化した。しかしながら保護主義，介入主義の傾向を強めることになったこの国有化政策は，十分にその成果を上げなかった。

　この社共連立政権の政策はフランス経済の実態に即して考えた場合，また，レーガン，サッチャー両政権が推進する小さな政府と自由経済主義の世界的な潮流のなかで，まったく逆の方向へ進もうとするものであった。社会主義のイデオロギーが経済の冷徹な現実に抗しきれず，左翼政権が打ち出した政策は明らかに大失敗であった。さらに，地方分権化と労働者の管理拡大という2つの

構造改革にも取り組んだが，左翼支持率は凋落する傾向を強めた。

　国有化と計画化とによるディリジスムの強化のため，ミッテランは資本市場のパニック，フラン投機（切り下げ圧力），インフレ，資本逃避，国庫からの資金の流出，失業率の上昇などの現実に直面して，2年もしない1983年には，ジャック・ドロール財務相の主導で，「社会主義の実験」，「ミッテランの実験」といわれる政策とはほぼ正反対の政策（ドロール・プラン）に急転回せざるをえない羽目に陥った。このように経済政策が短期間のうちに大きな振幅を示して，フランス経済は破綻への道を突き進み，左翼政権は破滅への道を転げ落ちることになった。

　1986年3月，左翼政権が倒され，社会党出身の大統領と中道右派の内閣という，フランスでは初めての「保革共存（コアビタシオン）」体制が発足した。正統ゴーリストの後継者ジャック・シラク首相はフランスの伝統的な協調経済体制に変革を与えるために，レーガンのアメリカ，サッチャーのイギリス，コールの西独が進める小さな政府，国家介入の排除，自由市場経済の復権，経済・産業の競争力強化を主眼とした新自由主義（ネオ・リベラリズム）を目指したが，65社を対象とする戦後最大規模の民営化政策はその最重要課題であった。

　しかし，シラクはネオ・リベラリズムを急ぎすぎてしまった。フランス国民はこの急激な変革を拒否する姿勢を強めた。社会党は自らが行なった国有化政策の失敗という経験を考慮して，この法案に強く反対しないことを決めた。

　1993年3月，再び社会党政権に替わってエドゥワール・バラデュール保守中道右派とミッテランとの第二次の保革共存が始まった。さらに，1995年5月，シラクがミッテランに替わって大統領に就任し，アラン・ジュペ内閣が成立したが，その後1997年6月リオネル・ジョスパン左派連合が成立し，第三次の保革共存となった。

　ミッテランは西独のコールとともにEC統合を積極的に推進し，EC市場統合や通貨統合・ユーロ創設に大きく貢献するとともに，ド・ゴール・アデナウアー協調時代から始まったパリ・ボン枢軸の維持に努めた。

（4） ポスト保革共存と新しい社会潮流

　フランス大衆の経済，社会，イデオロギーには大きな変化が生じていたが，共産党はこの潮流に最も乗り遅れた結果，国民の支持を最も大きく失うことになった。政治社会の変動のなかで，ジャン＝マリー・ルペンの極右政党国民戦線は高失業や外国人労働者・移民などに対する国民の不満を背景に急速に台頭してきた。

　2002年4月のフランス大統領選挙ではジョスパンを破ってルペン党首がシラク大統領に次いで第二位の票を獲得し，決選投票に勝ち残った。シラクは再選されたものの，「ルペン・ショック」の衝撃はいかにも大きかった。フランス国民一般の抱く，既成政党の腐敗・機能不全への失望感，EU統合のさらなる進展やグローバル化への不安感が，排他的ナショナリズムを唱える右翼政党の台頭の背景である。結果的には，ラディカルな既成政治批判を強める有権者は，極右・国民戦線へ支持を切り替えたとみられた。

　同年6月の総選挙では，保守・中道派が大幅に勝利し，第三次保革共存はようやく解消した。ネオ・リベラリストのジャン＝ピエール・ラファランが首相に就任し保守・中道右派が合同したのに対して，社会党など中道左派勢力は大きく後退した。

　ラファラン政権は，肥大化した福祉国家の見直しを始めた。2002年1月から全面実施された週35時間労働法（オブリ法）を中小・零細企業の競争力をそぐとして見直しに着手した。

　シラクは，2002年6月ドイツ連邦会議でヨーロッパの将来像について自らの見解を明らかにした。安全保障など特定分野の統合を積極的に推進するために，独仏両国が中心となって一部の加盟国が先行するパイオニア・グループの結成を提案した。「仏独は，欧州超国家の出現を望んでいない。国民国家の解体はばかげた考え方だ」と述べて，国民国家の連合体としての統合像を示した。

　ドイツ統合後のパリ・ベルリン枢軸はフランスが主導しドイツが協力するという従来の関係からドイツが自己主張する関係へとかなり変質してきている。2005年5月末に実施された欧州憲法条約に対する国民投票でフランス人は批准

を否決してしまった。欧州統合を牽引してきたシラクの求心力低下は避けられず，EU におけるフランスの国家威信と指導力を再び回復できるのかどうか。シラクはラファラン首相を引責辞任させ，ドミニク・ドビルパンを後任に任命して，傷ついた政権基盤の立て直しをはかろうとした矢先の2005年11月，移民の貧困，失業などを背景にフランス全土に暴動が拡大し，移民をフランス社会に「同化」させようとする政策の根本的見直しを迫られている。

4 イタリア

（1） 経済の奇跡と南北格差

　イタリアの国民の大部分は，ファシズム打倒後，急進的な社会・政治改革を強く望んでいた。イタリアの1945年の工業生産は，戦前の1938年の水準の30％にまで落ち込んでいて，経済は深刻な損害を受けていた。1945年12月キリスト教民主党や共産党，社会党が加わったアルチーデ・デ・ガスペリが指導する挙国連合政府が誕生し，翌1946年6月に行なわれた国民投票で王政廃止を選択，第一共和政が発足した。

　ようやくにして国家体制が安定し，その権威が高まるにつれて経済状況が改善されていった。1948年には工業生産は戦前の水準までに再び回復した。また，インフレの収束にも成功した。イタリアの工業は1950年代を通じて長足の発展を遂げたが，1960年代初期にはさらに経済発展が加速した。

　1960年代後半以降も他の欧州諸国が不況に苦しむなかで，イタリア経済の急回復は，西独よりも遅く始まり，長く続いたのであり，「イタリアの奇跡」と呼ばれるようになった。事実，イタリアの1950〜70年の GDP の年平均成長率は，5.4％と西ドイツの6.2％を下回るものの，フランスの5.0％を上回る高い成長率となった。

　イタリアの急速な経済発展は，ミラノ，トリノ，ジェノバの北部イタリアのいわゆる工業三角地帯（第一のイタリア）を中心とする工業生産に負うところが大きい。雇用機会の創出にしても，南部労働力の北部への流出という形をとっ

たが，1950年代，60年代を通じて「メッツォジョルノ」と呼ばれるイタリア南部（第二のイタリア）の経済開発は長年の努力と大型投資，開発計画にもかかわらず，1950年代，60年代を通じて南北格差は拡大した。

イタリアもまた，他の欧州諸国と同じように，1970年代には石油危機による経済後退に苦しめられた。生産性や投資が落ち込み，失業が悪化した。しかし，1980年代末までには成長率は大きく回復した。

1970年代には大規模な全国的なストライキや大学紛争，「赤い旅団」などのテロ事件が頻繁に起こり，せまりくるイタリア社会の崩壊について，不吉な予言もなされるようになるなど政治的激動の時期となった。1987年にイタリアのGDPはイギリスに追いついた。しかし地域間の対立は相変わらず続いていた。

戦後のイタリアは，記録的に短命な政権は次々と誕生してきたが，この政局の不安定さもイタリア社会や経済に限れば，致命的な影響を及ぼすことはなかった。そして，左右対立のなかで，1990年代初期までほぼキリスト教民主党が歴代の政権を支配するか，連立によって政権を支えるかいずれかであった。

他方，共産党は1950〜60年代のパルミロ・トリアッティの「新しい党」や「ユーロコミュニズム」，1970年代のエンリコ・ベルリングエルの「歴史的妥協」によって，議会制民主主義の枠内でイタリアの市民社会への浸透を図り，根強い勢力をもっていた。

1963年12月に成立したアンドレイ・モロが主導する中道左派連合が首班を交代させながらもその後1990年代初期まで続いた。その間，国内政治の停滞や国際環境の激変に対して深刻な機能不全を抱えていた政党支配体制は激しく動揺することになった。

（2）混合経済体制の再編

イタリアにおけるIRI（産業復興公社），ENI（全国炭化水素公社），ENEL（電力公社），INA（保険公社）の四大グループに代表される国家持ち株会社システムは，基本的には1933年の世界恐慌のさなかに築かれた官民協調方式であった。このシステムはイタリア独自の混合経済体制として発展し，戦後の経済復興に

大きな役割を果たし，1960年代半ばには，イタリア産業の20～30％を国家が管理していた。

イタリアの経済政策は，あくまでも市場経済原理に則ったうえで経済発展計画を推進していこうとするものである。政府は国家企業組織の活用も，あくまでも可能な限り自由な民間企業と同じ経営を行なわせて，大筋として，南部開発などの重点部門へ民間を含めた全イタリアの投資を誘導するなど，先導的役割を国営企業に行なわせている。

しかし，基幹産業を国家が所有する独自のシステム，特に，戦後の経済復興に大きな役割を担い，かつ国家経済に大きなウエイトを占めてきた国家持ち株会社も肥大化し，1970年代以降は巨額の赤字を抱えて国家財政を急激に圧迫する要因となっていた。

このため，1980年代に入って民営化が効率と競争という観点から，また産業競争力の強化の意味から叫ばれるようになり，イタリア独自の経済システムは大きな転換点を迎えることとなった。国営企業や金融による経済への公的な介入の問題や，公的支援や福祉国家の拡大による急膨張する財政赤字の問題が特に重要であった。

イタリアで国営企業の民営化が本格化したのは，1992年からであり，イギリス，西独などに比べて大幅に遅れての着手であった。同年7月，IRI, ENI, ENEL, INAなど主要企業が，一斉に株式会社に転換された。1992年11月，バルッチ国庫相が策定した「国有企業再編・民営化計画」（バルッチ・プラン）は，財政赤字の削減による国家財政の再建，経済活動における国家の役割の見直し（イタリア式混合経済体制・国家持株会社システム・経済活動への国家の介入の修正）と，企業の競争力の回復，企業発展を支える株式市場の育成，政党支配の排除と効率的企業経営（政党の国家持株会社支配力の軽減）などを目的とするものであった。

その後1995年ENIの民営化，1999年ENELの民営化，2000年INA, IRIの民営化と四大グループの民営化によって1992年から始まった民営化計画はほぼ一巡した。

（3） 第二共和政のイタリア

　1980年代末から90年代初期の時期，キリスト教民主党を中心とする中道政党，社会党，共産党の左派政党，イタリア社会運動などの右派政党など政党中心の支配体制が終焉を迎えた。その背景として，1980年代末から始まった冷戦体制や社会主義体制の崩壊，EU統合などにみられるイタリアを取り巻く国際環境の激変があり，同時に国内的には政治腐敗に対する批判や改革を要求する市民の声の高まりがあった。

　これらの既成政党は1994年3月の総選挙で壊滅状態に陥った。既存の政党に替わって，新たな政党として，シルヴィオ・ベルルスコーニが率いる「フォルツァ・イタリア」，ウンベルト・ボッシュが率いる「北部同盟」，ジャンフランコ・フィーニが率いる「国民同盟」の右派ブロック，共産党から移行した「左翼民主党」などの左派ブロックが対峙する選挙戦となったが，ベルルスコーニが主導する右派が勝利して，イタリアは第二共和政の時代に入った。

　ベルルスコーニ右派政権が1994年12月に倒れた後，ランベルト・ディーニ政権（1995～96年）以後中道左派連合政権が続く。1996年4月，ロマーノ・プロディを首班とする新興の中道左派連合「オリーブの木」政権が成立し，戦後共和政史上最長の政権となった。しかし，その後内部対立から1998年10月プロディは首相を辞任した後，マッシモ・ダレーマ（1998～2000年），ジュリアノ・アマート（2000～01年）と政権交代が頻繁に行なわれた。

　そして，再び2001年6月，ベルルスコーニが極右の国民同盟や移民排斥や北部イタリアの分離独立を掲げる北部同盟との右派連合政権「自由の家」が中道左派連合「オリーブの木」に勝利して5年ぶりに政権の座についた。ベルルスコーニは21世紀の「新しいイタリア」への変革の基盤を築くために10年間を必要とし，5年後の任期満了後も引き続いて政権を担当する意欲を示している。

　ベルルスコーニは，「反EU統合」とはいわないまでも，従来のEU統合路線に一歩距離を置いた，やや懐疑的な発言によって裏付けられる。政権内で統合推進派であったレナート・ルジェロ外相が，北部同盟や国民同盟出身閣僚のユーロへの懐疑的発言などEU統合に対する消極的に発言に強く抗議してつ

いに2002年1月に辞任してしまった。ベルスコーニはEUやユーロの運営が独仏主導で進むことへの反発と対抗心を隠そうとはせず，イタリアが独自行動をとるのではないかとの警戒感が広がっている。

　2005年11月，イタリア上院は地方分権や首相権限の強化などを盛り込んだ憲法改正案を可決した。1948年に成立した現行憲法の初めての大幅な改正となる。政治基盤強化を目指して憲法改正をベルスコーニは押し進めてきたが，2006年4月の総選挙の争点になっている。

■ 参 考 文 献

ウオルター・ラカー著，加藤秀治郎ほか訳『ヨーロッパ現代史――西欧・東欧・ロシア（上），（中），（下）』芦書房，1998年，1999年，2000年。

木村靖二・山田欣吾・成瀬治編『世界歴史大系　ドイツ史3　1890年～現代』山川出版社，1997年。

柴田三千雄・樺山紘一・福井憲彦編『世界歴史大系　フランス史3　19世紀半ば～現代』山川出版社，1995年。

デレック・H. オルドクロフト著，玉木俊明・塩谷昌史訳『20世紀のヨーロッパ経済――1914～2000年』晃洋書房，2002年。

馬場康雄・岡沢憲芙編『イタリアの政治』早稲田大学出版部，1999a 年。

―――・岡沢憲芙編『イタリアの経済』早稲田大学出版部，1999b 年。

フローラ・ルイス著，友田錫訳『ヨーロッパ――統合への道（上），（下）』河出書房新社，2002年。

村岡健次・木畑洋一編『世界歴史大系　イギリス史3　近現代』山川出版社，1994年。

（田中友義）

ヨーロッパ主要4カ国の現代史年表

	イギリス	ドイツ	フランス	イタリア
1940	ベヴァリッジ報告（1942） アトリー労働党政権，福祉国家の建設（1945） 国民保険法（1946） マーシャル・プラン参加（1947） イングランド銀行など国有化政策（1946～49） ポンド切り下げ（1949） NATO加盟（1949）	マーシャル・プラン参加（1947） ベルリン封鎖（1948） エアハルト，社会的市場経済を主導（1948） 通貨改革（1948） 「ボン基本法」（1949） ドイツ連邦共和国成立，アデナウアー政権（1949）	ド・ゴール臨時政府，第四共和政（1944） 基幹産業国有化（1945～46） モネ・プラン，「栄光の30年」始まり（1947） マーシャル・プラン参加（1947） NATO加盟（1949）	デ・ガスペリ内閣（1945） 国民投票，共和政選択（1946） 憲法制定，第一次共和政，デ・ガスペリ時代（1947） マーシャル・プラン参加（1947） NATO加盟（1949）
1950	チャーチル保守党政権復帰（1951），民営化（1952～53） チャーチル引退（1955） スエズ派兵，イーデン辞任（1956） マクミラン保守政権，「ストップ・アンド・ゴー」政策（1957～64）	ECSC加盟（1951） 共同決定法（1951） NATO加盟（1955） ブンデスバンク設立（1956） EEC加盟（1957）	シューマン・プラン（1950） ECSC加盟（1951） スエズ派兵（1956） EEC加盟（1957） フラン切り下げ（1957～58） 第五共和政，ド・ゴール初代大統領，ゴーリスム（1958）	ECSC加盟（1951） ENI設立（1953） EEC加盟（1957）
1960	EFTA加盟（1960） マクミラン，EEC加盟申請（1961） ド・ゴール，英EEC加盟拒否（1963） ウィルソン労働党政権，「ニューディール」（1964） ド・ゴール，英EEC加盟再度拒否（1967） ポンド切り下げ（1967） 鉄鋼業再国有化（1967）	ベルリンの壁（1961） アデナウアー，エリゼ条約調印，「ボン・パリ枢軸」（1963） アデナウアー引退，エアハルト政権（1963） キージンガー大連立政権（1966） 経済安定・成長促進法「魔法の四角形」（1967） ブラント社民党政権，「オストポリティーク」（1969） マルク切り上げ（1969）	ド・ゴール，英EEC加盟拒否（1963） ド・ゴール，エリゼ条約調印，「パリ・ボン枢軸」（1963） EECボイコット「空席政策」（1965～66） NATO統一軍から脱退（1966） ド・ゴール，英EEC加盟再度拒否（1967） 5月危機，ゼネスト（1968） フラン危機（1968） ド・ゴール引退（1969） フラン切り下げ（1969）	電力国有化，ENEL設立（1962） モロ内閣，中道左派連合の時代（1963～69） 大学紛争（1968） 「熱い秋」労働紛争（1969）

第1章　ヨーロッパ主要国の歴史

年代	イギリス	ドイツ	フランス	イタリア
1970	ヒース保守党政権，EC加盟，「イギリス病」(1973) 第一次石油危機・非常事態宣言(1973) 「不満の冬」スト(1978～79) EMS参加(1979) 第二次石油危機(1979)	モスクワ条約(1970) ワルシャワ条約(1970) 第一次石油危機(1973) 国連加盟(1973) シュミット社民党政権，「危機管理」政策，独仏蜜月時代(1974) 新共同決定法(1976) 過激派テロ事件(1977) EMS参加(1979) 第二次石油危機(1979)	非ゴーリスト大統領ポンピドゥ，ジスカール・デスタン，「ポスト・ド・ゴール時代」(1969～81) 社共共同政府綱領(1972) 第一次石油危機，「栄光の30年」終焉(1973) EMS参加(1979) 第二次石油危機(1979)	ベルリングエル，共産党「歴史的妥協」，キ民党との二大政党化(1973) 第一次石油危機(1973) 「スカラ・モビレ(賃金・物価スライド)」(1975) リラ危機(1976) テロ事件「赤い旅団」(1978) 国民保険・年金制度(1978) EMS参加(1979) 第二次石油危機(1979)
1980	サッチャー保守党政権，サッチャリズム，民営化(1979～90) 雇用法(1980) フォークランド紛争(1982) 労働組合法(1984) 石炭労組スト(1984) 地方自治体法(1985) 社会保障法(1986) サッチャー，ブリュージュ講演(1988)	コール政権，新自由主義，「潮流の転換」(1982) 連邦民営化・資本参加政策(1985) ベルリンの壁崩壊(1989)	ミッテラン社会党大統領，「大きな政府」(1981) 大企業・銀行国有化，地方分権化(1982) フラン危機，ドロール・プラン(1983) シラク内閣，第一次保革共存(1986～88) 第一次民営化法(1986)	フィアット争議(1980) クラクシ社会党政権，制度改革「スカラ・モビレ」改正(1983) 「黄金の年」，GDPでイギリスを抜く(1987)
1990	サッチャー辞任(1990) ERM加入(1990) ポンド危機，ERM離脱，「ブラック・ウェンズデー」(1992) マーストリヒト条約批准(1993) 労働党，党綱領改正・国有化放棄(1995) 国鉄民営化(1997) ブレア政権，「ニュー・レイバー」，「第三の道」(1997)	ドイツ統一(1990) マーストリヒト条約批准(1993) 連邦郵便，国鉄民営化法(1994)	マーストリヒト条約批准(1992) バラデュール内閣，第二次保革共存(1993～95) 第二次民営化法(1993) フラン危機，「ブラック・フライデー」(1993) シラク大統領，「変化と国家改革」(1995) ゼネスト，年金改革抗議(1995)	リラ危機，ERM離脱(1992) マーストリヒト条約批准(1992) バルッチ・プラン(1992) 民営化基本法(1993) ベルルスコーニ右派連合政権，第二次共和政(1994) リラ大暴落(1995) ENI民営化(1995) プロディ左派連合政権「オリーブの木」(1996)

39

2000	ブレア，スーパーパワー・ヨーロッパ構想(2000) ブレア第二次政権(2001) ユーロ参加のための国民投票先送り(2003) ブレア第三次政権(2005)	シュレーダー社民党政権，「緑の党」連合政権参加(1998) ユーロ参加(1999) フィッシャー，ヨーロッパ連邦構想(2000) シュレーダー，統合の最終形態構想(2001) ユーロ流通(2002) シュレーダー第二次政権，「ドイツの道」(2002) 新移民法(2002) メルケル大連立政権(2005)	ジョスパン社会党政権，第三次保革共存(1997～2002) ユーロ参加(1999) 週35時間労働法（オブリ法）(2000) シラク，パイオニア・グループ構想(2000) ジョスパン，国民国家の連邦構想(2001) ユーロ流通(2002) シラク大統領第二期，「ルペン・ショック」(2002) 保守・中道右派合同(2002) 欧州憲法条約の批准，国民投票で否決(2005)	ユーロ参加(1999) ENEL民営化(1999) INA，IRI民営化(2000) ベルルスコーニ右派連合政権，「新しいイタリア」(2001) ユーロ流通(2002) 雇用年金制度改正(2002) 新移民法(2002) 憲法改正案を上院で可決(2005)

注：本章に関連した主要な事項を記載した。
出典：筆者が作成したもの。

第2章

ヨーロッパ中小諸国の歴史

要約

　ドイツ，フランス，イギリス，イタリアの主要4カ国に比べ経済規模の小さい多数の中小諸国が存在していることがヨーロッパの大きな特徴となっている。第二次世界大戦後のヨーロッパの中小諸国には経済的，政治的に独自の動きがあるものの，全体としては主要国と同じく，戦後直後の危機的状況からの復興を成し遂げ，1970年代までは長期的な経済成長をみせ，社会は安定し経済的な豊かさがもたらされた。また，政治的にも主要国と同様に左翼政党は重要な存在であり，経済における国家の役割が大きくなり，福祉制度が整えられた。1970年代後半よりの石油危機以降の長期的な不況，1989年の「ベルリンの壁崩壊」に象徴される冷戦構造の終焉，ヨーロッパ統合の流れのなかで，中小諸国でも新たな経済構造が模索され，制度的な均質化は進むものの，それぞれの国のヨーロッパに占める政治経済的位置の違いから経済構造の差異がむしろ拡大している面もある。

1　ヨーロッパの中小諸国の多様性

（1）　ヨーロッパの中央と周辺

　ヨーロッパの中小諸国は，①ヨーロッパの中央部に位置する低地地方諸国＝ベネルクス（ベルギー，ルクセンブルク，オランダ）およびスイス，②ヨーロッパの周辺部に位置するアイルランド，イベリア諸国，北欧諸国およびオーストリア，東欧諸国，バルカン諸国（東欧，バルカン諸国は他の巻で扱う），③特殊な経緯により歴史的な行政特権が保たれ独立国として認められたモナコ，リヒテン

シュタイン，アンドラ，バチカン市国などの極小国家（ルクセンブルクも政治形態としてはこのグループに分類される）に大別される。

（2） 中央の諸国

これらヨーロッパの中小諸国のなかでも，英独仏の3カ国の間に位置する低地地方はヨーロッパに最初の統一をもたらしたフランク王国の発祥の地であり，フランク王国分裂後はドイツとフランスに分割されるものの中世ヨーロッパの有数の商工業地域へと発展し，フランス王弟を始祖とするブルゴーニュ公国が同地域をほぼ統一し低地地方諸国の原形ができ上がった。公国を継承したハプスブルク家支配の下で16世紀にはその港湾都市アントウェルペンがヨーロッパの貿易・金融の最大の拠点となり海外に進出したイベリア諸国以上の経済的繁栄を遂げ，17世紀には北部が分離独立して成立したオランダが海外進出の主導権を握るとともにヨーロッパの経済中心機能を引継いた。しかし，主要国が主導する政治経済構造が形成されるにつれオランダの経済的重要性は低下した。その後，1831年に南部低地地方が独立を遂げたベルギーがワロン地方の石炭・製鉄業を核として大陸諸国のなかで最も早く工業化を成し遂げ，第二次世界大戦後には，各国の協調が進むなかでEUの本部がベルギーの首都ブリュッセルにおかれるなどヨーロッパの中心としての重要性が高まっている。

一方，13世紀末にハプスブルグ家の支配に対抗して結成されたアルプスの3地域の盟約団を起源とするスイスは，次第に支配領域を拡大し16世紀初頭にはほぼ現在の国境が定まった。多くの独自性の強い地域が集合して成立したスイスは度重なる内政面での地域的，宗教的分裂の危機を克服し，対外的には各国に傭兵を送り出す一方で巧みな外交政策で中立国の立場を守り，第二次世界大戦も「武装中立」により戦火を免がれた。スイスは山間地域が多く主に農牧業が営まれる経済的に貧しい地域であったが，19世紀には工業化に成功し，精密機械などの産業が発達，また，その政治的中立の立場を利用した独自の国際金融業も発達をみせ，地理的条件を生かした観光業も重要な産業へと育ち，ヨーロッパでも経済的に最も豊かな国となっている。また，第二次世界大戦後もヨ

ーロッパの諸国とは密接な経済関係がありながらも政治的中立の立場を堅持し，ヨーロッパの統合とは距離を置き続けていたが，統合の流れが加速するなかでこのような政治的経済的立場が維持されるかどうか難しい局面を迎えている。

（3） 周辺の諸国

　中央部に位置する中小諸国は，スイスがドイツ語，フランス語，イタリア語，ロマンシュ語，ベルギーがフランス語，オランダ語（低地ドイツ語から派生），ドイツ語，ルクセンブルクがフランス語，ドイツ語（ただし，オランダはオランダ語が公用語）という，かつてのローマ帝国国境にほぼ重なるラテン・ゲルマン言語境界に位置することに起因する多言語構造をもっている。一方，周辺部に存在する中小諸国の場合は独自の言語・文化をもつことが多く，ヨーロッパの西北端の島国アイルランドは，「ケルテックフリンジ」（ケルト的外縁）と呼ばれる，かつてヨーロッパ各地に居住していたケルト人の言語と文化を今に伝える地域である。ただし，政治経済的に隣接するイギリスとの関係が深く17世紀以降はイギリスの植民地としての性格を強めた。しかし，18世紀末より民族主義の動きが生じ，その後の多くの反乱，自治権獲得運動，1918年の総選挙に勝利したシン・フェイン党が指揮する独立戦争が起こり，1921年に独立を達成した。アイルランドではイギリスの支配期に大土地所有制が拡大し，また，18世紀にはイギリスでの産業革命の影響で手工業が衰退し貧困層が増加した。しかも1840年代後半のジャガイモ飢饉により100万人が餓死，100万人が海外に移民し人口は800万人から600万人へと減少，その後も移民が常態化し人口減少が続き1960年代には280万人にまで減少した。しかし，第二次世界大戦後の経済成長により人口も上昇に転じ1973年にはEC加盟，さらに，1990年代には外資導入政策，労働賃金抑制，教育政策が有効に働きIT産業などが誘致されOECD諸国のなかでも最も高い経済成長率を達成し，財政の黒字化も定着している。その結果，同時期にGDPに占める一般政府負債比率，失業率も大幅に改善し，人口も130年ぶりにほぼ400万人に達している。

　ヨーロッパ西端のイベリア半島に位置するスペイン，ポルトガルは，イスラ

ム教徒からの国土回復運動の過程で成立し，15世紀末より他のヨーロッパ諸国に先駆けアメリカ，アジア各地に植民地を獲得し，16世紀後半の両国の王を兼ねたフェリペ2世の時代には黄金期を迎えた。しかし，このような植民地支配は本国経済の成長に結びつかず，また，植民地支配に関しても17世紀以降にはオランダ，イギリス，フランスの追い上げをうけ，政治的・経済的な重要性を失うに至った。その後，アンダルシアなどの多くの地域では大土地所有制が存続する一方で，19世紀にはカタルーニャなど一部の地域から工業化の動きが次第に拡大した。第二次世界大戦では，ドイツ，イタリアの協力を得て1939年に内戦に勝利したスペインのフランコ政権，1932年の政権獲得後独裁色を強めたポルトガルのサラザール政権が中立を保ち，両国の独裁体制は第二次世界大戦後も存続し，両国は国際的に孤立した。しかし，冷戦開始によりアメリカなどとの関係が改善され，外資の導入による工業化も進み1960年代には高度成長を遂げた。その後，両国は1970年代に民主化し，政変を経ながら次第に政治的にも安定し，1986年にはECに同時加盟し，地域間の経済格差など問題を抱えつつも，ヨーロッパ諸国との経済関係が垂直統合から水平統合へと次第に深化するなど，経済の構造変換が進んでいる。

　スカンジナビア半島に位置するスウェーデン，ノルウェー，フィンランド，ユトランド半島，周辺の島と海外領としてグリーンランドなどを領有するデンマーク，大西洋のアイスランドの北欧5カ国は，他国に比べてキリスト教化する時期が遅く，長く独自の文化を維持し，また，同君連合など相互に密接な政治的関係をもつ一方で，歴史的に他のヨーロッパ諸国との関係は弱かった。19世紀の民族主義の高まりのなかで，イギリスやヨーロッパ大陸諸国とは一定の距離をおき，スカンジナビア諸国で団結し独自の路線を目指すスカンジナビア主義も生まれた。このようなスカンジナビア主義のもとで，その自然条件を生かす形で北欧諸国は経済の近代化，工業化を遂げ，第二次世界大戦後もスカンジナビア主義はある時期まではほぼ実現できていた。しかし，北欧諸国の経済規模の小ささが次第に経済発展の障害となり，ヨーロッパ大陸諸国との政治的経済的関係の強化が図られ，1973年にデンマークがEC, 1995年にスウェーデ

ン，フィンランドがEUに加盟し，フィンランドではユーロが導入されている。ただし，ノルウェーがなおEUに未加盟であるなど，なお，その独自性を守ろうとする国民感情は強い。なお，北欧諸国はそれぞれの国語をもつが，フィンランドの場合はフィン＝ウゴル語系のフィンランド語とともにスウェーデン語を公用語としている。

オーストリアは現在では面積8.4万km²のアルプス山脈の東端に位置する小国であるが，第一次世界大戦までは，中世末期よりドイツ皇帝位を保持していたハプスブルク家がドナウ流域を中心に多くの民族を支配下においていた帝国であり，第一次世界大戦後の帝国は解体されてその領土は約4分の1に縮小した。帝政下のオーストリアでは多くの地域が大土地所有制下にある農業地帯であったが，19世紀以降にはドイツなどに比べると規模・水準が劣るものの領域の各地で工業化が進展し，現オーストリアの領域でも首都ウィーン，グラーツなどに繊維，機械，金属工業などが発達した。帝国解体後のオーストリアは共和国となるが1938年にはナチス・ドイツに併合され，さらに第二次世界大戦後は米ソ英仏の4カ国の占領下に置かれたが，1955年の国際条約で主権を回復した。独立後は中立国家として様々な国際機関の本部が置かれるとともに東西ヨーロッパをつなぐ役割を果たし，技術集約的な工業や観光業の発達をみせた。冷戦の終結後は，中立政策を変更して1995年にはEUに加盟し，経済的には，計画経済から市場経済への移行を図る東欧諸国との関係を急激に深めている。

以上のようにヨーロッパの中小諸国には，それぞれの地理的歴史的要因が関係する経済発展の違いが存在し，ヨーロッパ統合へのかかわり方も異なっている。そこで，これら中小諸国の経済発展の特徴的な事例として，中央部に位置しヨーロッパ統合と当初より深いかかわり方をもって経済発展を遂げたベネルクス諸国，ヨーロッパの周辺に位置し，独自のあり方で主要国と同水準の経済発展を遂げた後に主要国との関係を深めつつある北欧諸国を取り上げ，第二次世界大戦後の経済発展を概観する。

2　ベネルクス諸国

（1）　戦後復興と「黄金の時代」

　第二次世界大戦中にドイツの占領下に置かれたベルギー，オランダ，ルクセンブルクは1944～45年に相次いで解放され，戦争後復興が図られることとなった。ベネルクス諸国の戦後復興において大きな役割を果たしたのはアメリカを中心とする連合国の存在である。ただし，「マーシャル・プラン」による援助内容および援助が経済に与えた影響はベルギーとオランダで異なり，ベルギーの場合は無条件のマーシャル・プランによる援助は6800万ドルにすぎず，条件付き援助が4億4500万ドルであり，その多くが後述の製鉄業，石炭業の助成に向けられベルギーの経済構造の変化には大きな影響を与えていない。一方，オランダの場合，10億ドルに達したマーシャル・プランによる援助は1949年では国民所得の8.4％を占め戦後復興にきわめて重要であった。

　ベルギーでは，ドイツから解放された1944年9月に亡命先のロンドンから帰国したウベル・ピアロの下でレジスタンス運動に加わっていた共産党を含む挙国一致内閣が成立した。しかし，社会政策，ナチス・ドイツに妥協的であった国王レオポルド3世の処遇に関する見解の相違から政局は不安定であり，短命な連立政権が続き，1946年の戦後初の総選挙で議席を伸ばした共産党もその後支持を失い，1950年にはキリスト教民主党（旧カトリック党），自由党，社会党の三大政党体制に回帰した。なお，1947年に成立した社会党とキリスト教民主党の「大連立」スパーク－エイスケンス内閣は，その後の両党連立の先駆けとなった。また，国王復帰を望むキリスト教民主党が，1950年の総選挙で過半数を獲得後に実施した国民投票では，北部のオランダ語圏フランデレンで70％以上が復帰に賛成したのに対し南部のフランス語圏ワロン地方では賛成は過半数に達せず，復帰反対運動も起こり，結局国王は退位し息子ボードワンが即位した。この国王問題は，オランダ語圏とフランス語圏の対立を顕在化させる契機となり，両地域の経済的地位の逆転と絡み地域対立がベルギーの政治的課題と

なった。

　これら諸政権のもとで進められた戦後復興政策の過程で，その後の社会保障システムの枠組みが作られ，戦時下の1943年に社会協定（Social Pact）が経営者，労働組合の討議の場として作られ，さらに，労使の資金で運用される社会保障国家局（ONSS-RMZ）が1944年に，労使問題を話し合う中央経済会議（CER-CCE）が1948年に，労使調停を行なう国民労働協議会（NAR-CNT）が1952年に設置され，制度的には労使協調の体制が整えられた。

　ベルギーでは鉄道網の寸断などはあったものの，工場の被害は比較的少なく，鉄道の再建と燃料の確保が重要となり，ワロン地方の製鉄・石炭業の再建が図られた。再建には，企業家の力が強い状況から国有化ではなく補助金の投入が行なわれ，1949年からは朝鮮戦争の特需もあり鉄鋼生産は回復を遂げ，石炭産出も軌道に乗った。また，自由競争の導入を原則とするヨーロッパ石炭鉄鋼共同体（ESC）に加盟したものの，閉鎖されるべき生産性の劣る炭坑などが補助金により存続することとなり，製鉄業ではある程度の設備の更新が進んだとはいえ，ワロンの工業部門の高コスト構造が温存された。その結果，1960年に間接税の引上げと社会支出削減を含む経済再建法案が提出された際，ワロン地方で大規模なデモ，ストライキが起こるなど，ワロン地方の旧来型工業部門の構造変換・合理化を円滑に進めることがベルギーの大きな課題となった。一方，フランデレンではアントウェルペン周辺をはじめとする臨海地域に石油化学，自動車業など外資企業の進出が始まり，ワロン地方とは対照的な経済状況が生まれつつあった。なお，1960年は豊富な鉱物資源を有していた植民地コンゴが独立したが，ベルギー経済に与えた影響は軽微であった。

　オランダは，ベルギーに比べ工業化の進展は緩やかであったが，国際競争力のある農業が存在し，19世紀末から石油，電気などの新分野の産業が成長を遂げ，歴史的にもイギリスとの関係が深いこともあり，英蘭合同のロイヤル・ダッチ・シェル，ユニリーバーが設立されたほか，ヨーロッパ最大の家電メーカーとなるフィリップスなど大企業の比重が高い経済構造を有していた。

　1945年5月のドイツからの解放後，ロンドンの亡命政権に代わりスヘルメン

ホルン-ドレース暫定内閣が成立し，1946年の総選挙にはカトリック人民党（KVP），労働党（PvdA）が勝利し，1958年まで続いた両党連立の政権により，戦後復興が進められた。カトリック，カルヴァン派，自由主義，社会主義の4グループに別れて共存する多極共存型社会と呼ばれる社会構造を生かした社会保障制度が整備され，1945年には中央計画局（CPB）が復興にあたって賃金と物価を抑制する政策を展開，さらに，1950年には従来の労使協議の機関を発展させた社会経済協議会（SER）が設立され，誘導賃金政策（guided wage policy）と呼ばれる労使協調体制の枠組みが整えられた。

　オランダではすでに述べたように，マーシャル・プランによる援助が，戦後復興において大きな役割を果たし，堤防破壊により水没した干拓地，輸送網の復旧，工場設備整備などが進み，1950年には工業生産は戦前の水準に回復した。なお，ヨーロッパの経済的中心としての地位を失った後のオランダ経済の大きな支えであったインドネシアが4年の戦争を経て1949年に独立したことは，オランダとヨーロッパ各国との政治的・経済的関係の強化につながる契機ともなった。

　ルクセンブルクにおいても，ドイツからの解放後，ロンドンから亡命政府および大公女が帰国し，戦後復興にとりかかり，キリスト教的保守主義，自由主義，社会主義の三大政党の下に，19世紀後半に豊富な鉄鉱資源を利用して資本・技術面でドイツ，フランス，ベルギー企業と関係をもちながら発達を遂げていた製鉄業の再建とともに，産業多角化が図られ，税制優遇措置を適用して外国企業の誘致が進められることとなった。

　第二次世界大戦中より，ロンドンに亡命中の低地地方諸国政府の間では，市場の相互開放が模索され，ベルギー主導により1944年9月ベネルクス同盟の結成が宣言された。しかし，ベルギーに比べて大戦直後の復興が遅れたオランダは同盟の結成に消極的となり，マーシャル・プラン実施後の1948年に，ようやく同盟は発足した。さらに，1958年にはベネルクス3国にドイツ，フランス，イタリアが加わる形で欧州経済共同体（EEC）が結成された。ベルギーのブリュッセルに本部をおく。

戦後復興を遂げたベネルクス諸国は，1960年代には，他のヨーロッパ諸国と同様「黄金の時代」と呼ばれる高度成長期を迎え，ベルギーでは，1961年にはテオ・ルフェブルを首班とする社会党，キリスト教民主党連立政権のもとでケインズ的政策がとられ公的投資会社（SNI-NIM）が創設され，民間銀行も規模を拡大した。アントウェルペン，ヘントなど政府により，港湾，運河，臨海工業地帯の整備が進められたフランデレンの臨海部を中心に，欧米の石油化学，自動車などの大手企業や部品工業など関連産業企業も進出し，また，ワロン地方を基盤としていたベルギー最大の化学企業ソルベイや製鉄会社コクリルなども合弁の形でこれらフランデレンの臨海地域に進出した。ワロン地方でも製鉄，非金属，化学などの生産が伸び，その結果，GDPは安定的に年率4～5％の伸びをみせ，貿易額も年度による偏差は大きいものの年率6％の水準で拡大し，輸出の対GDP比は1959年の32.8％であったものが1970年には47.6％に拡大した。

　外資企業は工場建設にあたって，ベルギー政府の財政的支援を受けるとともに，金利が上昇していたベルギー国内金利より低利の国際金融市場より資本を調達して工場建設を進めるとともに，高品質で知られていた食品企業などを買収するなど，ベルギー経済における重要性を増し，貿易面だけでなく，経営，資本の面でも，国際動向の影響を強く受ける経済構造が形成された。

　フランデレンへの外資企業の進出が主導した経済成長を受けて，GDPにおける地域比も1960年にはフランデレン45.1％，ワロン地方32.1％，ブリュッセル22.8％と，すでにフランデレンの比重が高くなっていたものが，1970年には，同53.8％，29.1％，17.1％と両地方の経済的格差が広がった。さらに同時期に生産性の劣る旧来型産業は衰退し，フランデレンでは，新規雇用により，かつての主力産業であった繊維業などでの雇用減を吸収し，失業率は1959年の8.1％から1970年の2.7％と大幅に低下したのに対して，石炭など多くの旧来型産業を抱え，外資企業の進出が限定的であったワロン地方では，失業率は4.5％から5.0％とむしろ上昇し，両地域でそれぞれの地域の利害を優先させようとする地域主義政党が誕生した。なお，公的債務は積極的な公共投資，社会福祉

により，総額は1960～70年に名目で57％増加したが，GDP比は69.7％から48.1％に低下した。

オランダでは，経済成長を続けた1950年から1973年を「黄金の時代」と呼んでいるが，特に1960年代は成長率が高く，GDPの年平均成長率は1951～63年が4.4％であるのに対して，1963～73年は5.5％であった。なお，1963年までのオランダでは，インドネシア独立などを受け，オランダ経済の新たな方向性として工業化が政策の大きな柱となり，1951～63年の公共投資の年平均成長率は6.9％とGDPの伸びを上回っていた。ただし，政府の積極的関与を求める労働党の主張もあったものの，経済相ヴァン・デン・ブリンクなどにより推進された政策は「市場経済」的な色彩が強く，ベルギーと異なり，政府の直接融資は，オランダの六大企業の一角を占める製鉄業のホーフェーヴェンおよび王立ソーダ会社（KNSI後に合併してAKZO）の2社に限られていた。なお，地方自治体レベルでは積極的な産業育成策がとられ，ヨーロッパ最大の貿易港へと発展するロッテルダムの港湾施設やスキポール国際空港の整備には，地元自治体が深く関与した。

1963年に工業化政策は公式には終了し，バランスのとれた成長がその後の政策目標となり，1963～73年の公共投資の年平均成長率は2.6％に低下した。この時期の成長に最も寄与したのは，それぞれ10.4％，7.3％の年平均成長率を示した。輸出および民間投資であり，工業生産額の年平均成長率も1953～63年の6.8％をやや下回るものの6.4％，農業生産額は1953～63年の2.1％を上回る4.5％の成長をとげた。しかも，1952年代以降増加を続けていた工業部門の雇用者数は，1965年をピークに減少，農業部門でも雇用者数は減少し，工業部門，農業部門の労働生産性は同時期に年平均7.1％，7.8％の上昇をみせた。失業率は1～2％，特に1961～65年はほとんど1％と「完全雇用」状態が続いたこの時期のオランダでは，労働組合が優位にあり，賃金決定のあり方は業績が良く労働生産性が高い業種が賃金動向を主導する賃金相場形成へと変化した。そのため，第二次世界大戦後よりの賃金物価抑制政策などにより，1950年にはベルギーに比べて30％（1955年でも25％）低かった賃金水準は，1970年にほぼ同水準

となり，国際競争力は低下し，民間投資における銀行借入れの増加により企業の収益率も低下した。このようななかで，収益率の改善を目指し，アメリカ的経営の導入，企業の統合が図られ，企業数は減少すると同時に規模が拡大し，上位100社の総資産のGDP比は1950年に62%であったものが1973年には88%にまで上昇した。ロイヤル・ダッチ・シェルを頂点とする六大企業に就業する労働者総数も1950年の46万7000人（オランダ国内約15万人）であったものが，1973年には113万5000人（オランダ国内約20万人）とオランダの工業労働者総数111万6000人を上回り，オランダ国内の従業員数の比率も13.6%から17.9%に上昇した。また，農業においても銀行からの借入れによる機械化，規模の拡大が進み，農業企業の重要性も増加した。

高い成長率が恒常化し，累進課税制により税収は所得の上昇以上に拡大したことを背景に，1965～66年の一時期を除き1958年から1973年まで政権を担当したカトリック，自由主義政党の連立政権は，家族手当，失業保障，医療補助に関する法案を次々に制定し，社会保障制度を拡充し，社会保障費用が政府支出の20%を超え，GDPに占める社会移転の割合は1960年から1970年にEEC諸国で最も低い11.7%から最高の22.5%へと倍増した。

なお，持株会社への優遇措置などの体制が整えられていたルクセンブルクへの各国の金融機関の進出が1960年代より本格化し，製鉄業にならぶルクセンブルクの重要な産業となるとともに外国人居住者が増加した。

（2） 構造不況と経済改革

1973年の石油危機を境に高コスト構造となっていたベネルクス諸国は長期不況の時期に入り，失業率が増加し，1960年代に拡充された社会保障制度は政府に大きな財政負担をもたらした。しかも，第一次石油危機を乗り切り国際競争力を飛躍的に高めた日本の存在など外部要因も加わり，構造問題は容易に解決せず，不況は長期化し財政危機は深刻化した。このことから財政改革が試みられ，経済構造の変換が図られ，1980年代末より経済が回復傾向をみせている。しかし，1993年のEU成立により「ヨーロッパの首都」としてのブリュッセ

ルの重要性がさらに高まり，大手企業の中枢機能の集積が進む一方で，工業地域としての重要性はさらに低下し，1996年に工場単体としては黒字であるにもかかわらずブリュッセル近郊のルノー・ヴィルヴォールド工場が閉鎖され，外資に依存してきたベルギー産業の問題点が浮き彫りになった。なお，大規模な反対運動が起こり，ベルギー・フランス間の外交問題ともなった同工場の閉鎖を含むルノーの合理化計画の指揮にあたったカルロス・ゴーンは，その手腕を評価され日産の再建にあたることになった。また，オランダでは，ワークシェアの実施や個人起業の促進により，雇用機会を増やし失業率を減らすとともに，大企業の比重が低下し，バイオベンチャーなどの新たな産業も成長し，1990年代後半からは日本の直接投資額がヨーロッパ大陸諸国のなかで最も多くなっている。

　石油危機によるインフレ状況（1974年で年率12%）にあったベルギーでは，1974年に歳出方針の違いから，1968年より再び続いていたキリスト教民主党，社会党は連立を解消し，総選挙後にキリスト教民主党のレオ・ティンデマンスは，自由党ワロン地方の地域主義政党と連立を組み，賃金抑制政策を試みた。しかし，労働組合の激しい反対のなかで実施できず，1977年に総選挙となった。ティンデマンスは総選挙後に社会党と連立を組むものの，1978年に社会党がオランダ語圏フランデレン（SP）とフランス語圏ワロン（PS）の2党に分裂したため退陣した。次いで，キリスト教民主党の若手のウィルフリート・マルテンスが社会党との新たに連立を組み，1981年まで両党の連立政権が続いた。同政権は，インフレ対策とともに1973年の2.7%（完全失業者9万1000人）から1980年の7.8%（32万2000人）と急速に悪化した失業対策および産業再編策を経済政策の柱とし，国民産業と位置づけた製鉄，繊維，石炭，ガラス，造船5部門に産業支援を行なう一方で，政府による直接雇用を含む雇用対策がとられた。しかし，これらの政策は財政赤字を拡大させ，累進課税強化などの税制改正を行なったにもかかわらず1981年には財政赤字はGDPの12.6%，公的債務総額はGDPの67.3%に達した。

　ワロン地方の製鉄業支援策に関する対立から，ワロン社会党が政権から離脱

をし1981年の総選挙が行われた。選挙後，マルテンスは議席を増やした両言語圏の自由党と連立を組み，キリスト教系労働組合の支持も取付け，労働協定を流動化させ，週労働時間の短縮により賃金を抑制し，雇用増大を図るとともに実質賃金の凍結により民間企業の収益を回復させた。また，財政赤字の拡大に対しては，政府支出の削減に取り組み，公共投資の削減と公務員給与の抑制を行なうとともに，地方自治体にも財源移譲の代わりに1987年まで財政収支の均衡を図るように命じた。このようにして財政赤字の拡大には歯止めがかかったものの，債務は減少せず，1987年の地方自治体債務，社会保障債務を含めた公的債務総額はGDPの127.2％，政府の利払いは9.9％に達していた。このような状況下で，1985年10月よりの第六次マルテンス内閣で新たに蔵相となったフランデレン自由党の若手ギィ・フェルホフスタットは，大幅な財政削減，税制改革，国営企業の民営化を目指したが，より緩やかな改革を求めるキリスト教民主党と対立，連立は解消された。1987年の総選挙後に，フランデレン・キリスト教民主党ジャンリュック・デハーネの指導のもとに社会党，フランデレンの地域政党が加わる連立が組まれ，新たな財政支出の抑制策を取るとともに国有企業の民営化も進めた。さらに，1991年の総選挙後，キリスト教民主党，社会党の連立政権はベルギーの分権化を最終的に進め，1993年には憲法が改正され，ベルギーはそれぞれ議会をもつフランデレン，ワロン地方，首都ブリュッセルの3地域連邦，オランダ語，フランス語，ドイツ語の3言語共同体からなる連邦国家となり，軍隊，外交，金融などを担当する連邦政府の下で各地方政府の権限が大幅に強化され，独自の産業政策を展開することが可能になった。また，マーストレヒト条約に従い財政の健全化が進められ，公的債務の残高は高水準であるものの，通貨統合の基準は満たし，1999年のユーロ参加を果たしている。

政治的には1990年代に入り穏健な地域主義政党が後退し，フランデレンでは極右政党フラームス・ブロックが支持を拡大，ワロン地方では社会党が地域主義を吸収する形となった。また，両地域，とりわけフランス語圏でキリスト教民主党が支持を失い，かわって自由党が支持を拡大し，1999年からはフェルホ

フスタットを首班とする両地域の自由党，社会党，環境政党からなる連立内閣が政権を担当している。

このような政策が展開されている間に，ベルギーの産業再編が進行し，1980年代に製鉄業では工場の集約と過剰設備の廃棄が行なわれ企業統合も進んだ。また，繊維産業においても大規模な合理化が行なわれ，企業統合と生産の特化が進み，存続企業の国際競争力が強まった結果，繊維輸出が拡大した。しかし，1990年代に入ると，ブリュッセルに多くの企業が進出し，経済的な管理中枢機能を高めているのに対して，これまでワロンに比べて経済的に優位であったフランデレンにおいても工場の国外移転が広がり，産業の空洞化が進行している。また，工場の移転の一方で，ヨーロッパのなかで最も早期より産業投資を行ないベルギー産業に強い影響力をもっていたソシエテ・ジェネラル銀行もイタリア，オランダ，フランスの銀行が加わった買収合戦の末，多国籍化したフォルティス銀行となるなど，資本，経営における国際化はさらに進行している。

オランダでは北海の天然ガスの生産が拡大していたこともあり1973～74年の石油危機の影響は小さく，1973～79年にはなお年率2.68%の成長をみせていた。景気が後退したのは第二次石油危機以降の1979年であり，1975年にはインフレ率は10%近くにまで上昇したものの失業率はなお5%であったものが，1979年以降インフレ率は低下するものの，失業率は1982年には12%近くにまで上昇した。

1973～77年に政権を担当したヨープ・デン・アイル左派連立内閣は，当初，ケインズ的政策により景気回復を図り，新規事業による雇用の創出，最低賃金および社会保障費の増加を目指したが，1975年には政策を変更し，政府支出の抑制政策をとった。1977～82年に政権を担当したアンドレース・ファン・アクト保守・キリスト教民主党内閣は政府支出削減を目指したが，閣内および議会の反対により政策を実行できず，1982年には政府の財政赤字はGDPのほぼ9%にまで拡大した。そのため，政権を引継いだルード・ルベルス内閣は公務員の実質賃金，社会保障費の切下げを行なった。また，このような政府支出の削減の結果1970年代には政府助成により存続していた多くの企業が清算され，

1982～83年に推定で2万7000社，15万人が職を失ったが，その結果として企業の国際競争力は上昇した。さらに，1982年には労働組合，経営団体，政府の間に労働コスト削減に関する協定が結ばれ，経営側は週労働時間の短縮を主要手段として用いることに同意した。公共部門においても，郵便局，郵便貯金などの国営企業の民営化が進められる一方で，税制改正により減税と社会保障費の削減が進められた。これらの政策を推進するうえで大きな役割を果たしたのは，戦後復興の時と同様に中央計画局（CPB）であり，その後，政権を引継いだ左派連立内閣も，これらの政策自体は継続し，1980年代後半には失業率も改善をし始め，国際競争力の回復に伴う輸出の増加で1985～94年のGDPの年平均成長率は2.53％とOECD加盟ヨーロッパ諸国の平均2.20％を上回ることとなった。

また，同時期には産業構造が変化し，第三次産業部門の雇用が拡大を続け，工業部門の雇用はさらに減少し，1993年には96万人となり，しかも，6大企業の重要性も低下して，工場従事者に占める割合も1973年の17.9％から12.5％に下がった。それに代わって重要性を増しているのは個人起業家によるSOHOビジネスである。

3　北欧諸国

（1）　第二次世界大戦の経済発展（1945～73年）

第二次世界大戦が北欧諸国に与えた影響は国により大きく異なっていたが，自然条件における差異も大きく，デンマークとスウェーデン南部を除いて，北欧には耕作に適した土地はあまりなかった。しかしスウェーデンには鉄をはじめとする鉱山があり，北海に面するノルウェーは漁業が盛んであった。デンマークは農業，特に酪農に力を入れていた。フィンランドとスウェーデンからは，大量の木材が輸出されていた。スウェーデンは北欧諸国のなかで最も工業化が進み，繊維製品，機械産業が発達していた。

ソ連と戦争したフィンランド，ドイツの占領を受けたノルウェー，デンマー

クと比べると，スウェーデンは，第二次世界大戦による経済資産の被害をあまり受けなかった。第二次世界大戦後のスウェーデン経済発展の要因の一つは，この点にあった。そのスウェーデンに代表されるように，北欧は，福祉国家として知られる。スウェーデンのGDPに占める社会保障費の割合は，1950年には10％未満であったが，1968年には15％を超え，1978年には30％を超えた。スウェーデンは，政府・企業・労働組合が税の高負担に耐え，高度な福祉国家を築いた。これは，「スウェーデン・モデル」と呼ばれる。

　これに伴って，GDPに占める一般政府支出の比率も大きく上昇した。1970年には40％弱であったのが，1990年代初頭には，70％を超えた。OECDの平均がそれぞれ33％弱，40％弱であったことを考慮に入れると，スウェーデンの数値は急速に上昇していることがわかる。社会保障費の上昇によって税負担が増え，政府の規模が膨れあがるという姿が，戦後から比較的最近までのスウェーデン経済の特徴であった。これはある程度まで，他の北欧諸国にもあてはまる。それが，1990年代の経済停滞の要因の一つとなった。またフィンランドは，第二次世界対戦中にソ連との戦争に敗北し，ソ連が崩壊する1991年まで，ソ連の強力な影響力のもとにおかれた。対ソ連の貿易額も，非常に大きかった。そのため，西側諸国との友好関係の樹立には大きな限界があった。

　1950年代の経済成長は，当然のことながら社会構成の上にも変化をもたらした。農業人口の比重が著しく低下したのである。1950年代末になると，全所得者中に占める農業・漁業従事者の割合は，ノルウェーが19.5％，デンマークが17.5％，スウェーデンが13.8％と，2割にも満たなくなった。ただしフィンランドは例外であり，31.7％もあった。それに代わって，サービス業や事務労働に従事する人々の比率が増えた。

　以上のような経済的・社会的状況において，北欧諸国で社会政策が推進された。1950年代から60年代にかけ，国民所得に対する社会政策支出が著しく増大し，社会福祉が充実した。1950年において，社会政策支出の比率はノルウェーが7.8％，デンマークで9.9％，スウェーデンとフィンランドが8.9％であった。それが1973年になると，ノルウェー22.1％，デンマーク25.5％，スウェーデン

23.1%，フィンランド20.2%と，大きく増大している。

　ちなみに，1950～73年のノルウェー，デンマーク，スウェーデン，フィンランドの1人当たりのGDP成長率は年平均で3.2%，3.1%，3.3%，4.3%であった。これは，他のヨーロッパ諸国と比べて，決して高くはなく，むしろ低い。しかも，この時代を通じて，北欧諸国の賃金は高く，それゆえ生活水準は高かった。スウェーデンでは実質賃金が高く，そのため移民が押し寄せ，その数は1945～65年には年平均1万人に達した。スウェーデンでは労働組合の力が非常に強く，実質賃金は，1946～61年に87%上昇した。1973年には，スウェーデンの1人当たりのGDPは，ヨーロッパではスイスに次いで第2位になった。

　北欧諸国の経済活動の中心分野は，機械技術，デザイン，生産技術であった。1950年代には，スウェーデンとノルウェーがイギリスの造船業を追い抜き，1965年には，世界の造船の16%を占めるようになった。工業製品の技術力は高く，高級品を輸出していた。著名なものに，スウェーデンのボルボとサーブがある。北西ヨーロッパの国々の賃金が上昇したので，そこが新たな市場となった。サーブはまた主に軍事用の飛行機をつくり，スウェーデンの中立政策に貢献した。さらに外国にもそれを販売した。スウェーデンは永世中立国であるが，武器の輸出国としても有名である。北欧諸国の伝統的な産業であるパルプ産業も繁栄し，1965年には世界全体の18.3%を生産した。ノルウェーでは，生産は政府が割り当て，助成金，価格管理を行ない，ケインズ政策に基づいた混合経済国家となった。デンマークは農業への依存度を低め，1970年には総輸出額の4分の1にした。そして機械産業，電子，造船の輸出が目立った。フィンランドは，ソ連から巨額の戦争賠償金を課せられた。フィンランド通貨のマルカは弱く，1956年までに，計6回の平価切下げがなされた。林業が依然として主要な産業であったが，金属工業と機械産業が発達した。また1946年にはノルウェー，デンマーク，スウェーデンが協同し，スカンジナビア航空（SAS）を設立し，北欧諸国の協力関係の一種のシンボルともなった。

　1952年には，北欧理事会（Nordic Council）がつくられた。1954年には，共通北欧労働市場が設立され，限定的ではあったが，北欧での労働者の移動が自由

になった。1960年代後半になると，労働者の北欧内での自由な移動に対する制限が撤廃された。また，北欧諸国ではおおむね完全雇用が実現されていた。

　しかし，北欧諸国の経済協力の限界も大きかった。そもそも4カ国合わせて2400万人に満たない地域で，地域内だけの協力関係を押し進めても，経済効果はあまり期待できない。それが，スカンジナビア主義の限界でもあった。そこでノルウェー，デンマーク，スウェーデンはイギリス，オーストリア，ポルトガル，スイスとともに，貿易自由化による経済の安定と活性化を目指し，1960年にEFTA（自由貿易連合）を創設した。フィンランドは1986年に加わった。この動きは，イギリスやヨーロッパ大陸諸国との協同の第一歩とみなされるべきであろう。これは，のちにデンマーク，スウェーデン，フィンランドがEC・EUに加盟する予兆となった。

（2）　北欧経済の停滞（1973～95年）

　1973年の第一次石油危機と1979年の第二次石油危機により石油価格は高騰し，世界経済に大きな影響を与えた。しかし80年代になると，石油価格はむしろ低下した。80年代には，西ヨーロッパ経済は第一次石油危機ほどの経済成長はなく，スタグフレーションと失業率の増加に悩まされた。では，このような事柄は，北欧諸国にどのような経済変化をもたらしたのか。

　1974年の北欧諸国の失業率をみると，ノルウェー，スウェーデン，フィンランドは2％未満であった。この時点では，1973年の石油危機の影響があまりでていないことが，推測される。ところがデンマークは実に8％以上という高い数字を示した。しかし，これは，国家の年間支出の4割以上を占めている福祉政策の産物であった。デンマークでは，労働をしようという意欲があまりわかなくなってきた。これは，他の北欧諸国にもあてはまる。かりにたくさん働いて多額の賃金をもらっても，累進課税率が高く，税金として吸い上げられる。それなら多少生活水準が下がっても，社会福祉に頼って生きていこうと考える人々が増えていったのが，この時代の特徴でもあった。では次に，北欧各国の情勢をもう少し詳しくみていこう。

ノルウェーの輸出の半分が北海の石油と天然ガスから成り立っていた。したがって世界のエネルギー市場の変化に対し，きわめて敏感に反応した。当初石油危機は，豊富にある石油資源のため，ノルウェー経済にはむしろプラスに作用した。しかし1980年代初頭に石油価格が低下すると，経済は停滞した。90年代になると，石油と天然ガスの輸出は上昇した。また失業率は1980～85年が2.6％，1986～90年が3.5％と，他の西ヨーロッパ諸国と比較すると低かった。ノルウェーは，北海油田からの収入が大きいので，必ずしもヨーロッパ大陸の市場を必要としないという理由から，国民投票でEUへの加盟を反対した。これは，政府の意向とはまったく逆であった。

　デンマークは，すでにイギリスとともに，1973年にECに加盟していた。原材料を大きく他国からの輸入に頼っていたので，石油危機によってかなりマイナスの影響がもたらされた。工業製品を輸出したくても，世界市場が縮小し，輸出は思うようには伸びなかった。石油消費量を削減する政策が成果をあげたのは，1970年代終わりのことであった。1981年には経済成長率は3.1％と著しく回復したが，1987年になるとまた大きく低下した。1990年代の初頭には，再び景気は回復し始めた。しかし失業率は高く，1993年に12.3％に達した。

　スウェーデンは，1973年の石油危機で大きな影響を受け，1970年代後半の経済成長は停滞し，1979年には，1.9％しかなかった。スウェーデンのGDP成長率は，1984年には4.0％であったが，1990年には1.1％に低下した。スウェーデンの不況は，労使関係に内在するものであった。スウェーデンでは，名目賃金の上昇率が生産性の上昇率を大幅に上回る傾向があった。労働組合の力が強く，しかも労働組合は連帯賃金原則を主張した。つまり，全国的賃金交渉によって，賃金上昇率を全国一律に決定していたのである。そのうえに，企業別の賃上げが上積みされた。その結果，賃上げ率が経済の生産性上昇率を上回り，インフレが生じ，国際競争力が弱まった。輸出の伸びが停滞し，経常収支が悪化した。1989年，1990年と2年続きで大幅に賃金が上昇したため，消費者物価上昇率も10％以上になった。これと，ヨーロッパ全体の不況の影響が加わり，スウェーデンの輸出は停滞し，経済成長率低下につながった。

スウェーデンは，1980年代後半の投機ブームにも関与した。ところがこのブームが終わり，バブルがはじけると，1991～93年に，スウェーデン経済は1930年代以来の大不況に陥った。この3年間は，いずれもマイナス成長であった。第二次世界大戦以降完全雇用を誇っていた失業率が急速に増加し，1992年には5％台，1993年末には10％に達した。1980年代後半に一時改善していた財政収支と経常収支は再び赤字となり，他の主要経済指標も軒並み悪化した。「スウェーデン・モデル」は，破綻したとはいえなくても，うまく機能しなくなった。このような経済状況のもとで，1995年，スウェーデンはEUに加盟した。

　フィンランドでは，1970年代に経済成長率が落ち込んだ。しかし1980年代後半のGDP成長率は高く，1988年には5.4％となった。ところが1990年には，0.3％に下がった。フィンランドの不況が始まったのである。1990年代初頭の西ヨーロッパの景気後退と，フィンランドとつながりが深いソ連が崩壊しロシアが誕生したことが，大打撃となった。1990年に3.5％であった失業率は，1993年には17.9％にまで上昇し，1994年には20％近くになった。国際収支は赤字になった。スウェーデンと同様，フィンランドも1995年にEUに加盟した。経済状況が悪くなると，EUに加盟し，より大きな市場に接近しなければならなくなったのが一因であった。

　このように，全体として，北欧諸国の経済状況は悪化していった。労働組合の力が強く，経済制度が硬直的であったこと，社会福祉の充実による税負担の増大が主要な原因であった。税負担が高くなったので，国外に本社を移す企業も現れた。スウェーデンとフィンランドがEUへの加盟を決定したのは，単一市場のなかに入らなければ，経済が活性化できないと考えたからであろう。

（3）　北欧経済の回復（1995～2003年）

　1995年からしばらくの間，北欧経済の状態はきわめて悪かった。そのなかで，ノルウェー経済は例外であった。北海油田で採れる石油・天然ガスを中心に安定した輸出を行なった。1999年に一時成長率が落ち込んだが，原油価格の上昇，利子率の低下などにより，2000年には回復した。インフレ率も，2000年をみる

と，3.0％と低い。失業率も，1999年が3.2％，2001年が3.6％と低い。一般財政収支は，1996年から黒字になり，GDP比で，1999年には3.2％，2001年には14.7％になった。北海油田の石油産出量は日産約320万バレルであり，2001年現在，原油輸出量は世界第3位である。ただしGDPの14.6％を占めるなど，過度に石油依存状態が続いているため，それを克服することが課題となっている。

デンマークでは，1993年には失業率がピークに達し，12.1％となった。しかし2001年には，4.3％と大幅に低下した。また1993年から2000年にかけてデンマーク経済は順調に拡大し，GDP成長率は年平均3.3％であった。1998年以降は，緊縮財政採用により，過熱ぎみの経済が落ち着き，安定成長へと向かうようになった。インフレ率は低く，2000年には2.7％であった（EU平均は3.2％）。2000年9月にはユーロ参加に対する国民投票を実施したが，反対が上回り，ユーロ導入は見送られた。この背景には，経済の回復があった。

スウェーデンにおいては，1995年の財政赤字は，GDP比7.9％に達した。しかしその後の経済回復に伴い，1998年から黒字に変わった。雇用面についても，1997年には9.9％という高い失業率であったが，2001年には5％台に落ちた。しかも，エリクソンに代表される電気通信分野などの産業には，労働力不足さえ起こるようになった。ユーロへの参加については，福祉の低下や賃金安定のために必要な自由な経済政策が疎外されるなどの理由で，1999年当初からの参加は見送られた。

スウェーデン経済が回復した一つの理由は，1990年代初頭にバブルが崩壊したショックからすみやかに立ち直ったからである。スウェーデン政府は，1993～94年に，GDPの5％近くの額の公的資金を金融機関支援のために投入した。これを中心とする迅速な金融再生と電気通信の自由化を行なった。そのためスウェーデンは，IT先進国となっていくのである。

フィンランドは，北欧諸国のなかでも最も経済状態が悪い国であった。しかし1994年以降，輸出主導型の好景気が続いた。実質GDP成長率は，1994～2000年で，年平均4％を超えた。2000年には，工業生産が，前年比11.1％と大

きく拡大した。その中心となったのは電気機器産業であり，主役は携帯電話市場で世界一のシェアを誇るノキアである。小国フィンランドでは，ノキアのような大企業の及ぼす影響力は非常に大きく，同国の2000年総輸出額の30％，GDPの4.5％を占めたといわれる。インフレ率は，2001年には2.7％にまで減少した。同年の失業率は9.1％であり，まだ高い水準にあったが，それでも最悪の時期の半分以下になった。フィンランドは，北欧でユーロに参加した唯一の国でもある。

全体としてみると，北欧は1990年代前半に経済危機に見舞われたが，そこからの回復も早かった。小国であるため，経済政策の影響がすぐに現れたからである。すでに北欧の景気が回復した2003年9月14日，スウェーデンでユーロ参加の是非を問う国民投票を実施したところ，反対55.9％，賛成42.0％と，ユーロ参加反対が賛成を圧倒し，ユーロ参加は見送られた。これは，スウェーデン経済の好景気と，ユーロ圏経済の低迷のためといわれる。

かつて北欧は，社会福祉の先進国として知られた。現在も福祉国家であるが，それだけではなく，ノキアやエリクソンに代表されるように，IT産業の先進国でもある。フィンランドの場合，森林業・金属産業とともに，IT産業は経済の三本柱の一つである。また，北欧諸国の生活水準は高く，2002年現在，国民1人当たりのGDPは，ノルウェーが2位，デンマークが5位，スウェーデンが10位，フィンランドが13位である。2003年の人間開発指数（Human Development Index）は，ノルウェーが1位，スウェーデンが3位，デンマークが11位，フィンランドが14位である。

とりあえず一時期の不況から脱した北欧であるが，問題点がまったく見られないわけではない。北欧は，ヨーロッパで一番税金が高い地域である。ノルウェー，デンマーク，スウェーデンの消費税率は25％と，きわめて高い。所得税の最高税率は，フィンランドが70％，スウェーデンが61％，ノルウェーが52％，デンマークが49％と，国による相違はあるものの，基本的に高い。税率の高さは，政府の肥大化につながる。1999年のGDPに占める中央政府の比率は，北欧4カ国とも，EU15カ国平均の45.9％よりも高い。そのEU15カ国でさえ，

日米と比べると高いのである。大きな政府は時として，非効率な経済運営のもととなり，経済の硬直化を招く。北欧経済を悪化させた要因の一つである硬直的な財政の問題は，まだ解消されてはいないのである。

□ □ □ □ □

■ 参 考 文 献

岡沢憲美・奥島孝康編『スウェーデンの経済——福祉国家の政治経済学』早稲田大学出版部，1994年。
立石博高編『スペイン・ポルトガル史』山川出版社，2000年。
デレック・オルドクロフト著，玉木俊明・塩谷昌史訳『20世紀のヨーロッパ経済』晃洋書房，2002年。
戸門一衛・原輝史編『スペインの経済』早稲田大学出版部，1998年。
百瀬宏『北欧現代史』第2版，山川出版社，2000年。
―――・村井誠人監修『北欧』新潮社，1996年。
―――・熊野聰・村井誠人編『北欧史』山川出版社，1998年。
森田安一編『スイス・ベネルクス史』山川出版社，1998年。

（奥西孝至・玉木俊明）

第3章

欧州統合の歴史と現在

要　約

　現在でも未完のプロセスである欧州統合の歴史は，第二次世界大戦直後，1952年のECSC（欧州石炭鉄鋼共同体），1958年のEEC（欧州経済共同体）およびEURATOM（欧州原子力共同体）の各共同体の設立にまで遡ることができる。その後，1967年の三共同体の統合によるEC（欧州共同体）の設立，1993年のECからEU（欧州連合）への発展を経て現在に至る（図3-1）。当初，ECSCで経済活動の一分野から開始された統合は，やがてEECで経済活動全般に拡大され，1993年には市場統合を完成させ，1999年には共通通貨ユーロを導入するにまで達した。他方，政治面では1954年にEDC／EPC（欧州防衛共同体／欧州政治共同体）の設立に失敗したが，1970年にはECの枠外でのEPC（欧州政治協力）構築に合意し，1975年には欧州理事会として首脳会議の定例化・常設化が行なわれた。冷戦終焉と東西ドイツ統一を機にEPCのECへの取込みが行なわれ，EUではCFSP（共通外交・安全保障政策）が設置された。2003年にはEUの緊急展開部隊が設立される予定である。また，当初6カ国で開始された欧州統合は，1973年に9カ国，1981～86年に12カ国，1995年に15カ国へと拡大し，2004年には25カ国にまで拡大した。現在では，欧州統合の将来像について，連邦化，EU「憲法」，EU「大統領」（欧州理事会常任議長）やEU「外相」の設置といった議論がなされている。

1　欧州統合の見取り図と統合前史

（1）欧州統合の見取り図

今日のEUにつながる欧州統合は，第二次世界大戦後に開始されたもので

あるが，そもそも欧州で統合という事業が現在進行している背景には，欧州のアンビバレントな現状がある。すなわち，欧州には多様性と一体性が同時に存在しているのである。古代ギリシア・ローマの文化的・政治的一体性の伝統，中世キリスト教文化圏の記憶，シャルル・マーニュのフランク王国や各国の知的・血縁的・商業的一体性の遺産は現代に色濃く残されている。他方，欧州各国間の民族的・言語的・文化的・宗教的多様性についても論を待たないところである。実際，こういった多様性があるからこそ欧州はいまだに多くの国々に分かれているのである。すなわち，一体性から統合への求心力が生じ，多様性から遠心力が生じている。ここに，欧州統合という政治・経済現象のおもしろさがある。

　まず，欧州統合は数多くの主権国家が分立する欧州地域での安定秩序の構築の試みの一形態であるといえる。1648年のウェストファリア条約によって近代主権国家システムが形成され，1789年のフランス革命を経て国民国家システムが一般化した。この結果，欧州は主権国家たる国民国家が分立する世界となった。それ以前の中世普遍世界としての知的・文化的・血縁的・宗教的一体性は郷愁となった。このような世界において安定秩序をもたらすひとつの方法は勢力間の均衡を図ることであり，実際に欧州は特に18世紀以降勢力均衡によって一定の安定を実現してきた。19世紀のウィーン体制はこの試みの一つの完成であった。しかし，安定秩序をもたらすにはその逆の方法もある。一体化である。20世紀前半に経験した2回の世界大戦は「欧州内戦」でもあり，「不戦共同体」としての欧州統合はこの観点から眺めることができる。

　前段で述べたような一般的な主権国家間の安定秩序構築の問題に加え，欧州には「ドイツ問題」が存在している。19世紀の勢力均衡秩序を破壊した直接的な要因は1871年のドイツ統一による均衡の崩壊であった。ヘンリー・キッシンジャーは「歴史の上では，ドイツはヨーロッパの平和にとっては常に弱すぎるか，強すぎるかのどちらかであった」と述べたが，まさにその「強すぎる」ドイツが出現したために欧州における勢力の均衡が保ち得なくなったのである。欧州統合は，欧州中央に位置するドイツを，どのように安定的に欧州国際秩序

第3章　欧州統合の歴史と現在

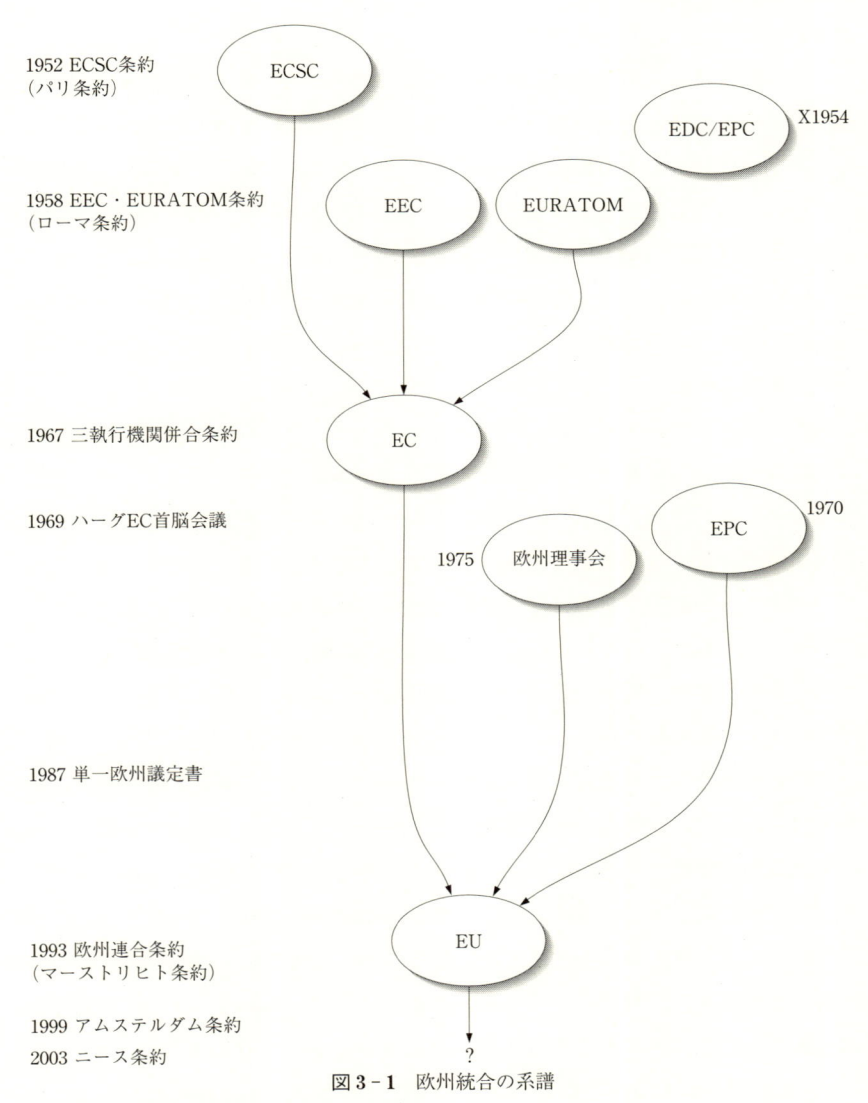

1952 ECSC条約
（パリ条約）

　　　　　　　　　　　　　　ECSC

　　　　　　　　　　　　　　　　　　　　　　　EDC/EPC　X1954

1958 EEC・EURATOM条約
（ローマ条約）
　　　　　　　　　　　EEC　　　EURATOM

1967 三執行機関併合条約
　　　　　　　　　　　　　　　EC

1969 ハーグEC首脳会議
　　　　　　　　　　　　　　　　　　　　　EPC　　1970
　　　　　　　　　　　　1975　欧州理事会

1987 単一欧州議定書

1993 欧州連合条約
　　　　　　　　　　　　　　　EU
（マーストリヒト条約）

1999 アムステルダム条約
2003 ニース条約
　　　　　　　　　　　　　　　？
　　　　　　　　　図3-1　欧州統合の系譜

　注：条約年号は条約発効年。
　　　必ずしも条約に基づかないものおよび条約の発効しなかったもの（年号にX）については年号を肩
　　　に付した。なお，上の「EPC」は欧州政治共同体（Community），下の「EPC」は欧州政治協力
　　　（Cooperation）。
　出典：筆者作成。

67

のなかに投錨させるかの問題でもある。

　また，欧州統合は国際政治的環境にも多くを負っている。第二次世界大戦後，世界を二分して争った米ソ冷戦のなかで，アメリカは対ソ封じ込めの一環として，あるいは共産主義の伝播を防止するため，西欧を政治的・軍事的・経済的に支援し，西側陣営としての西欧諸国間の協力深化を促進した。アメリカ主導の米欧軍事同盟 NATO（北大西洋条約機構）の目的として語られることの多い「ドイツを押さえ込み，ソ連を排除し，アメリカを巻き込む（"Keep Germans down, Soviets Out, Americans In"）」は，以上のような観点からそのまま欧州統合にも当てはまる。

　欧州統合は政治的・経済的な欧州復権のプロセスでもある。かつて欧州各国は，地球上の大半をその影響下に置いた，いわば世界の中心であったが，二度の大戦による「自滅」と米ソの台頭によりその地位を失った。また，日本などの東アジアの経済発展によっても，その地位は相対的に低められることとなった。欧州として連帯することは世界政治での発言権を回復することにつながるであろうとともに，一体化した巨大な経済主体たることは世界経済へのインパクトをもつ。また，経済統合としての欧州統合が，相互依存の深まりと無関係でないことは論を待たない。

　このような非常に興味深い様々な要素の結晶である欧州統合であるが，主権国家間の統合という新奇な政治現象であるがゆえに，そのプロセスにおいても様々な視点を提供している。まず，政府間主義と超国家主義という対立軸である。政府間主義とは，欧州統合をあくまでも各国政府の協力の一形態と見る考え方であるが，超国家主義とは，欧州統合によって新たに中央政府的なものを創設するという考え方とするとわかりやすいであろう。あるいは，欧州統合をあくまでも国際政治の延長と見るか，欧州統合によって新たな統治（ガヴァナンス）が実現されつつあるのかという峻別であるといってもいいかもしれない。実際には，欧州統合は国際政治であるとともに新たな統治の出現なのであり，国際政治学者高坂正堯の言葉を借りれば欧州統合は「権力政治であることをやめたのではない。いかなる欧州（原文：平和）を求めるかという形で，権

第3章　欧州統合の歴史と現在

力闘争が行なわれている」と言えるだろう。

　また，統合過程においては，深化と拡大という視点も存在する。一般に，欧州統合においては統合が深まることを深化とし，統合に参加する国々が増加することを拡大としている。加盟国が増加（拡大）すれば，加盟国間の共同プロジェクトは全加盟国の最大公約数的なものにとどまらざるを得ないので，統合の深化は阻害され，逆に統合が深化すれば参加できる加盟国は限られてしまうために拡大が阻害されると考えられる。欧州統合史には，この二律背反との闘争の歴史が深く刻み込まれてもいる。

　統合という事業の推進に際しての，大国と小国の間の駆け引きも欧州統合の一側面である。大国が，いかに小国の参加を確保しつつ，統合における主導権を確立していくか，そして小国がいかに大国を統合事業に引き込みつつ，自国の発言権を確保していくかという駆け引きも，統合史中には垣間見える。特に，2004年5月に実現した中東欧および地中海諸国計10カ国を対象とする拡大は，これが大規模な拡大であるために特に重大な深化と拡大の問題であるとともに，その拡大対象国の大半が中小国であるという点で大国・小国の問題でもあるという複合的な問題を引き起こしている点で興味深いものとなっている。

（2）　今日の欧州統合開始への長い旅

　まず，第二次世界大戦以前，つまり今日の欧州統合以前の状況について概観することにしよう。前述のように，そもそも欧州統合の必要が生じたのは，ひとつの「キリスト教世界」であった欧州中世普遍的秩序が宗教戦争とフランスの台頭という2つの側面をもつ三十年戦争によって，欧州が主権国家からなる分裂した世界になったためである。その分裂への過程のさなか，新旧キリスト教両派の和解と政治的一体性の実現を掲げた欧州統合構想があった。フランス王アンリ4世に使えたシュリー公の「大計画」（17世紀）である。これは，トルコという欧州共通の外敵の存在とオーストリアのハプスブルグ家という欧州内の共通敵の存在を前提として，その双方を排除するという現実的課題を内に秘めた欧州統一構想であったが，アンリ4世の暗殺によって実現されることはな

かった。

　かくして失われた「欧州」を回復する長い旅がはじまるのである。軍事的には，例えば，19世紀，ナポレオンはフランス国民軍を率いて一時はイベリア半島からワルシャワまでの欧州を制覇し，20世紀，ヒトラーのナチス・ドイツも第二次世界大戦時にはピレネー山脈からレニングラード（現在のサンクト・ペテルブルグ）までの欧州をその占領下においた。他方，思想的・平和的な統合構想としては，例えば18世紀のサン・ピエール神父は君主間の和睦を説いた。20世紀，第一次世界大戦後，クーデンホーフ・カレルギー伯は台頭する米ソの間に埋没する欧州を憂えて「パン・ヨーロピアン運動」を起こし，その影響を受けたフランス外相アリスティード・ブリアンは国際連盟で欧州連合創設の呼びかけを行なった。これらの軍事的・平和的な欧州統合の試みの記憶は，積み重なって現在の欧州統合の礎となっている。

　他方で，イギリスにはこのような欧州統合につながる発想の伝統が豊富でないことにも気づいておく必要がある。イギリスが特に18世紀以降に確立した勢力均衡政策は，誤解を恐れずに言えば，欧州統一を達成させないことをイギリスの国益とするものであった。また，大陸，特にフランスの先験主義に対するイギリスの経験主義という哲学的伝統の相違も欧州統合という未知のプロジェクトに対する態度に違いをもたらした一因であろう。しかし，不安定性を内在させていた勢力均衡は，すでに述べたような「ドイツ問題」の出現に伴って，20世紀前半の2回の未曾有の大戦争，第一次世界大戦と第二次世界大戦を防ぎ得なかった。

　「欧州内戦」とも形容されるこの大戦争は，欧州全域を焦土と化した。19世紀の産業革命の成果を悪魔的なまでにつぎ込み，大量無差別破壊兵器（毒ガス）が初めて使用され，欧州各国が国民国家として全面的に争った戦争は，もはや前線とそれ以外の区別も無意味化し，国民の愛国心と憎悪を総動員した。そして，戦争が終わったときに残されていたのは，アメリカとソ連（ロシアは第一次世界大戦時に共産主義革命を経てソ連となった）という両超大国の間に埋没した欧州の姿であった。そして，米英ソのヤルタ会談を通じて，欧州の東西分割が

第3章　欧州統合の歴史と現在

行なわれつつあった（「ヤルタのくびき」）。

　第二次世界大戦後に欧州統合のプロジェクトが開始されたのは，まずアメリカの後押しによるものであった。戦後，1947年6月，アメリカのマーシャル国務長官は欧州の復興のため巨額の資金援助を行なうことを発表した。いわゆるマーシャル・プランである。これは，当時の金額で102億6000万ドル（1948～51年）に上る破格の援助であった。この援助は，単なる人道援助ではなく，同年3月に発表されたトルーマン・ドクトリンと対をなすもの，すなわち冷戦という状況認識の下での西欧の支援という側面を有していた。このアメリカによる資金援助を受け入れるかどうかが，アメリカ側につくかソ連側につくかの「踏み絵」となった結果，顕著となりつつあった欧州の東西分断を固定化するという意味をもつこととなった。これによって，欧州の東西分割は明確に「分断」へと姿をかえていく。チャーチルが1946年3月に「鉄のカーテン」として警告していたことが現実のものとなったのである。アメリカ政府はマーシャル援助の資金を利用するに際し，欧州統合推進の観点から欧州諸国側に多国間的な復興計画の立案を指導し，欧州諸国側は欧州経済協力会議（CEEC，のち欧州経済協力機構：OEEC，現在の経済協力機構：OECD）を構成した。

　しかしながら，このようなアメリカのイニシアティブはやがて変質していくこととなる。その背景にあったのは，冷戦の激化である。1948年にベルリン危機が発生し，1950年には朝鮮戦争が勃発する。特に朝鮮戦争は欧州正面へのソ連侵攻の陽動作戦であると警戒され（「間違った時期の，間違った相手との，間違った場所での戦争」），欧州での防衛体制の整備は急務となった。西欧では，1949年にNATOが発足していたが，当初「張り子の虎」であったこの機構を急速に実体化することにアメリカの努力が傾注され，反比例して経済援助を通じた迂遠な欧州安定化策は優先順位を下げていくこととなった。

　この時期の欧州側による統合への試みとしては，1948年5月のハーグ会議があった。戦前の「パン・ヨーロピアン運動」とチャーチルの「欧州合衆国」演説（1946年9月）に触発され，第二次世界大戦においてレジスタンスとして欧州大のネットワークを構築していた各勢力が，単なる国民国家の復活にとどま

らない欧州という新しいまとまりを，戦後秩序の再構築という機会をとらえて実現しようとしたものであったが，いかんせんすでに各国は各国としての復活を果たしつつあり，時宜を逸していた（しかし，この会合はのちに欧州審議会〔Council of Europe〕として機構化され，現在でも文化面や人権面で一定の役割を果たしている）。

2　第二次世界大戦後の初期欧州統合と西欧分裂の克服

（1）　欧州統合の開始

　EUの直接の祖先とも言うべき欧州統合プロジェクトとなったのは，ECSC（欧州石炭鉄鋼共同体）であった。これは，フランスの実業家で政治活動も行なっていたジャン・モネが立案し，当時のフランス外相ロベール・シューマンが提案したもので，独仏両国を中心に石炭・鉄鋼資源を超国家管理しようとする計画であった。フランスに加え，ドイツ，ベネルクス三国（ベルギー，オランダとルクセンブルク）それにイタリアが参加して1951年にパリ条約として署名され，1952年に条約が発効してECSCが設立された。ECSCが画期的であったのは，それまでの様々な欧州統合構想が一足飛びに政治統合を実現しようとするものであったのに対し，石炭・鉄鋼という個別分野から統合に着手したことと，「超国家的」手法を導入したことであった。「超国家的」とは，一般の国際機構のような国家代表の集合ではなく，国家を超越した権限を有する機関を設立するということである。ECSCの意思決定機関であった最高機関（High Authority）はECSC参加各国の主権を超えて独自に参加各国の石炭・鉄鋼資源を管理したのである。ただし，このような「超国家性」になじめなかったイギリスがECSCへの参加を見送ったことにより，その後の欧州統合は大陸諸国主導で進められることになっていく。ECSCは，同時に，仏独和解でもあった。仏独両国は，特に1870年の普仏戦争以来，100年間に3回の全面戦争を戦い（第一次・第二次両世界大戦でも仏独両国は戦っている），その二国間関係は怨恨（ルサンチマン）渦巻くものとなっていた。第一次世界大戦の戦後処理では，

フランスは自国の安全保障のため，熾烈な対独報復的講和条約をつきつけ，その鬱憤が戦間期のナチス台頭につながったという一側面もあった。このような教訓が仏独和解を欧州安定の基礎に据える論拠の一つとなった。他方，荒廃したフランスの復興のため，ドイツの資源を有効に，正当に利用するというモネの戦略があったことも忘れてはならないだろう。このように，ECSCは様々な政治目的を化学反応させたモネのマジックであった。

　1950年に東アジアで勃発した朝鮮戦争は，欧州側による欧州統合努力に関しても不運な置きみやげを残すこととなった。EDC（欧州防衛共同体）構想である。欧州の防衛体制を整備するにあたり，ドイツ軍の再建が問題となった。ナチス・ドイツが欧州を席巻してからまだ10年もたっていないこの時期にドイツ軍を復活させることへの欧州諸国の心理的抵抗は非常に大きなものがあったのであるが，東西対立の「最前線」であった西ドイツに防衛任務での「タダ乗り」を許すほどの余裕もなかった。欧州諸国は，西ドイツにも相応の防衛上の負担はしてほしいが，ナチの悪夢は蘇らせたくないというジレンマに悩まされることとなったのである。そこで，再びモネの立案により，欧州統合軍を作ってその一部としてドイツ人部隊をつくる，という提案を行なった。これは，当時のフランス首相ルネ・プレヴァンを通じて公にされたので，「プレヴァン・プラン」と呼ばれている。欧州統合の進展と，欧州防衛への西ドイツの貢献の確保，さらにドイツ軍復活の回避を同時に達成するアイディアであった。この提案はECSC6カ国によって実際に1952年5月にパリ条約として署名までこぎ着け，実現するかに見えたが，提案国であったはずのフランス議会での批准が障害となって立ちはだかることとなった。当時のフランスを三分していた政治勢力のうち左右両派が同床異夢的な理由から反対したのである。右のド・ゴール派は国家の独立を重視する立場から，そして，左派は東側諸国の不利益となる西ドイツの再軍備に反対する立場からの反対であった。複数の政治目標を巧みに組み合わせるモネの「化学反応」方式が，ここでは裏目に出たといえるかもしれない。1954年8月，最終的に条約の批准は行なわれないことが決定し，EDCは日の目を見ないこととなった。この背景には，1953年3月にソ連の指

導者スターリンが死去し、これと関連して同年7月に朝鮮戦争の休戦が成立して、冷戦圧力がやや減退したことがあった。いずれにせよ、EPCを伴って成立するはずであったEDCの失敗は、欧州政治統合史のトラウマとして、のちのちまで影響を及ぼすこととなった。ドイツの防衛努力を確保する問題は、ECSC未参加であったイギリスのイーデン政権の尽力により、西ドイツ軍を独立して構築しつつ、これをNATOに参加させてコントロールしていくこととなった。欧州統合は立て直される必要があった。

　1955年6月、メッシナECSC外相会議にて、各国は共同市場と原子力という二つのテーマで新たな統合プロジェクトを進めることを決定した。1957年3月、この二つのプロジェクトはEECとEURATOMを設立するローマ条約として調印され、1958年に同条約が発効したことによって両機構は正式に設立された。共同市場という着想は、戦間期および戦後直後を通じて比較的ポピュラーなものではあったが、その実現には産業構造の競合や多くの技術的な障壁といった問題があった。ローマ条約においてこれらの問題が乗り越えられたのは、実際に産業構造が競合しているとみられていたベルギーとオランダを含むベネルクス経済同盟が発足し、これが予想外の経済的相乗効果を生んでいたことと、枠組み条約という手法にあった。枠組み条約とは、大枠の達成目標と達成時期のみを条約に書き込み、その個別内容については、いわば先送りする手法である。これによって、総論賛成・各論反対のジレンマを乗り越えることとなったのである。その後、紆余曲折を経てEECは1992年の市場統合の完成と1999年の統一通貨ユーロ導入につながっていく。他方、EURATOMはECSCが石炭・鉄鋼を扱っていたことを発展させ、次世代のエネルギー源として、軍民両面から注目されていた原子力を超国家管理しようとするものであった。

（2）　西欧諸国間の分裂

　EECに対抗して、イギリスは60年にオーストリア、デンマーク、ノルウェー、ポルトガル、スウェーデンおよびスイスの参加を得て7カ国でEFTA（欧州自由貿易連合）を発足させた。地理的にみてこれら諸国はEEC6カ国の外縁

に位置すること，政治的にECSCから発展して欧州統合の本流とみられていたEECに対して統合の傍流的な見られ方をしたこと，あるいはEFTAに参加した国のうち3カ国が中立国であり，ノルウェーについてもNATOに参加はしてはいるもののやや中立的な政策をとっていたことなどから，EFTA 7カ国はEEC 6カ国を指す"Inner Six"に対して"Outer Seven"と呼ばれることとなった。EFTAは，あくまでも超国家的統合への参加を好まないイギリスが，政治的拘束が比較的軽度な自由貿易連合として構想したもので，参加国にはイギリスとの経済関係の深い国や，前述のような中立という事情を抱える国，そして当時サラザール独裁体制下にあったポルトガルが名を連ねた。そもそも，EFTAを構想したイギリスのマクミラン政権の念頭にあったのは，超国家的なEDCが失敗して政府間的とも言えるNATOがその受け皿となった前例であった。すなわち，EEC構想が成就せずにEFTA構想がその受け皿となり，イギリスが欧州統合の主導権を確保することを念頭に置いていたものであり，EFTAが辺縁的な"Outer Seven"となってしまったことは失敗であったといえる。しかし，欧州統合史的な観点から見れば，政治的にEECにコミットできなかった国々を，それでもなんらかの経済枠組みのなかにとどめおくことができた点で意味をなすこととなったとも言える。現在でも，EFTAは中立のフィンランド，スイスと関係の深い極小国リヒテンシュタイン，それに国民投票で2度にわたってEC／EU加盟を否決したノルウェーと，北極圏のアイスランドを構成国として存続し，EUとの間でEEA（欧州経済領域）を構成している。しかし，イギリスをはじめとするかつてのEFTA中心国はEEC参加の道を選び，欧州統合過程における西欧分裂は回復へと向かう。

　イギリスがEEC参加を選択したのは，最終的にイギリスが大陸諸国と離れては国際社会で生き残っていけないことが明らかになりつつあったためである。イギリスは，外交政策的・哲学的伝統および世界帝国であるとの自己認識などにより，超国家的な欧州統合とは距離を置いていた。しかし，EEC諸国は復興が進むにつれて経済成長率でEFTA諸国を上回る経済パフォーマンスを発揮し，また，1956年のスエズ危機は，イギリスがもはやグローバル・パワーで

はないことを改めて認識させたとともに，アメリカとの関係についても再考を促した。つまり，イギリスの外交政策を構成するとされた（英連邦，英米関係，欧州大陸の）「3つの円」のうち，欧州大陸のもつ意味合いが，相対的・絶対的に上昇することとなったのである。

　1961年，ついにイギリスはEEC加盟を申請した。しかし，最終的にこれが成就したのは70年代になってからであった。イギリスのEEC加盟を10年にわたって阻んだのはフランスのド・ゴール大統領であったが，これは皮肉なことであった。ド・ゴール大統領が描いていた欧州像は，一面でイギリスの伝統的外交政策が欲するそれと強く共鳴するものであったからである。ド・ゴール大統領の目指していた欧州は，「諸国家からなる欧州」，つまり超国家的でない欧州であった。この点で，国家主権を侵食するような欧州統合に警戒心を抱くイギリスと共通点を有していたのである。しかしながら，ド・ゴール大統領の外交政策のもう一つの特色は「アメリカ妄想」とも呼ばれる対米自立外交であり，この点ではイギリスをアメリカの「トロイの木馬」とみなし，EEC内部にアメリカの影響力をもたらすウィルスのような存在としたのである。

　歴史はさらなる皮肉な「ねじれ」を生んだ。61年，ド・ゴール大統領は，フーシェ・プランと呼ばれる独自の欧州政治統合計画をEEC各国に提案したが，同計画はベネルクスの小国諸国の抵抗にあった。フーシェ・プランは定例首脳会議を基盤とする政府間主義的な案であり，超国家主義を指向する小国にはそのままでは受け入れがたいものであった。そこで，交渉の過程において，小国側は，イギリスが参加する欧州であれば，政府間主義的欧州を許容する用意があるとする戦略的な妥協案を示した。本来の超国家主義的欧州であれば，小国の発言権は間違いなく制度的に担保されるので，これが最善であるのは当然であるが，政府間主義的欧州であっても，仏独英三国の参加する欧州であれば，これらの国々の意見の不一致に際してキャスティング・ボートを握ることで小国も発言権を担保できると考えられたためである。しかし，このような「イギリスの参加する政府間主義的欧州」は，最終的にド・ゴール大統領がイギリスの加盟申請を拒否したために実現することはなかった。政府間主義を指向する

イギリス，同じく政府間主義を指向するがイギリスを排除するフランス，政府間主義を許容するがイギリスを必要とするベネルクスという三竦みは，1969年にド・ゴール大統領が政権を手放すまで解消されることはなかった。

　その後，ド・ゴール大統領は，1960年代において，政府間協力を仏独二国間に限って強化しようとするエリゼ条約を締結し，あるいは1965年にはEECの権限強化（これはEEC条約が枠組み条約であったことから自動的に実現されるべきものであった）に抵抗してEEC事務局からフランス人職員を引き上げる「空席政策」を展開し，結果，加盟国が自国の国益にとって死活的に重要であると主張しさえすれば多数決による採択を回避して全会一致を採用させることができる「ルクセンブルグの妥協」を勝ち取り，1966年にはNATOの軍事部門から脱退して結果的にNATO本部をパリからブリュッセルに移転させた。当時，欧州統合という新奇な国際政治現象について，ECSCのように部門統合から開始しても共同作業や権限集約の必要性が次第に周辺的分野に及んでいき（「スピル・オーバー：波及効果」と呼ばれる），やがては自動的に全面的な国際統合に至るとする「新機能主義」という学説が提示されていたが，ド・ゴール大統領の抵抗はこの学説にも大打撃をもたらし，以後現在に至るまで欧州統合という現象を包括的に説明する理論は不在のままである。

3　雌伏の15年を経た欧州統合の再発進

（1）　ハーグEC首脳会議──西欧諸国間の分裂の回復とEPC

　1969年12月に開催されたハーグEC首脳会議は，ド・ゴール大統領の退陣を受け，ECの新たな出発を期したものであった。「深化・拡大・完成」をテーマとして掲げ，まず1973年1月にイギリス，アイルランド，デンマークの三国をECに迎え入れた。ECの第一次拡大である。ノルウェーもこれらの国々とともに加盟申請し，EC側からは承認されていたが，加盟をめぐる国民投票で国内的な承認を得ることができなかった。

　また，1975年以降，首脳会議を定例化し「欧州理事会」と呼称するなど，政

治協力も，ECの枠外ではあるが，発足することとなった。フーシェ・プランの失敗から10年を経て，政府間主義的な，イギリスを含んだ「欧州」がおずおずと姿を現したのである。1970年代におけるこのような政治協力の背景には，西ドイツの「東方政策」の影響もあった。西ドイツが単純に東側諸国との関係を強化した場合，ふたたびドイツが統一して独立した勢力として欧州の不安定要因になることへの懸念が生じるため，東側諸国との関係を深めると同時に，西側への関与を強化する，二正面的な外交を展開する必要性があった。この連立方程式の解が，EC諸国間の政治協力の強化，すなわちEPCであった。

　その一方で，経済統合を深めつつあったEC諸国が，1973年の石油危機に直面し，外交政策なき通商政策の限界を認識したこともこのような政治協力を後押しすることとなった。EEC以降，対外的な通商政策はECの排他的権限とされてきたが，外交政策は加盟国の権限であった。しかし，第四次中東戦争でアラブ諸国のとった石油戦略，すなわち「イスラエルを支援する国々には石油を供給しない」という戦略は通商政策だろうか。それとも外交政策だろうか。EC加盟国は，通商政策を一本化している以上，外交政策においても協力を実施する必要性に迫られたのである。

　経済統合は，通貨統合の必要性ももたらしつつあった。実際に，ハーグ首脳会議を受けて1970年にウェルナー報告が提出され，1970年代末までには加盟各国間の為替変動をゼロにする，すなわち事実上の共通通貨を出現させる予定であった。しかし，1971年のニクソン・ショックと1973年の石油危機による世界経済の混乱のなかで実現されずに終わった。

（2）「民主化の第三の波」と第二次以降の拡大

　「民主化の第三の波」（ハンチントン）とは，1980〜90年代にかけての南・東欧諸国の民主化をマクロ的にとらえる見方である。フランス革命の後に続く民主化（国民国家化）の波を「第一の波」，第二次世界大戦での全体主義国家の敗北とその民主化を「第二の波」として，これらと1974年以降の民主化を対比する。欧州でのこの「第三の波」はポルトガルやスペインという第二次世界大戦

以降も権威主義体制をとり続けた国々や、いわゆる東欧諸国の民主化として出現した。西欧の分裂から回復した欧州統合は、1980年代以降、これらの民主化諸国をメンバーに加えていくこととなる。

1981年にはギリシア（1974年に民主政権復活）が、1986年にはスペイン（1975年に王政復古して立憲君主制に移行）とポルトガル（1974年に民政移管）がそれぞれEC加盟を果たした（第二次拡大および第三次拡大と呼ぶ）。EC諸国の側がこれらの国々をECに迎え入れた背景には、成立間もない民主政権を擁護するという意味合いもあった。もちろん、大前提としてこれら諸国が紛れもなく歴史的・文化的に欧州の一部であったことは言うまでもない。ギリシアについては欧州文明の原点であるという郷愁が特に強い。民主化擁護、欧州の一体性回復という、欧州統合の経済面に着目すると見落とされがちな、あるいは欧州人には当然すぎて争点とならない論点は、冷戦後の東欧諸国の欧州統合プロセス参加についても共通である。往々にして、メディアの（表面上の）注目はこれら諸国の加盟に関連する経済問題などに集中しがちであるが、こういった暗黙の大前提を見落とすと欧州統合について見誤ることとなりかねない。

こののち、冷戦終焉に伴い、オーストリア、フィンランド、スウェーデンといったこれまで東西対立のなかで中立政策をとってきた諸国が1995年に加盟を果たしている（第四次拡大）。また、2004年には冷戦終焉と「東欧ビロード革命」を経て民主化したチェコ、ハンガリー、ポーランド、スロバキア（以上はヴィシェグラード4カ国とも呼ばれる）、エストニア、ラトビア、リトアニア（同バルト三国）、旧ユーゴのスロベニアと、それに地中海の極小国マルタとキプロスの計10カ国がEUに加盟した。

（3）　欧州統合の再発進

1980年代初頭、世界はいわゆる「新冷戦」の影響下にあり、英米では新保守と言われる政治家が政権の座にあった。特にイギリスのサッチャー政権は、南大西洋上の小島であるフォークランド諸島の領有を巡ってアルゼンチンとの間に戦火を交え、国内では高福祉政策を改めて「英国病」を断った。他方、EC

に対しては超過拠出金の返還を求めたが，この問題を乗り切ったECは，逆に新たな統合プロセスの開始への推進力を得ることとなった。フランスでは，英米（そしてドイツ）の保守政権と異なり，1981年に社会党のミッテランが第五共和政初の左派政権を樹立していた。ミッテラン（およびコール西独首相）の後押しで1985年にEC委員長に就任したドロールは，当初，防衛協力，機構改革，通貨統合，市場統合の４つの統合再発進を具体化するプロジェクト案を携えてEC各国に打診してまわったと言われている。このなかで，各国の反応が最も好意的であった市場統合計画がまず実施に移されることとなった。1985年に委員会より域内市場白書（コーフィールド報告）が提出され，これが1992年EC市場統合となって実現していくこととなる。ECにおいて，共同市場というプロジェクトはEEC発足以来の看板プロジェクトであったのだが，様々なNTB（非関税障壁）の存在によって通商面での域内国境は生き残っていたのである。1992年末までに捲土重来してこれらの障壁を完全に撤廃し，「ヒト・モノ・資本・サービスの自由移動」を実現するというのがこの市場統合計画であった。また，1989年にはこの市場統合計画の一側面である「資本の自由移動」とリンクするかたちでEMU（経済通貨同盟）の設立が採択され，段階を経て1999年の共通通貨ユーロ導入に至ったのである（現金通貨の導入は2002年）。

4　冷戦後の欧州統合と今後の課題

（１）「深化」と「拡大」のリンケージ

　欧州統合のプロセスでは，「深化と拡大」のリンケージも頻繁に言及される。この1980年代中盤以降の欧州統合の再発進過程において，特にその傾向は顕著である。「拡大」についてはすでに見たとおりであるが，この時期の「深化」について整理すると，以下のようになる。まず，1987年にSEA（単一欧州議定書）が発効した。SEAの主眼はあくまでも市場統合にあったが，同時にこれまでECの枠外での活動とされてきたEPCがECと連携すべきものと位置づけられた。そして，1992年２月にはマーストリヒト条約（欧州連合条約）が署

第3章　欧州統合の歴史と現在

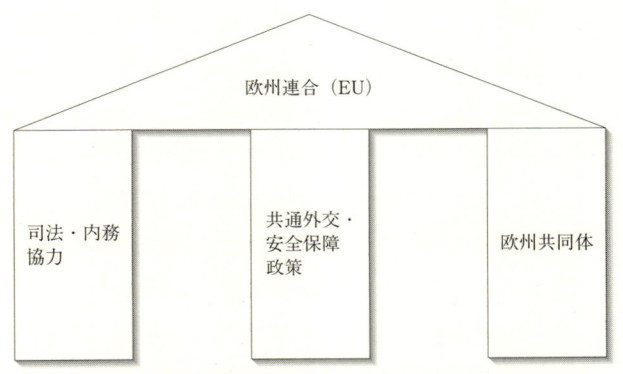

```
         欧州連合（EU）
   ┌──────┬──────┬──────┐
   │司法・内務│共通外交・│欧州共同体│
   │協力　　│安全保障│　　　　│
   │　　　　│政策　　│　　　　│
   │　　　　│　　　　│　　　　│
   └──────┴──────┴──────┘
```

図3-2　欧州連合（EU）の概念図（マーストリヒト条約）
出典：筆者作成。

名され，ECはEU（欧州連合）へと改組された。マーストリヒト条約では，ECと並んでCFSP（共通外交・安全保障政策），CJHA（司法・内務協力）をEUの三本柱とし，3政策分野の共通の「屋根」として欧州理事会を位置づけた（図3-2）。これによって，EUは超国家的な部分（EC）と政府間協力的な分野（CFSPおよびCJHA）のハイブリッドな機構となった。かつてのローマ条約の有名な前文「絶えずいっそう緊密化する連合」へ向けての着実な一歩であった。

　1992年のマーストリヒト条約を後押ししたのはドイツ統一であった。統一を実現し，他の西欧諸国から見て規模の面で抜きんでることとなったドイツをしっかりと欧州統合の枠内につなぎ止めるためには，政治統合の強化が必要とされたのである。外交面での自律性を有する巨大な統一ドイツが欧州の中央に誕生してしまうことは，周辺諸国の首脳にとって2度の世界大戦の悪夢を呼び覚ますものであった。当初，ミッテラン仏大統領やサッチャー英首相がともにドイツ統一を回避すべく強く抵抗したことは今では広く知られている。しかし，コール西独首相の強いイニシアティブによるドイツ統一の実現に抗しきれないことが次第に明らかになると，EC諸国は統一ドイツをECの枠内にいかにつなぎ止めるかについて考えることとなった。また，コール政権の側も，「欧州のドイツ化でなくドイツの欧州化」をキャッチフレーズに，周辺諸国の危惧を

払拭して円滑にドイツ統一という歴史的事業を成就させることに腐心した。それはあたかも東方政策を推進しつつ西側 EC 諸国の政治協力への関与を同時進行的に深めた1970年代のシュミットの政策を敷衍したもののようであった。

　その後，アムステルダム条約（1997年調印，1999年発効）では権利停止条項が導入された。これは，加盟国において自由，民主主義，人権と基本権の尊重，法の支配といった諸原則が遵守されていない場合には加盟国としての権利の一部またはすべてを停止することを含む制裁措置を適用するものである。これは明らかに以後の新規加盟国に民主化直後の国が含まれることを念頭に置いたものであった。すでに加盟国であったいわゆる西側諸国において，そのような諸原則が遵守されていないという状況は想定されていなかったからであり，「拡大」が統合の「深化」に影響を及ぼしている例と言えよう。また，ニース条約（2001年1月調印，2003年2月発効）では加盟国の理事会での持ち票数の見直しが行なわれた。従来より，理事会での決定採択の方法として加重特定多数決があった。これは，加盟各国は国の規模などに応じて異なった票数を割り当てられ，かつ特定の票数を獲得することではじめて決定が採択されるというものであるが，この方式における加盟各国の票数配分を見直したのである。いわば「国力」「発言権」の見直しと言えるものであり，交渉は非常に難航したが，このような作業が必要になったのは，将来の加盟国が多数かつ中小国が多く含まれるため，従来の人口比で中小国を優遇していたシステムでは（特に新規加盟の）中小国の発言力が大きくなりすぎることが危惧されたためであった。この交渉が難航した背景には，コール政権の後を受けたシュレーダー政権のドイツが規模に見合った票数を求めたこともあった。結局，採択では票数とは別に人口についても勘案する仕組みを取り入れることで人口の大きなドイツに配慮することとなったが，現代欧州の国際政治が，EU 機構改革のなかで激しいつばぜり合いを行なっていることが垣間見えた交渉であった。2001年12月のラーケン首脳会議で招集が決定された「欧州の将来に関するコンベンション（協議会）」が2003年に将来の EU 憲法草案とも呼ばれる提案を行なったなかには EU「大統領（欧州理事会常任議長）」の創設が謳われているが，そのような強い

リーダーシップの確立も将来の拡大による機能不全を危惧してのものである。

ところで，このコンベンションとは，EUの将来像に関して従来のような政府間交渉だけではなく，民間の有識者を含めたオープンな議論を行なうために招集が決定されたものであるが，その背景には欧州統合の「深化」による弊害の認識がある。欧州理事会は，これまで半年ごとの輪番制で加盟国が議長を務めてきたが，2004年の第五次拡大が実現するとEU加盟国の数は一気に25に達することとなる。従来のように半年ごとの輪番制を採用し続けた場合，議長国の役割が回ってくるのは12年ないし13年に一度と言うことになり，EUとしての政策の継続性に問題が生じることとなる。また，数の上では中小国が大勢を占めることとなるため，議長国の役割を果たしうるのかという問題も生じる。中小国にとって，議長国をつとめることはEUをバックに大きな外交的発言権を行使するチャンスでもあるが，EU加盟国間の議論をまとめ，対外的にEUを代表する，時として過大な責務を負うことでもある。これらの問題に対処するため，議長国の役割を務め，対外的にEUを代表する「EU大統領」とも言うべきポストを設置する提案が，コンベンションの案には含まれている。

また，1985年以降の欧州統合再活性化では，防衛協力についても進展が見られている。それまで，欧州統合においては，EDCの失敗の経験とNATOの結束の維持のため，欧州独自の防衛協力はなかばタブーであった。1980年代後半，欧州独自の防衛協力はまずWEU（西欧同盟）を舞台として試みられた。WEUは，NATO創設以前に欧州独自の軍事同盟として構成されたものであったが，NATO創設により条約のみを残して実際の活動をほぼ休止し，「眠れる森の美女」とも呼ばれていた半ば忘れられた存在であった。しかし，NATOとはまったく別個の軍事同盟を創設することは一朝一夕に実現されることではなかった。決定的な転機となったのは1991年に勃発した旧ユーゴ紛争である。同紛争解決に際し，当初，EU諸国側にはアメリカを頼まずとする風潮があった。1985年の統合再活性化プロセスが，1992年の市場統合実現によってひとつの絶頂期を迎えつつあったためである。この時期のEU諸国の姿勢を指して，「欧州多幸症（ユーロフォリア）」という言葉さえ使われる。しかし，

ユーゴ紛争は，加盟国間の足並みの乱れもあり，欧州独自の努力によっては解決されず，泥沼化し，クリントン政権のアメリカの外交上・軍事上の多大な貢献によって初めて沈静化された。この教訓から，欧州諸国はEUの外交能力の向上とともに，欧州の防衛努力をNATO枠内で整備していく方向に転換し，アメリカもこれを支援することとなった。EUは，1999年に発効したアムステルダム条約によってWEUの機能がEUに統合されたとともに，EUは外相とも言うべきCFSP上級代表ポストを設置してNATO事務総長を務めたスペインのハビエル・ソラナを迎えた。しかし，欧州委員会にも対外政策担当委員が存在し，EUの外交上の「顔」は一元化されてはいなかった。この反省も，コンベンションによるEU「大統領（常任議長）」・「外相」の提案につながっている。また，EUとして緊急展開部隊をもつに至った。

（2） 統合の「深化」と「民主主義の赤字」および多様性の確保のディレンマ

また，統合が深まるにつれて，「民主主義の赤字」と呼ばれる問題や，地域や各国の独自性埋没の懸念も顕在化した。欧州統合は，超国家的統合であるとはいえ，その成立・発展過程を見ても政府間交渉によって，あるいは「欧州統合の父祖」と言われる熱心な統合推進のオピニオン・リーダーらによって推進されてきたもので，かつ，現在も進行中のプロセスである。これらの要因により，意思決定メカニズムでは行政府にあたる委員会の権限が強い。当初から議会的な存在も設置されていたが，この欧州議会において直接選挙が実現したのはようやく1979年のことであったし，以後もEC／EUの意思決定過程への影響力は，一般的な国家におけるそれと比較することが許されるならば，過小であった。

また，次第に「スピル・オーバー」していく欧州統合の影響に直面し，それまでの各国独自の政策の見直しを迫られる危険性が生じたことも事実であった。マーストリヒト条約の交渉過程では市場統合に伴って社会政策に関しても統合プロセスに組み入れることが議論されたが，イギリスなどの反対によって，条約本文ではなく議定書として付属文書的な存在とされ，参加に関しては適用除

外（オプト・アウト）が認められた。EMUに関しても，現在でもイギリスなど3カ国は共通通貨ユーロに参加していない。また，各国間のパスポート・チェックさえ不要にしたシェンゲン条約については，そもそもECとは別個の条約として1985年に締結された。アムステルダム条約には議定書として組み込まれることになったが，これにもイギリスは参加していない。

　加盟各国の多様性を担保するにあたっては，この適用除外の他，「補完性の原理」や「柔軟性の原則」といった方式も採り入れられるようになっている。「補完性の原理」とは，過度の中央集権化を警戒し，なるべく下位の主体に権限を委譲すべきとする考え方である。また，「柔軟性の原則」とは，一部の加盟国が先行して統合を進めることができるようにした仕組みである。これらの考え方が採り入れられた背景の一つには，デンマークによる「異議申し立て」があった。マーストリヒト条約批准について，デンマークでは国民投票が実施され，僅差ながら否決されるという結果に終わったのである（賛成49.3%，反対50.7%）。これは単に批准プロセスが滞っただけではなく，デンマーク国民の条約に対する理解度が高かったために，欧州統合関係者にとって二重のショックとなった。すなわち，デンマーク国民は，欧州統合に無知であったためにマーストリヒト条約を拒否したのではなく，十分に理解したうえで拒否したのだという現実を突きつけられたためである。各国は，マーストリヒト条約，特に「補完性の原理」についてデンマークに特例を認めるとの提案を行ない，デンマークは翌年実施された二回目の国民投票でかろうじて批准を達成した。デンマーク国民の「異議申し立て」は，特に北欧諸国に顕著な独自の高福祉（と高負担）システム維持や，小国ゆえの政府と国民の距離の近さがブリュッセル（EU本部を指す）への権力集中によって損なわれることへの危惧があったといわれている。この，いわゆる「デンマーク・ショック」は，ベネルクスのように統合の中心に飛び込むことで逆に自国の発言権を確保していくような小国とは違い，統合に参加しながらも自主性を維持していこうとする，別の小国のあり方を示していると言える。

　また，統合の「深化」は統合を積極的に推進する側にとっても足枷となりか

ねない状況を生み出している。統合に組み入れられるべき政策分野が拡大し，加盟国が増加すると，最終的にもっとも統合に消極的な国によって統合の速度が決定されることとなりかねないことが危惧されたのである。そのため，一部の加盟国による統合の積極的な進展を許容するメカニズム，言うなれば「適用除外」や「補完性の原理」で担保されたものとは逆の意味での多様性が保証される必要が認識されたのである。マーストリヒト条約で「緊密化協力」として導入された「柔軟性の原則」という考え方は，欧州統合のこれまでの蓄積や，今後の一体性を最大限尊重したうえで，一部の加盟国による力強い統合の推進力を維持しようとするものである。

（3） 今後の課題

今後の欧州統合の課題は，さらなる深化と，さらなる拡大である。深化としては，現在コンベンションで議論されているようなEU「憲法」の採択やEU「大統領」の設置のほか，EU各国間の国境がいっそう実態を失っていくことによる司法・内務分野での協力の問題がある。1950年代のローマ条約が掲げた統合像は「絶えずいっそう緊密化する連合」であったが，現在「コンベンション」で議論されている統合像は「多様性の中の連合（United in its diversity）」である。さらなる拡大としては，特にトルコやロシアとの関係をどのようなものとすべきかという問題がある。トルコはいずれEU加盟を認めることになりそうであるが，はたしてそれがいつになるのか，ロシアは加盟を認めないのであればどのような関係を構築するのか。つまり，欧州統合開始当初からの根源的な問題にふたたび立ち返ってきたのである。一体，欧州とはどこまでなのか。欧州統合は新たな「国家」を生みだすプロセスなのか。それともやはり別の手段をもってする国際政治にすぎないのか。あるいはそのいずれでもないのか。21世紀のうちにはいよいよこれらの問いかけに答えが与えられるのかもしれない。

第 3 章　欧州統合の歴史と現在

参考文献

臼井実稲子編『ヨーロッパ国際体系の史的展開』南窓社，2000年。
オクラン，C. 著，伴野文夫訳『語り継ぐヨーロッパ統合の夢』NHK 出版，2002年。
鴨武彦『国際統合理論の研究』早稲田大学出版部，1985年。
キッシンジャー，H. 著，岡崎久彦監訳『外交（上・下）』日本経済新聞社，1996年。
グラント著，伴野文夫訳『EU を創った男』NHK ブックス，1995年。
田中俊郎『EU の政治』岩波書店，1998年。
ベルトランほか著，小久保康之監訳『ヨーロッパ2010』ミネルヴァ書房，2000年。
松本博一『国際関係思想史研究』三省堂，1992年。
百瀬宏編『ヨーロッパ小国の国際政治』東京大学出版会，1990年。
渡邊啓貴編『ヨーロッパ国際関係史』有斐閣，2002年。

（小林正英）

期　間	欧　州　統　合
1945〜49年	チャーチルの「欧州合衆国」演説（46年9月） ハーグ会議（48年5月）
1950〜56年	「シューマン・プラン」発表（50年5月） EDC条約調印（52年5月） ECSC発足（仏，独，ベネルクス，伊：52年8月） EDC条約がフランス国民議会で批准されず（54年8月）
1957〜68年	EECおよびEURATOM条約（ローマ条約）調印（57年3月） 同条約発効，EECおよびEURATOM発足（58年1月） フーシェ・プラン交渉（61〜64年） ド・ゴール大統領によるイギリスのEEC加盟拒否（63年1月） フランスによる「空席危機」（65年6月） 「ルクセンブルクの妥協」（66年1月） ECSC／EEC／EURATOM三執行機関併合条約発効，EC発足（67年7月） 関税同盟完成（68年7月）
1969〜84年	ハーグEC首脳会議（69年12月） EPC（欧州政治協力）設立（70年） EC第一次拡大（デンマーク，アイルランドおよびイギリスの加盟）（73年1月） 第一回欧州理事会（ダブリン：75年3月） 第一回欧州議会直接選挙（79年6月） EC第二次拡大（ギリシアの加盟）（81年1月）
1985年以降	ジャック・ドロールEC委員会委員長（85年1月〜94年7月） 域内市場白書採択（85年6月） EC第三次拡大（スペイン，ポルトガルの加盟）（86年1月） 単一欧州議定書（SEA）調印（86年2月） ドロール報告発表（89年4月） 欧州連合条約（マーストリヒト条約）調印（92年2月） デンマーク国民投票で欧州連合条約批准否決（92年6月） 域内市場の完成（93年1月） 欧州連合条約発効，EU発足（93年11月） EU第四次拡大（オーストリア，フィンランドおよびスウェーデンの加盟）（95年1月） アムステルダム条約調印（97年10月） 同条約発効（99年5月） ユーロ導入（紙幣・硬貨を除く）（99年1月） ニース条約調印（01年2月） ユーロ紙幣・硬貨流通開始（02年1月） ニース条約発効（03年2月） EU第五次拡大（キプロス，チェコ，エストニア，ハンガリー，ラトビア，リトアニア，マルタ，ポーランド，スロバキア，スロベニア）（04年5月）

第3章　欧州統合の歴史と現在

欧 州 各 国	世　界
ドイツ無条件降伏，欧州での第二次世界大戦終結（45年5月） NATO発足（米，加，英，仏，ベネルクス，伊，デンマーク，ポルトガル，ノルウェー，アイスランド：49年5月） 西ドイツ，アデナウアー政権（49～62年）	日本，吉田内閣（46～47，48～54年） 米，マーシャル・プランの発表（47年6月） ソ連の核実験成功（49年9月）
ギリシアおよびトルコNATO加盟（52年5月） 西ドイツ主権回復，NATOおよびWEU加盟（55年5月） ワルシャワ条約機構設立（55年5月） 西ドイツ，「ハルシュタイン原則」発表（55年12月）	朝鮮戦争勃発（50年6月） サンフランシスコ講和条約調印（51年9月） ソ連，スターリン死去（53年3月） 朝鮮戦争休戦（53年6月）
ハンガリー動乱（56年10月） フランス第五共和政の成立（58年10月） ド・ゴール大統領就任（59年1月） フランス核実験成功（60年2月） 欧州自由貿易連合（EFTA）設立（60年5月） 「ベルリンの壁」構築（61年8月） 独仏エリゼ条約（63年1月） フランスのNATO軍事機構脱退，NATO本部ブリュッセルへ移転（66年） フランスで「五月革命」（68年5月） 「プラハの春」（68年6月）	スエズ危機（56年10月） 「アフリカの年」（60年） 日本，日米安保闘争（60年） 米，ケネディ政権（61～63年） 中ソ国境紛争（62年12月） キューバ危機（62年10月） 部分的核実験禁止条約調印（63年8月） フランス，中華人民共和国承認（64年1月） 中国の核実験成功（64年10月） 米，ベトナム戦争に本格介入（北爆開始）（65年2月）
ド・ゴール大統領辞任（69年4月） 西ドイツ，「ハルシュタイン原則」廃止（69年5月） 西ドイツ，ブラントおよびシュミット（社民党）政権（69～82年） ポルトガル「カーネーション革命」（74年4月） ギリシアNATO軍事機構脱退（74～80年） 全欧安保協力会議（CSCE）ヘルシンキ最終議定書採択（75年8月） スペイン王政復古（75年11月） イギリス，サッチャー（保守党）政権（79～90年） フランス，ミッテラン（社会党）政権（81～95年） スペインNATO加盟（82年5月，軍事機構へは97年7月） ドイツ，コール（キリスト教民主同盟）政権（82～98年）	ニクソン・ショック（71年8月） 第一次石油危機（73年） ソ連のアフガニスタン介入（79年） 米，レーガン政権（81～89年） 日本，中曽根政権（82～87年）
「ベルリンの壁」崩壊（89年11月） 東欧「ビロード革命」（89～90年） スペインおよびポルトガルWEU加盟（90年3月） ドイツ統一（90年10月） 旧ユーゴ紛争（92～95年） EC/EFTA間に欧州経済領域（EEA）設立（92年5月） WEU「ペータースベルク宣言」（92年6月） WEU本部ロンドンからブリュッセルへ移転（93年1月） 全欧安保協力機構（OSCE）発足（95年1月） ギリシアWEU加盟（95年3月） フランス，シラク（共和国連合）政権（95年～） NATOベルリン外相理事会，「NATO内のESDI」方式承認（96年6月） イギリス，ブレア（労働党）政権（97年～） NATO・ロシア常設合同理事会発足（97年） ドイツ，シュレーダー（社民党）政権（98年～） NATO第一次東方拡大（チェコ，ハンガリーおよびポーランド：99年3月） コソボ紛争（99年3月） NATO第二次東方拡大（ブルガリア，エストニア，ラトビア，リトアニア，ルーマニア，スロバキア，スロベニア：04年5月）	ソ連，ゴルバチョフ書記長就任（85年3月） 米ソのマルタ首脳会談，「冷戦の終焉」（89年12月） 湾岸戦争（91年1月） ソ連崩壊（91年12月） アメリカ同時多発テロ（01年9月） 米軍のアフガン攻撃（01年10月） 米英有志連合，イラク攻撃（03年3月）

89

第4章

ヨーロッパ経済とグローバリゼーション

要約

　周知のように，世界経済はグローバリゼーションの波に見舞われているが，ヨーロッパ経済もその例外ではない。すなわち，財・サービス・資本さらには労働などの面で，他地域との交流が一段と活発化，それによりヨーロッパ経済の構造も変化しつつあるからである。その結果はEU経済・産業に対して，様々な影響をもたらしている。域外諸国との競争などである。例えば，ITなどハイテク産業の面では，アメリカ企業との競争が激化しつつある。また，ミディアムあるいはローテク部門では，アジアのみならず中東欧諸国の攻勢に直面している。したがって，EUが競争力の強化に成功しなければ，その地位を維持すること容易でなくなるであろう。

　こうした状況の下，EUは研究開発を促進することなどによって，その産業競争力を強化し，グローバリゼーションの波を乗り切ろうとしている。

1　グローバリゼーションとは

　まず，グローバリゼーションの定義であるが，これには様々なものがありえる。ただ，ここでは，欧州委員会の "European Economy: Responses to the Challenges of globalisation" による定義，すなわち，「世界の各地域および各国が一層統合されること，あるいは，それらの間で相互依存関係が一層強化されること」としよう（同17頁）。このように定義したとしても，グローバリゼーションには様々な側面がある。経済面に限って重要とみられる点は，貿易および投資関係の強化が進みつつある点である。まず，本節では，こうしたグロー

表4-1 EUの名目GDPに占める輸出入(対域外)のシェア

(単位:%)

	1965	1970	1975	1980	1985	1990	1995	2000
輸出	6.1	6.8	8.2	8.5	10.1	7.5	8.7	10.9
輸入	7.7	7.9	10.2	11.2	10.9	8.4	8.5	12.2

注:EU:15カ国平均。
出典:欧州委員会, *European Economy* 各号。

表4-2 EUの直接投資残高

(百万ドル)

	1990	2000	2004
対内投資	754	2,175	4,023
対外投資	806	3,046	5,190

出典:United Nations, *World Investment Report*.

バリゼーションの定義に立ち,ヨーロッパ経済において,どのように,あるいはどの程度,グローバリゼーションが進行しつつあるかをみておこう。

(1) 貿易および投資交流の活発化

表4-1は,EU全体の名目GDPに占める対域外輸出入額のシェアをみたものである。この表によれば,輸出シェアは1965年の6.1%からおおむね上昇を続け,2000年には10.9%に達している。また,輸入についても同様であり,1965年の7.7%から2000年には12.2%にまで上昇している。すなわち,貿易規模は,経済の拡大を上回るペースで増加したといえる。換言すれば,EU経済の対外依存度は次第に高まりつつあるのである。なお,同時に,この表からEUの対域外貿易収支はおおむね赤字であることも読み取れる。輸出シェアは,ほぼ恒常的に輸入シェアを下回っているからである。後述するように,とりわけハイテク部門においてEU産業の競争力が弱体化していることが影響していると推察される。

一方,EU経済においてグローバリゼーションが進行している点は直接投資についても指摘できる。ちなみに,表4-2はEUからの直接投資残高およびEUへの直接投資残高の推移をみたものである。この表から,いずれについて

も，急増している点を読み取ることができよう。

さらに，証券投資についても同様である。データ面での制約から，ここでは1990年代後半の動きに限定するが，欧州中央銀行（European Central Bank）の月報（Monthly Bulletin）各号によると，例えば，1997年，ユーロ圏から対域外への証券投資は932億ユーロであったが，2004年には同1,416億ユーロに達した。また，97年487億ユーロであったEUへの証券投資額は2004年には986億ユーロへと急拡大している。

（2） グローバリゼーションをもたらした要因

このように，財および資本の面でグローバリゼーションが進展した背景には，いくつかの要因が存在する。まず第一は貿易自由化を目指した交渉が進展したことである。とりわけ重要な点は，度重なるGATTおよびWTOにおけるラウンド（多国間）交渉によって，関税率の引き下げが行なわれたことである。例えば，フランスあるいは（西）ドイツの平均関税率は，1950年代に20～30％に達していたが，その後，着実に低下，ウルグアイ・ラウンド交渉の結果，現在ではEU平均で4.6％にまで低下している。その他，GATT／WTOを通じた貿易自由化交渉によって，各種の輸入数量制限措置あるいは非関税貿易障壁がかなり撤廃されるようになった。このような関税引き下げ・非関税措置の撤廃は，EUのみならず世界貿易の発展に大きく寄与したといえるであろう。

また，関税および非関税障壁面ではないが，GATT／WTOにおいて，直接投資に関係する様々な制度の整備が進んだことも重要である。例えば，ウルグアイ・ラウンド交渉で焦点の一つとなった分野は貿易関連投資措置（Trade-related Investment Measures, TRIMs）であった。例えば，投資企業に対して，ローカル・コンテンツ要求（受入国で生産された部品を一定割合使用することを義務付ける措置）などを原則的に禁止したことなどである。また，いくつかの分野では，ナショナル・セキュリティに関連するとの理由から外資比率に上限が設けられることがあったが，こうした規制を緩和することになった点も重要である。例えば，通信分野などである。

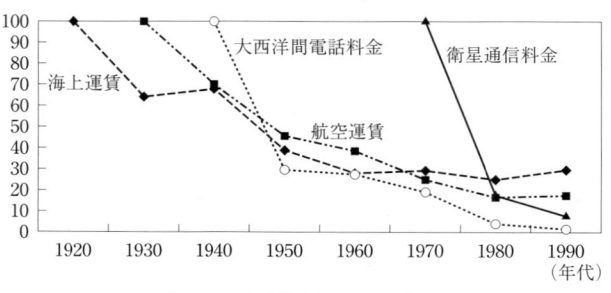

図 4 - 1　各種相対コストの推移

注：海上運賃は1920年代，航空運賃は1930年代，大西洋間電話料金は1940年代，衛星通信料金は1970年代を100とする指数。
出典：European Commission, "European Economy; Responses to the challenges of globalisation", 2002.

　第二点は，技術進歩によって，輸送コストあるいは通信コストが急速に低下したことである。図4-1は，各種サービスコストの変化を描いたものであるが，この図から，海上・航空運賃，電話料金などが急速に低下してきたことがわかるであろう。また，90年代に入ると，インターネットが急速に普及するようになり，その結果，海外情報がいとも簡単に，かつ廉価に入手することができるようになった。その結果，海外との取引に伴って発生する不確実性が大きく低下し，その結果，海外との貿易取引，あるいは海外投資が活発化するようになったのである。さらに，インターネットの関連では，ソフトウエアの開発競争が激化，そのノウハウを先行して取得した企業を買収する動きが活発化したことも重要である。

　第三点は，1980年代前半以降，主としてアメリカ・イギリスで始まった「小さな政府」への指向である。すなわち，従来は市場に委ねると「市場の失敗」が発生するとされた様々な分野においても，市場メカニズムが導入されるようになり，その結果，いくつかの分野で民営化が実施されるようになった。グローバリゼーションとの関連で重要とみられる分野は通信，あるいはエネルギー産業などで，このような産業に属する企業に対するM&A（企業の買収・合併）が活発化するようになったのである。

　さらに第四点として重要な点は，金融市場および金融機関に対する規制緩和

である。その結果，銀行の業務内容が，資金を預金という形で取り入れ，企業に貸し出しを行なうという伝統的なものから，資金運用を中心とする業務へと大きく変化した。もちろん，その背景として，コンピュータの情報処理能力が格段に高まったため，コンピュータを利用し，リスクを抑制しながら高い利回りを求める各種の手法が開発されたことを指摘できる。このような「フィナンシャル・イノベーション」あるいは「フィナンシャル・エンジニアリング」といった面で先行した金融機関に対するM&Aが活発化していることも，近年の特徴といえるであろう。

　このようないくつかの要因は，ヨーロッパ経済のみに該当するものではなく，まさにグローバルにみられるものである。その結果，他の経済と同様，ヨーロッパ経済は，こうしたグローバリゼーションの進行という背景の下，様々な点で変化を余儀なくされている。次に，どのような点で変化しつつあるかについて，景気循環の同時化および国際競争力の強化という点に絞って，検証を続けることにする。

2　景気循環の同時化

　ここで注目したい点は，2000年春にアメリカで「ITバブル」が崩壊したと同時に，ヨーロッパ経済も景気後退に見舞われた点である。通貨統合を論じた章で明らかにされるように，ヨーロッパはドルに依存する度合いを引き下げることを一つの目的として，通貨統合を実施した。また，そもそもEU統合は，アメリカに対抗してヨーロッパの国際的地位を確立させることに重要なねらいがあったはずである。それにもかかわらず，アメリカが不況になると，ほとんどタイムラグなしにヨーロッパも不況に見舞われた。それは，一体，何故であろうか。

（1）　強まる景気循環の同時化
　ここで，まずみておきたい点は，景気循環の米欧格差である。この点は次の

ような計算によって確認することができる。すなわち，アメリカおよびEUについて，景気動向を示す変数として，それぞれの鉱工業生産指数を選ぶ。そのうえで，回帰分析によって，各鉱工業生産指数の決定係数を計算するのである。このような計算により，次のような結果を得た。

まず，1987年第1四半期から94年第4四半期について，得られた式は次の通りである。

$$\mathrm{Log(US)} = 1.17490 + 0.74721 * \mathrm{Log(EU)}$$
$$(12.20606)$$

自由度修正済決定係数：0.82681

また，1995年第1四半期から2002年第4四半期について同様の計算をすると，

$$\mathrm{Log(US)} = -2.56930 + 1.559731 * \mathrm{Log(EU)}$$
$$(26.51795)$$

自由度修正済決定係数：0.95772

US：アメリカの鉱工業生産指数
EU：EU（15カ国）の鉱工業生産指数

という式が得られる。この両式を比較することによって，明らかなように，米欧間の相関関係を示す自由度修正済決定係数は，1990年代半ば以降，それまでの0.8台から0.9台へと高まっているのである。すなわち，アメリカ経済が好調な時期にはEU経済も好調であり，アメリカ経済が後退局面に入る時期には，EU経済も後退するようになるという関係である。このような景気循環の同時化は，次のような要因によってもたらされたとみられる。

（2）　景気循環に影響した要因

まず第一はEUの対米輸出が減少することによる影響である。事実，EUの

対域外輸出に占める対米輸出のシェアは，1995年の17.8%から2004年には24.2%へと急上昇しており，対米輸出の鈍化がEU経済に影響を及ぼしたことは間違いない。ただ，対米輸出額がEUのGDPに占めるウエイトはわずか2.2%にすぎない。したがって，対米輸出動向のみによってEU経済が景気後退に見舞われたとはいえないであろう。

　第二の要因は直接投資交流の深化である。この点は前節でみたとおりである。とりわけ90年代後半は，ITブーム，さらにはフィナンシャル・イノベーションが活発化したことから，これら部門で優位に立ったアメリカ企業を買収するEU企業が続出した。例えば，99年の英ボーダフォンによる米エアタッチの買収（63億ドル），同年の独ドイツ銀行による米バンカーズ・トラスト買収（91億ドル）などであり，こうした大型買収は「メガ・ディール」と称された。

　このことは，アメリカにおけるオペレーションがEU企業収益に大きな影響を及ぼすことを意味する。例えば，ドイツの上場企業についてみると，海外子会社からの収益とドイツ国内収益との比率は，90年代前半の74.8%から90年代後半には，96.9%へと，また，同じ期間中，フランス企業の同比率は129.6%から222.%へ上昇している。したがって，2000年代初頭，EU域内では比較的内需が好調であったにもかかわらず，アメリカで景気後退に見舞われると，在米子会社の業績悪化がEU企業の業績に直接影響するようになり，その結果，これらEU企業は投資抑制など支出を削減，EU内需に影響を及ぼしたといえる。こうした直接投資を通じる景気の同時化は，既述した輸出鈍化を通じる経路より，重要となっているかもしれない。

　欧米景気の同時化をもたらした第三の要因は株式市場の動向である。前述したように，米欧間で企業業績が同時化するようになったことに加えて，近年，両株式市場の動向はきわめて密接な動きを示すようになっている。あるニュースによってニューヨーク市場の株価が下落すれば，翌日には，ヨーロッパの株式市場も同様に下落に転じるという現象がしばしば観察される。あるいは両市場が開かれている時間帯では，ほとんど間髪をおかずに変動することもある。これは企業業績の動向というよりも，コミュニケーション手段が効率化・低廉

表4-3 米欧株式市場における株価間の相関関係

	イギリス	ドイツ	フランス
1987〜1994	0.900026	0.524860	0.725661
1995〜2002	0.912411	0.923770	0.932086

注：アメリカの株価を説明変数とし，各国株価を被説明変数として，その間の自由度修正済決定係数を計算。なお，データは四半期ベース。
出典：IMF, *International Financial Statistics* 各号。

化したため，情報に時間差がなくなったことによると考えるべきであろう。

ちなみに，株式市場の同時化は，次のような回帰分析によって確かめることができる。すなわち，アメリカの株価指数と，イギリス・ドイツ・フランスの株価指数の間の相関関係を検証するのである。その結果を要約したのが表4-3である。

その結果，次のような点が明らかになっている。まず第一点は，ドイツ（具体的にはフランクフルト市場）およびフランス（同パリ市場）の株価とアメリカ市場（具体的にはニューヨーク市場）の株価との間で，相関関係は90年代後半以降，急速に高まっていることである。すなわち，ドイツの株価に関する決定係数はかつての0.5近くから90年以降は0.9を上回る水準にまで上昇している。また，フランス市場についても，同様の傾向を読み取ることができよう。第二点は，その結果，近年に限ってみると，ヨーロッパ各市場の株価は，おおむねアメリカ市場の株価に連動するようになっていることである。いずれについても，決定係数は0.9を上回っているからである。

このようにグローバリセーションが進行する下，EU経済は世界各国との相互依存関係を強めつつあり，その結果，世界経済の景気循環に大きく影響を受けるようになってきたといえるであろう。いわば，EU経済の構造変化が生じているのである。

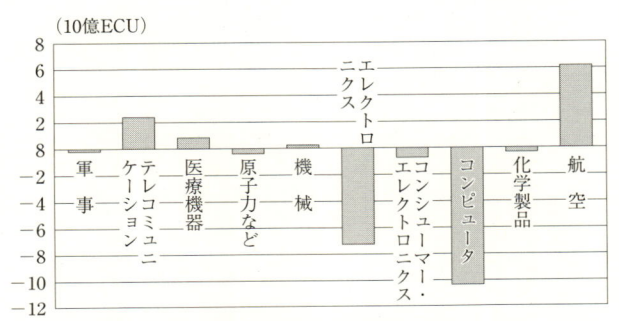

第4章 ヨーロッパ経済とグローバリゼーション

図4-2 EUの部門別対域外貿易収支（1999年）
出典：EUROSTAT.

3 EUの国際競争力

　本節では，世界経済のグローバリゼーションが進行する下，EU経済・産業は「生き残り」をかけ，いかなる措置を導入しようとしているのかを論じてみよう。

　まず検証しておきたい点は，EU経済の脆弱性についてである。EU経済は脆弱性を抱えているからこそ，世界的な景気後退の影響を受けやすいともいえるからである。したがって，EU経済がグローバルな競争に耐えうる競争力を獲得できるか否かが，EU経済の将来を展望する際，きわめて重要である。

（1）弱体化したEUの競争力

　もちろん，「脆弱性」について様々な定義がありえる。ただ，ここで注目したい点は国際競争力の程度である。いうまでもなく，この国際競争力についても，何に焦点を当てるか議論がありえるが，まず世界輸出に占めるEU輸出（対域外）のシェアをみてみよう。これによれば，例えば，1990年には20.9％であった同シェアは95年に20.2％と若干低下した後，90年代後半には傾向的に低下するようになっており，2000年には17.5％となっている。また，重要とみられる点は，ハイテク部門の不振が続いている点である。図4-2は，部門別に

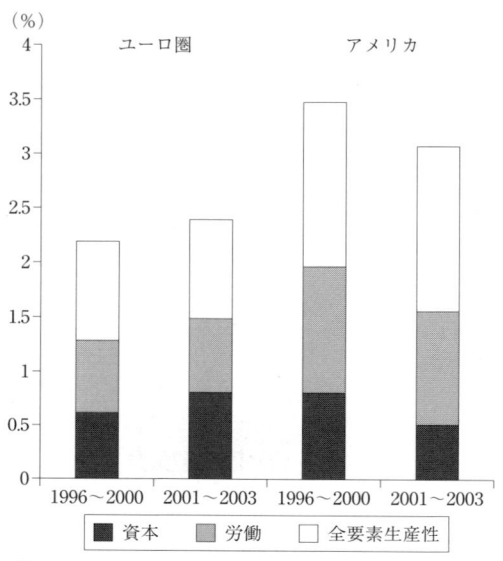

図4-3 EUのユーロ圏およびアメリカの潜在成長力
出典：European Commissison, *European Economy: The EU Economy 2002 Review*, 2002, p. 36.

貿易収支をみたものであるが，エアバスの好調を反映した航空機部門を別にすると，コンピュータあるいはエレクトロニクス部門において，貿易赤字が目立っている。EUでは，しばしば「IT（Information Technology）産業」ではなく，「ICT（Information and Communication Technology）産業」という用語が用いられることが多いが，通信部門を含めなければ，当該産業の実体がほとんどなくなっているためといえるであろう。このように，重要とみられる成長部門において，EU産業は十分な競争力を有していないとみられるのである。

（2） 注目されるTFP上昇率

また，世界経済におけるEUの地位をみるため，次に「全要素生産性（Total Factor Productivity, TFP）」に注目しよう。このTFPとは，中・長期的な経済成長率のうち，労働の増加分および資本の増加分によっては説明できな

第4章　ヨーロッパ経済とグローバリゼーション

い要因とされる。いわば，経済全体の生産性向上分である。したがって，この TFP が高いことは，EU 経済の潜在的成長力が高いことを示唆する。

図4-3は，1990年代後半以降の期間について，潜在成長力を労働力要因，資本要因および TFP に分解し，それぞれについて米欧間で比較したものである。この図から明らかなように，米欧間で潜在成長力に差が生じているが，そのなかでも重要な点は TFP 上昇率の差である。既述したように，もともと TFP とは労働および資本の投入変化によっては説明できない潜在成長力とされるのであり，この TFP に影響を及ぼす要因には様々なものが考えられる。ただ，なかでも重要とみられるのは技術進歩である。すなわち，研究開発投資を積極的かつ効率的に行なっている経済ほど，TFP 上昇率が高く，その結果，成長性が高いということになる。このことから理解できるように，アメリカと対比して EU の TFP 上昇率，さらには潜在成長力が低い一因には，EU において，研究開発が十分に行なわれていない点を指摘できるであろう。

ちなみに，研究開発費の対 GDP 比を比較すると，日本の2.91%，アメリカの2.60%に対して，EU は1.92%にすぎない（いずれも1999年実績）。また，このような研究開発動向を受けて，その成果についても格差が生じている。例えば，1998年における日米 EU 全体で取得された特許件数のうち，これら3地域のシェアを比較すると，アメリカ34%，日本29%に対して EU は31%にすぎない。これら3地域の人口（EU 3.73億人，アメリカ2.82億人，日本1.27億人，いずれも2000年時点）を考慮すると，EU が十分に研究開発の成果を得ることができていない点は明らかである。

また，研究開発面における EU の劣勢が貿易構造に反映されていることも重要である。ちなみに，総輸出に占めるハイテク製品のシェアを比較すると，EU は17.1%とアメリカの27.6%より低く，総輸入に占めるハイテク製品のシェアをみると，EU は21.1%と米国の19.5%より高い。すなわち，EU・アメリカ間の貿易構造をみると，アメリカがハイテク部門に比較優位，EU が比較劣位にあることがうかがえる（いずれも1998年実績）。なお，ここでは紙面の関係で十分に触れることができなかったが，EU はアジアおよび中東欧諸国から

の攻勢にもさらされている。その中心品目は，ミディアムあるいはローテク製品である。これら諸国は，このような製品において，比較的安価で良質な労働力を生かし，安価で良質な製品を EU 向けのみならず世界に輸出するようになっているからである。ちなみに，1995年と2000年の両時点を比較すると，EU 域外輸入に占めるアジアからのシェアは23.3%から26.8%へ，また中東欧諸国は8.6%から9.9%へと上昇している。

こうしたハイテクおよびミディアム・ローテク部門における問題を克服することなければ，EU 経済はグローバリゼーションの波を乗り切ることは困難となるであろう。

（3） 欧州研究領域

このような問題点を克服するため，EU では様々な取り組みがなされている。まず注目される動きは，2000年1月，欧州委員会によって発表された「欧州研究領域に向けて（Towards a European Research Area）」と題する報告書である。その内容は次のような柱から構成されている。

まず第一の柱は，「欧州レベルで最適な施設と資源の集積（A Stock of Material Resources and Facilities Optimised at the European Level）」であり，「センター・オブ・エクサレンスと称される研究拠点のネットワーク化およびバーチャル・センターの創造（Networking of centres of excellence and creation of virtual centres）」など具体的な内容からなる。第二の柱は，「より一貫性のある公的手段と資源の活用（More Coherent use of Public Instruments and Resources）」であり，EU および各国における研究計画間の協調関係を強化することなどが含まれる。

第三の柱は「よりダイナミックな民間投資（More Dynamic Private Investment）」と称されており，研究に対する間接的支援，知的財産権の効果的保護が謳われている。また，企業創出およびリスク・キャピタル投資の奨励といった内容も含まれる。さらに第四の柱は，「政策実施のための共通科学技術レファレンス・システム（A Common System of Scientific and Technical Reference for Policy Implementation)」を確立することである。これにより，協調関係を構築する際に実務面での障壁となった各国独自のレファレンス・システムを整合的なものにすることが目的である。

　第五の柱は，「より豊富で流動的な人的資源 (More Abundant and More Mobile Human Resources)」と称されており，欧州における研究者の移動，研究者地位と役割の向上が目指される。また第六は，「研究者および投資にとって魅力的，オープンかつダイナミックな欧州 (A Dynamic European Landscape, Open and Attractive to Researchers and Investment)」であり，世界の研究者にとって魅力的な欧州を創出しようとするものである。最後に第七本目の柱として，「共通の価値を有する領域 (An Area of Shared Values)」が盛り込まれているが，具体的には，科学技術に関する倫理的問題について共通のビジョンを策定しようとしている。

　このような内容からなる同報告書のねらいは，欧州各国間，各研究機関間，研究機関と企業の間で効率的なネットワークを構築するなどにより，研究開発に関する活動を緊密化し，かつ活発化することにある。各国が単独に実施するのでは効果が十分にあがらないため，EU全体で研究開発協力あるいは支援を行なうことによって，「欧州研究開発共同体 (European Research & Development Community)」を形成しようとするのである。

（4） EUはグローバリゼーションに対応できるか

　本章全体を通じて述べてきたように，世界経済がグローバリゼーションの波に見舞われるなか，EU経済も例外ではなく，様々な点で対応をせまられている。なかでも問題となった点は，「メガ・コンペティション」による国際競争力の低下である。とりわけIT（あるいはICT）部門を中心にEU産業は域外国との競争に十分対応できていないことが明らかになった。このこともあって，EU全体の技術進歩も遅れをとっており，潜在成長力にも影響が及んでいる。

　こうした状況の下，アメリカで景気後退が始まると，様々なルートを通じて，EU経済にも影響が及び，ほとんどタイムラグなしにEUも景気の深刻化が進

むようになった。ちなみに，2003年12月に OECD が発表した「経済見通し（Economic Outlook）」によると，2003年および2004年の EU 経済成長率は0.7%および1.9%と予測されているが，これは両年におけるアメリカの成長率，すなわち2.9%および4.2%をかなり下回っている。したがって，少なくとも当面，EU の成長率がアメリカのそれを凌駕することは，容易でないのである。

　こうした点から，グローバリゼーションの進行は，とりあえずの局面に関する限り，EU にはマイナスの影響が及んでいるといえるであろう。あるいは，グローバリゼーションに EU は効果的に対応してきたとはいいがたい。今後，後述する EU の「拡大」を含めて，EU がいかなる対応を行ない，その効果がどの程度のものになるか，EU の真価が問われる局面に入ったといえるであろう。

参考文献

久保広正『欧州統合論』勁草書房，2003年。
経済産業省『通商白書』（各年号）。
棚池康信『EU の市場統合』晃洋書房，2003年。
田中友義『EU の経済統合』中央経済社，2001年。
田中素香・長部重康・久保広正・岩田健治『現代ヨーロッパ経済』有斐閣，2001年。
内閣府『経済財政白書』（各年号）。

　　　　　　　　　　　　　　　　　　　　　　　　　　（久保広正）

第5章

EU 通貨統合

要約

本章では，1999年から一部で導入され，2002年から本格的に流通を始めた共通通貨ユーロを考察する。EU（欧州連合）構成国各国が共同して共通通貨を創出するというのは，長い通貨史のなかでも例がなく，ユーロ導入を検討することは，EU 経済にとってだけでなく国際通貨制度にとっても意義のあることである。ここでは，まず通貨統合の便益と費用を国際通貨制度の観点から検討し，通貨統合の経済的根拠を明らかにする。次に，実際にヨーロッパでの通貨協力の歴史とそれがどのように通貨統合に発展したかを論ずる。そして，現在の共通通貨ユーロを運営している制度的枠組みを説明する。さらに，ユーロが世界経済にとってどのような意味があるのか，国際通貨ユーロとしての役割を検討し，今後，ユーロ圏におけるポリシー・ミックスの必要性を述べる。

1 通貨統合の便益と費用

(1) 通貨統合とは

国民国家はその領土内で流通させる独自の通貨を発行する権限をもつ。国家は法律によって素材価値以上の額面価値をもつ通貨を強制的に流通させる。そのような強制通用力によって流通する通貨を法貨と呼ぶ。多くの国では領土内での計算単位，交換手段，価値貯蔵手段として法貨が経済取引を円滑にしているが，国境を越えて他国の法貨が流通する「ダラリゼーション」というエクアドルやエルサルバドルといった南米での現象もある。ダラリゼーションとは，

ドル化とも訳され，アメリカ・ドルがアメリカ以外の国・地域で流通している現象である。あるいは，いくつかの国が共同で法貨を創出して流通させることも行なわれており，それがEU（欧州連合）での通貨統合である。本章では，EU通貨統合の意義，それへ至る道筋，その制度的枠組み，そして通貨統合によって創出された共通通貨ユーロの世界経済における意義を考察する。

EU通貨統合とは，各EU構成国の国民通貨を廃止し，共同して創出した共通通貨ユーロを，法貨として国境を越えて流通させるものである。ただし，すべてのEU構成国がユーロを使用しているわけではなく，ユーロを使うかどうかは構成国内の国民投票の結果に委ねられた。その結果，EU15カ国のうち，イギリス，スウェーデン，デンマークはユーロに参加しておらず，なかでもスウェーデンは2003年9月に国民投票を行なった結果，ユーロ参加を拒否した。

（2） 通貨統合の便益と費用

通貨統合後に共通通貨を利用する便益には次のことが考えられる。①両替手数料の節約，②為替レート変動から解放される為替リスクの消失と，それによる貿易・投資の拡大，③域内価格表示の透明性と，それに伴う競争促進，④通貨統合過程での財政赤字削減やインフレ率低下など経済構造改革の進展，⑤域内企業の財務諸表作成コストの削減などがあげられる。ただし，②，③の便益は通貨統合後に即座に現れるわけではなく，調整までに時間がかかる。

一方，共通通貨を利用する費用としては，①各国金融政策の自由度の喪失，②景気安定化のための為替レートによる調整の喪失があげられる。①は，共通通貨を利用すると通貨発行・管理は自国の通貨当局から離れて共同運営される通貨当局あるいは外国の通貨当局に移るため，自国のみの物価や雇用を重視した金融政策は行なえなくなる。②は変動レート制あるいは調整可能なペッグ制であれば景気減退国は，為替レートを減価させることで輸出を増加させ，景気を調整することが期待できるが，共通通貨を使用すれば，参加国間ではこの調整手段を用いることはできない。ただし，金融政策や通貨政策を代替する手段が他にあるならば，以上の費用は軽減する。すなわち最適通貨圏の条件である，

ⓐ十分な労働移動性（マンデルの基準），ⓑ経済開放性の高さ（マッキノンの基準），ⓒ賃金・物価の伸縮度の類似性（フレミングの基準），ⓓ生産財の多様性（ケネンの基準）などがあるならば，共通通貨使用の費用は低下することができる。しかし複数の実証研究により，EU においてこれらⓐ～ⓓの条件が十分満たされているとはいえなかった。

さらに，これらの費用は通貨統合を実施すれば即座に発生する。通貨統合を実施するかどうかを経済合理性により判断するならば，便益が費用を上回れば行なうのが望ましいし，逆ならば行なうべきではない。しかし，その判断が難しいのは，通貨統合による便益は時間が経ってから発生するものがあり，費用の発生と同時には判断できないことである。もし多くの国民が短期的な視野に立つならば，費用の方が便益を上回り通貨統合は実施されないだろう。逆に長期的な視野に立つと，通貨統合の便益の方が上回るかもしれない。どちらの視点に立つかによってその判断は異なる。あるいは，その短期の費用と長期の便益をつなぐのが政治の役割かもしれない。実際，EU 通貨統合の実施では，経済的合理性だけでなく，政治的な判断も重要な要素であった。通貨統合を分析する際には，経済的側面だけでなく，政治的な側面も見逃せない。

また，共通通貨参加国間での費用と便益の比較も異なるであろう。例えば，開放小国経済であるならば，為替レート変動によって国内経済を攪乱させる度合いが大きいので通貨統合を行なう便益は高い。一方，大国経済はその影響の度合いが相対的に小さいために通貨統合の便益は小さく，便益よりも費用の方が上回るケースが多いだろう。このように通貨統合の実施予定国の経済規模によって参加するかどうかの意思決定は異なる。規模の異なる国が通貨統合に参加するためには，それらの国の間で通貨統合に対する共通理解を形成しつつ，政治的判断も必要とされるかもしれない。次節では，実際に EC から EU にかけて西ヨーロッパ諸国がどのような通貨協力を行なってきたかを概観する。

2　西ヨーロッパでの通貨協力から通貨統合へ

（1）　ブレトンウッズ体制とドルの不安定

　第二次世界大戦後に創設された国際通貨制度であるブレトンウッズ体制では，戦前の為替レートの変動，国際収支不均衡拡大の反省に立ち，国際収支の不均衡が深刻になった場合に平価調整可能な固定レート制（金・ドル本位制）と国際収支赤字国への短期資金供与を行なう基金を備えるという基本的な柱があった。この制度の背景には，戦中，戦後，圧倒的な優位に立つアメリカの経済力にあった。アメリカは，戦時中からすでに戦後の世界経済構想を立てており，ブレトンウッズ体制は国際決済における世界経済システムである。戦前にもアメリカ経済は高い成長を見せたものの，アメリカが積極的に世界経済体制のルールを作成することはなかったが，戦後，そのルール形成を自ら主導する立場に立った。この時点で，戦前のイギリスを中心としたパックス・ブリタニカからパックス・アメリカーナへと覇権の移行が行なわれたと考えられよう。

　しかし，黒字国も赤字国も平価変更を進んで行なうことはなく，国際収支不均衡を是正する手段としては不十分であった。また，1958年に対外資本輸出を通じてアメリカの金準備は減少していく。さらに，1960年代末からアメリカは経済政策節度を守らず，財政赤字の拡大を行なうことにより，それまでの経常収支黒字は減少することとなり，アメリカ以外の国のドルへの信認が低下する。このようなドル不安あるいはドル危機を回避するために各国は国際通貨協力を通じたドル支援を行なった。しかし，一連のドル支援はかえって，過剰なドルが国際的に流通するという事態を引き起こし，投機的な資本移動を誘発した。それはある国の通貨に対していったん平価変更の予想が成立すると，その国の通貨当局に対して投機の攻撃を仕掛けて，実際に平価変更に追い込むという通貨危機を発生させる。実際，1967年11月にはポンド危機が発生し，ポンド切り下げが行なわれ，その後一連の通貨危機が毎年発生してブレトンウッズ体制の不安定さを露呈させた。

（2） EC内での通貨協力

ブレトンウッズ体制の不安定さが，1960年代末から1970年代初頭にかけてヨーロッパでの通貨統合の動きを現実のものにさせていく。その理由は，①共通農業政策における農産物統一価格の混乱の回避，②ドルの影響を遮断して，為替リスク低減による域内での貿易・投資の促進などが挙げられる。①に関して，ECは共通農業政策による農産物共同市場実現のために農産物統一価格を設定した。これはUA，後にECU（European Currency Unit）と呼ばれる計算単位で定められた。農産物に限って，通貨保証勘定（Monetary Compensation Accounts, MCAs）を創設して為替レート変動による農民の所得の減少を補塡した。ところが，通貨危機の頻発によってMCAsの維持困難が認識された。②に関しては，為替レートが切り下げられることにより為替レートの大幅な変動が起きることでリスクを高め，長期的な貿易や投資が阻害されることが指摘される。

そのため，1969年2月にバール（フランス首相）案，1970年10月のウェルナー（ルクセンブルク首相）による「EMU（経済通貨同盟）に関する報告書（ウェルナー報告）」が提案された。後者の案は「経済通貨同盟の段階的実現に関する決議」として1971年3月にEC理事会で採択され，ECはEMUを段階的に実現を目指すこととなった。この決議は，通貨統合へ至る第一段階を中央銀行総裁会議の開催，為替変動幅の縮小，そのための介入の加盟国通貨での実施，欧州通貨協力基金の設立，国際収支の困難に備える中期金融援助機構の創設などとした。しかし，第二段階以降は明記されなかった。

一方，アメリカは1971年8月，「新経済政策」を発表してドルの金兌換を一方的に停止した。いわゆるニクソン・ショックである。その後，各国はスミソニアン合意を行ない，金兌換を伴わない固定レート制（スミソニアン体制）に復帰した。これを受けて，EC域内為替変動幅の縮小を行なうために1972年4月にEC為替レート同盟，いわゆる「スネーク」がEC加盟6カ国によって創設され，その後5カ国が参加して計11カ国で運営された。これは参加通貨間の変動幅を±1.125％の変動帯で，また対ドルで±2.25％の変動幅で制約した域内

為替レート同盟を発足させた。そのバンド内で EC 諸通貨はうねることとなる。その後もドル危機が続き，1973年2月にはドイツ・マルクへの投機が殺到し，ヨーロッパ為替市場は混乱した。1973年3月にスミソニアン体制は維持できずに各国は全面的に変動レート制に移行せざるをえなかった。ヨーロッパ通貨は対ドルでは変動レートであるが，参加国間では固定レート制が維持され，共同フロートと呼ばれたり「トンネルを出たスネーク」とも呼ばれたりした。しかし，イギリス，アイルランド，イタリア，フランス，そしてスウェーデンが離脱し，スネークは西ドイツ（当時）および同国と経済関係の深い国だけが残り，事実上マルク圏となった。

（3） EMS 創設とその実態

スネークから離脱したイギリス，イタリア，フランスは1975～76年にかけて投機にさらされ，為替レートは大幅に下落し，さらに当時の世界的な景気後退の影響もあり経済的な混乱を経験した。それらの国の景気後退は EC 域内にも広がり，欧州各国首脳は通貨的な混乱がヨーロッパ域内での経済混乱を引き起こしているという認識をもつようになり，EC が共同して通貨秩序を再構築することとなった。それが1979年3月より発足する EMS（European Monetary System, 欧州通貨制度）である。

EMS の仕組みは次のようなものであった。①参加国間での為替レート変動幅を制限する ERM（Exchange Rate Mechanism, 為替レートメカニズム）の創設，②EC の通貨単位としてバスケット通貨 ECU の創設，③参加国通貨当局が介入を行なうための信用を供与する信用供与メカニズムの創設などがある。①の ERM では，参加各国通貨と ECU との間のセントラル・レートをもとに ERM 参加通貨間相互のパリティ・グリッドと呼ばれる平価の一覧を算出し，各国は基準相場の±2.25％内に為替レート変動を抑える義務を負った。さらに，ECU を基準にした各国通貨との乖離幅が一定限度以上になった通貨も介入の対象になるという警報装置を導入した。②の ECU は，EMS 参加国通貨を GDP や EC 域内貿易に占めるシェアなどを考慮し各通貨のシェアを決めて合

成したバスケット通貨である。その通貨は，ERMでの基準相場の計算や介入後の中央銀行間の決済手段，そして準備手段として用いられた。またERMでの乖離指標として用いられた。さらに，ECU建ての民間債の発行も80年代後半には行なわれ，公的利用とともに民間利用も進展した。③の信用供与メカニズムでは，ERMでの義務を履行するために介入せねばならないが，その資金である外貨準備が枯渇する可能性がある。そのような時に対処するために各国が資金を拠出し，それをその国に供与する制度である。これには，超短期ファイナンス（Very Short-Term Financing, VSTF），短期通貨支援（Short-Term Monetary Support, STMS），中期金融援助（Medium-Term Financial Assistance, MTFA）がある。

　このような特徴をEMSはもっていたが，その評価はおおむね成功であったといえよう。EMSが為替レートを安定させる目的があるため，その変動幅はたしかに大きくはない。また平価変更の頻度は発足から1993年5月までに16回を数える。変更可能な固定レート制のもとでは，その頻度は高くはない。したがって，為替レート変動の抑制効果はあったものといえる。では，そのような抑制を可能にした要因は何であったのだろうか。それは，参加各国の経済政策協調の進展である。もともとインフレ抑制の選好をもっていたドイツ通貨当局と成長重視，インフレ容認選好をもっていたフランス，イタリア通貨当局が固定レート制を維持するには，どちらか，あるいは両方が自己の選好を相手に合わせるように妥協せねばならない。実際にはドイツ通貨当局のブンデスバンク（連邦中央銀行）は自己の選好を変えることはなく，その他のERM参加国がドイツの経済政策に合わせるように政策協調を行なった。ドイツ・マルクにペッグすることでドイツの低インフレ率の信認を各国が「輸入して」各国の期待インフレを抑制することに成功した。それにより，インフレ率の収斂が進んだ。このような現象をもってドイツの信認輸入仮説とよばれる。

　したがって，EMSは為替レート変動を抑制し，インフレ率を収斂させた点で成功したものといえる。なによりもドルが不安定に変動していた時期に，平価変更はあったものの長期間に当たってペッグ制が維持できたことは評価でき

よう。しかし，1992〜93年にERM危機と呼ばれる深刻な通貨危機が発生し，ERMの変動幅が±15％に拡大された。これには，①域内資本移動の完全自由化と，②ドイツの高金利政策が背景にある。資本移動の自由化は市場統合を完成させるために必要な手段であるが，そのためEC域内での金融自由化，金融統合が急速に進展し，域内での投機による資本移動の激化を招いた。また，東西ドイツの統合によってインフレが進展したドイツでは，ブンデスバンクが金利を引き上げ，非マルク通貨からマルクへの急速な資金シフトが起き，通貨危機が生じた。93年にはスウェーデンの変動レート制移行，アイルランド・ポンド，そしてフランス・フランが売られ，変動幅を拡大させて危機は終結した。この変動幅拡大がかえって投機を抑制することに成功し，それ以降，通貨危機はERMでは起きなかった。したがって，当初の目的である通貨の混乱を回避することには，2度のERM危機はあったもののおおむね成功したといえよう。しかし，EMSは本質的にはマルクを中心としたものであり，ドイツの経済政策に各国経済および経済政策が左右されることが問題となる。そこでこのような非対称性を解消する動きが，共通通貨導入である。

(4) **通貨統合にむけて**

通貨統合の動きは1970年のウェルナー・レポートによりすでに方向性は打ち出されていた。ところが，EC為替レート同盟であるスネークの挫折があり，またEC市場統合の鈍化などもあり通貨統合への意欲がそがれた。しかし，EMSが持続したこと，1987年に単一欧州議定書が発効し共通通貨の利用が不可欠と認められたこと，そして域内資本移動の自由化による金融統合によって通貨統合が不可欠であると認識されたことなどを背景にして，再び通貨統合への機運が到来する。1988年6月でのハノーヴァー欧州理事会で経済・通貨同盟研究委員会（ドロール委員会）が発足し，翌89年4月にドロール委員会は三段階アプローチによるEMUを報告書（ドロール報告）にまとめた。ドロール報告はEMUを形成するために三段階を規定した。第一段階では，単一金融市場の形成，全加盟国のERMへの参加，民間ECUの育成，中央銀行総裁会議の機

能強化が提案された。第二段階は欧州中央銀行の設立，第三段階では共通通貨の導入が盛られていた。この報告がユーロ導入の技術的な道筋を決めたものといえる。

　このドロール報告の概要は1992年2月に調印された「欧州連合に関する条約（マーストリヒト条約）」にも引き継がれた。この条約では，通貨統合の具体的なプロセスを示したもので，経済通貨同盟の形成だけでなく外交，安全保障，司法面での協力，欧州市民権の確立などを謳っている包括的な条約である。まず第一段階では，1990年7月から始まる資本移動の自由化による単一金融市場の形成，参加国のERM参加が盛り込まれた。第二段階では，1994年1月から始まり欧州中央銀行の前身となる欧州通貨機関（European Monetary Institute, EMI）の創設が定められた。第三段階では，共通通貨ユーロの導入によって通貨統合が完成する。さらにマーストリヒト条約では，参加国に対して次のような収斂基準を求めた。①直近1年間のインフレ率がもっとも低い3カ国の平均値から1.5％を上回らないこと，②過去2年間ERMの変動幅内にとどまること，③長期金利はインフレ率がもっとも低い3カ国の長期金利の平均値より2％を上回らないこと，④財政赤字の対GDP比が3％を以下にすること，⑤公的債務残高の対GDP比が60％以下にすることなどである。

　ドロール報告，マーストリヒト条約ともに参加各国の経済パフォーマンスの収斂と経済政策の協調に力点が置かれている。たしかに1992年から98年の間に各国は増税，歳出削減を通じて財政赤字を削減と財政構造改革が行なわれ，労働市場の改革も行ない，収斂基準の達成のための努力をした。1998年5月2日のブリュッセルEU臨時首脳会議において収斂条件を満たしたと認定された諸国11カ国のユーロ参加国が正式に決定し，1999年1月1日からユーロが預金や国債などの建値通貨として導入され，参加国通貨の為替レートが非可逆的に固定された。さらに2001年には収斂条件を満たしたギリシアがユーロに参加し，2002年1月1日からユーロ現金の流通が開始され，各国現金通貨がユーロに取って代わり，ユーロ参加国の法貨となった。

　収斂基準の達成は，参加各国にとって従来のヨーロッパの経済システムを構

造改革する大きなきっかけとなる一方で痛みも生じた。1980年代の EU 域内での市場統合の進展とともにユーロ導入プロセスは，硬直的とされた経済システム，財政構造，労働慣行などを否応なく改変するものであり，より柔軟な市場経済へと生まれ変わらせる一歩となった。ただし，それはまだ途上であり，ユーロが導入された後にも構造改革が求められる。その一方で，構造改革に伴う様々な摩擦，歪みも表面化していくだろう。

3 ユーロ圏での金融・財政政策の運営と成果

（1） ECB による金融政策運営

共通通貨ユーロが流通するユーロ圏での金融政策を一元的に運営・管理するのがユーロシステム（Eurosystem）である。ユーロシステムは金融政策上の意思決定を行なう欧州中央銀行（European Central Bank, ECB）と実際のユーロの管理運営を行なう各国中央銀行（National Central Banks, NCBs）により構成されており，アメリカの中央銀行制度である連邦準備制度（Federal Reserve System）をモデルとした。また，実際にユーロ未参加国の中央銀行を含めた15カ国の NCBs と ECB を合わせて ESCB とよびユーロシステムと区別している。ESCB にはユーロシステムに加えて一般理事会（General Council）があり，ユーロ未参加国（デンマーク，スウェーデン，イギリス）の中央銀行との政策協調や金融政策に関する調整を行なう機関である。

金融政策の実施と監督を行なう ECB の執行機関は役員会（Executive Board）であり，総裁，副総裁各1人，そして4人の専務理事から構成されている。また，金融政策の意思決定を行なう政策理事会（Governing Council）には役員会の6人とユーロ圏での中央銀行総裁の18人からなり，多数決によって決定がなされる。

また ESCB の政治からの独立性が高く保証されている。これは EU や EU 構成国政府からの指示を受けたり，また逆に求めたりすることもないことをマーストリヒト条約において保証したものである。その根拠は，いくつかの構成

第5章　EU 通貨統合

図5-1　ECB の政策金利の推移

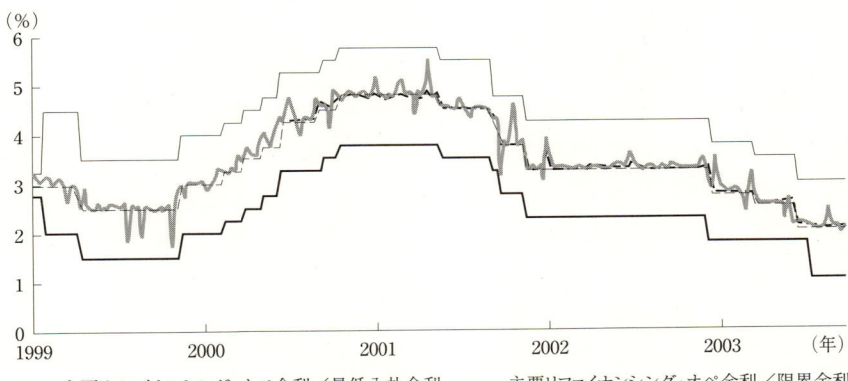

凡例：
--- 主要リファイナンシング・オペ金利／最低入札金利
--- 主要リファイナンシング・オペ金利／限界金利
〜〜 オーヴァーナイト金利（EONIA）
── 預金ファシリティ金利
── 限界貸付ファシリティ金利

注：2000年6月28日により，それ以前は固定金利入札で行なわれていた主要リファイナンシング・オペを ECB は，主要リファイナンシング・オペは，変動金利入札で行なうことにした。最低入札金利は，取引相手が入札可能な最低金利を指す。
出典：ECB, *Monthly Bulletin*, June 2003 より作成。

国政府は物価安定よりも雇用や成長を重視する傾向にあり，それらの政府より ECB や NCBs が圧力を受けないことを担保する必要があるからである。

　ECB の金融政策目標は物価安定である。ECB は，物価安定を総合消費者物価指数（Harmonized Index of Consumer Prices, HICP）の前年比2％未満に抑えることと定義し，中期的にそれを達成することを目標としていた。しかし2003年5月より2％程度にすることと再定義し，従来よりもインフレに対してやや緩和姿勢を示している。

　短期市場金利を目標金利に誘導するユーロシステムの金融政策運営（金融調節）は，常設ファシリティと公開市場操作によって行なわれている。ユーロ圏の民間銀行が必要とする資金は，適格資産を担保に当該国の NCBs により貸し出されるが，この時に貸し出される資金が限界貸付ファシリティである。また，これに適用される金利は限界貸付ファシリティ金利と呼ばれ，相当する市場金利に比べて通常，かなり高いので，市中銀行は最後の手段としてこのファシリティを利用する。一方，民間銀行が過剰資金を NCBs に翌日物預金を行

なうことがあり，それを預金ファシリティと呼ばれ，この時の預金金利を預金ファシリティ金利と呼ばれる。この預金金利は，相当する市場金利に比べてかなり低いため，運用方法が見つからないときに限って，市中銀行は預金ファシリティを利用する。以上の仕組みにより，限界貸付ファシリティ金利が翌日物の市場金利の上限となり，預金ファシリティ金利が下限となる。さらに上下限金利の間に市場介入金利が設定され，公開市場操作を通じて市場金利を誘導する。公開市場操作には，主要リファイナンシング・オペ，長期リファイナンシング・オペ，微調整オペ，構造オペがあるが，最も重要なものが，主要リファイナンシング・オペである。そのオペは，2週間満期の買い戻し付き条件付きの一時的な公開市場操作である。このオペに適用される金利が主要リファイナンシング・オペ金利であり，この金利に翌日物の市場金利は，オペを通じて誘導される。以上のECBの政策金利を示したのが図5-1である。翌日物ユーロ平均金利（EONIA）は，限界貸付ファシリティを上限に，預金ファシリティ金利を下限に，そして主要リファイナンシング・オペ金利とほぼ並行に変動しているのがわかる。ただし，EONIAが釘上に上下している時がある。これは，最低準備預金制度によるものであり，それは，ユーロ圏内の民間銀行による約2％程度を付利預金金利がつく中央銀行預け金として自国のNCBsに積み立てねばならない預金である。準備預金の積立期間の最終時点で，市中銀行は流動性の過不足を強制的に調整しなければならず，それがEONIAを釘上に変化させる。

　以上のような金融政策制度をユーロシステムはもったものの，金融政策を行なう上で問題も生じている。それはユーロ導入前から指摘されていたが，経済パフォーマンスの異なる国の間ではたして一元的な金融政策や金利誘導を行なうことができるかである。近年のHICPの推移を図5-2で示しているが，それをみると，必ずしも2％以下に抑制しているわけではない。HICPよりも消費者物価指数の高い国は2002年9月の時点でギリシア，アイルランド，オランダ，ポルトガルであり，それ以外の国はHICPと同程度あるいは以下である。ユーロ圏ではインフレ率の収斂が必ずしも完全ではないために金融政策の機動

図5-2 HICP の推移

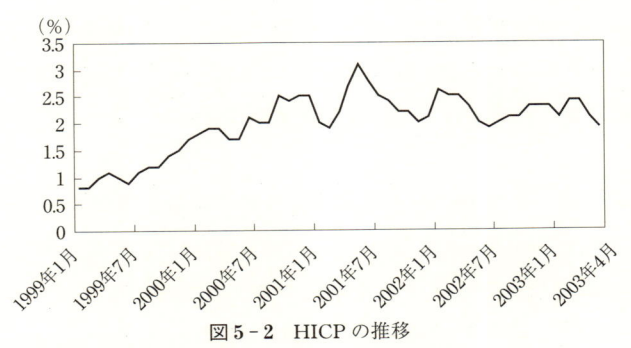

出典：ECB, *Monthly Bulletin*, June, 2003 より作成。

性に欠ける。目標値よりもインフレの高い国にとっては緩和気味の金融政策となり，逆に低い国にとっては，引き締め気味になり，近い将来の景気後退の懸念がでる。したがって，ユーロ圏の平均値である HICP と異なるインフレ率が持続している国では，金融政策以外の手段で物価をコントロールせねばならない。例えば，インフレ率の高い国では規制緩和による競争促進，賃金上昇抑制などが必要となる。ただし，景気後退懸念のある国では後述するように財政政策に関するルールが存在するために，財政政策によって総需要を国ごとに引き上げることは十分ではないかもしれない。したがって，それらの国ではインフレが持続している国からの生産要素の流入によって調節することが重要となる。

　マーストリヒト条約において，ユーロ導入のための収斂条件のなかで財政に関するルールがあったが，ユーロ導入後もインフレ抑制のために財政に関するルールが定められた。それが1997年6月に採択された「安定成長協定（Stability and Growth Pact, SGP）」である。この協定の導入には，そもそもユーロ導入に消極的であったドイツが，財政赤字拡大によるインフレの抑制を担保するために導入を働きかけた背景がある。戦後の EU 諸国は，ケインズ的財政政策を行なって，財政赤字と公的債務残高を毎年のように増加させてきた。それは景気の下落に対処するだけでなく，社会保障の拡充からも発生し，景気循環とは関係のない財政赤字の拡大もみられた。もしその状況がユーロ導入後

も続くならば，ユーロ圏のインフレを抑制することは困難である。そのため，各国政府に財政政策に規律をもたせることが必要であった。ここでいう財政とは中央政府と地方政府の両財政に社会保障基金を合わせた一般政府の歳出入を指す。

　この協定では，まずEU財務相理事会は総合経済政策ガイドライン（Broad Economic Policy Guideline）を策定する。各国政府は財政均衡かあるいは黒字とする中期財政目標を立て，それをユーロ参加国は安定プログラム（Stability Program）として，ユーロ未参加国は収斂プログラム（Convergence Program）として毎年にEU財務相理事会（ECOFIN Council）に提出することが求められる。さらに財政赤字に対しては，それを対GDP比3％以内に抑えることが義務づけられている。ただし，それを一時的に超えることも許容しており，この手続きは「過剰な赤字の手続き（Excessive Deficit Procedure, EDP）」と呼ばれ，それは次のようなものである。まず，財務相理事会は評価段階として，当該国が「過剰な赤字」かどうかの決定を行ない，もし「過剰な赤字」と認定されれば，赤字解消の勧告を行ない，そのスケジュールを定める。

　次のフォローアップ段階では「過剰な赤字」の解消が進んでいるかどうかの監視を行ない，進展がなければペナルティが課される。「過剰な赤字」を出せばEUに対してペナルティとして無利子で預金を積まねばならない。ペナルティとして積んだ預金は固定部分（対GDP比0.2％）と変動部分（過剰赤字額のGDP比の10％）の二つの部分に分かれている。ただし，この預金全体の上限はGDP比0.5％と定められている。さらに，「過剰な赤字」が2年以内に解消されない時には，預金として積んだ資金は没収されEU財政に組み込まれる。

　ただし，次のような例外もある。経済成長率がマイナス2％の「例外的に深刻な不況」を下回る不況に陥った時には3％を上回る財政赤字が許容される。また，マイナス0.75～2％の「深刻な不況」では財務相理事会の判断で財政赤字が同様に許される。ただし，「過剰な赤字」を許された場合でも，翌々年には3％以内に財政赤字を抑制しなければ「過剰な赤字」と認定され，ペナルティが課される。

第5章　EU通貨統合

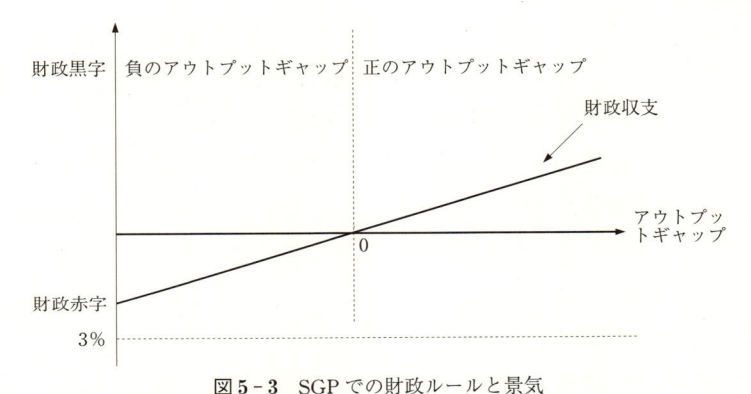

財政黒字　負のアウトプットギャップ｜正のアウトプットギャップ

　　　　　　　　　　　　　　　　　　　　　　財政収支

　　　　　　　　　　　　　　　　　　　　　　　アウトプット
　　　　　　　　　　　　　0　　　　　　　　　　ギャップ

財政赤字
3%

図5-3　SGPでの財政ルールと景気

出典：European Commission, *Public Finance in EMU 2003*, p. 95 を参考に筆者作成。

　以上のSGPでは，EU各国政府に対して厳しい財政の予算制約を求めている。この便益は，例えば「価格決定の財政理論（fiscal theory of price determination）」では政府の予算制約が緩和される（ソフトになる）ことで，インフレーションになることを指摘しており，そのことより予算制約の規律を守らせる手段が正当化される。また市場保全的財政連邦主義（market-preserving fiscal federalism）では市場が完全に統合されたもとで地方分権化が行なわれ，中央政府から地方政府への移転の禁止，経常支出のための借り入れの禁止を盛り込むと，財政は均衡に向かわざるをえず，地域的不均衡はもっぱら市場を通じてのみ行なわれる。したがって，EUにおける財政規律のルールは，各国政府の財政健全化のためには正当化される。またSGPと景気との関係を図示したのが図5-3である。それには，景気循環を横軸のアウトプットギャップで表しており，縦軸では財政収支を表している。SGPでは，負のアウトプットギャップ，すなわち景気後退が生ずると3％の下限が設けられている。したがって不況には財政赤字3％以内で対処せねばならない。一方，正のアウトプットギャップが発生したときには上限は設けられておらず，財政収支と景気との関係は非対称になっている。

　ユーロ導入後の財政の現状では必ずしもSGPが守られていない。2002年は

ポルトガルが，2003年にはフランス，ドイツがそれぞれ財政赤字対GDP比3％を超える状況となっており，SGPに抵触する見通しである。これは「深刻な不況」ではないものの，それぞれの国内経済の停滞により，失業保険給付などの拡大があったためである。したがって，例外的措置は講じられることはなく速やかに財政赤字を是正せねばならない。しかし，このような状況が望ましいのであろうか。それを次に考察する。

（2） 金融・財政政策の協調

ECBによる金融政策の枠組みとSGPによる財政政策の枠組みを組み合わせて考えてみると，両者にそれぞれ目標値が設定され，それを遵守するルールも定められており，裁量的に政策発動を行なう余地は限られている。特に金融政策は各国間の経済パフォーマンスのばらつきがみられる間は，機動的に運営することが難しい。したがって，両者を裁量的に協調して運営することは，現在の制度では難しい。ただし，目標を維持している間に裁量的運営の余地があり，それを近年の政策運営に照らして図示したのが図5-4である。これによると，1999年から2000年にかけて金融緩和から金融引き締めに，財政政策は引き締めから緩和に転換しており，両者が非協調的に運営されていたことを示唆している。2001年，2002年では金融・財政ともに緩和されており，ユーロ圏の景気後退懸念があるために，それぞれが景気に柔軟に対処していることを示唆している。

2001～02年の政策運営をどのように評価すればいいであろうか。景気後退が明らかな場合には，ユーロシステムでのルールに現在よりも柔軟性をもたせることも必要ではないだろうか。また，金融・財政両政策のある程度裁量的な政策協調も視野に入れる必要があるかもしれない。ユーロシステムが導入した経済政策ルールは，たしかにインフレ懸念が広がり，インフレが常態化していた戦後のヨーロッパ経済では有効なシステムであろう。しかし，ドイツをはじめヨーロッパの主要国でデフレーションの懸念があるような時には，従来のインフレーションを前提としたレジームをスイッチして，景気後退に対処できるよ

第 5 章　EU 通貨統合

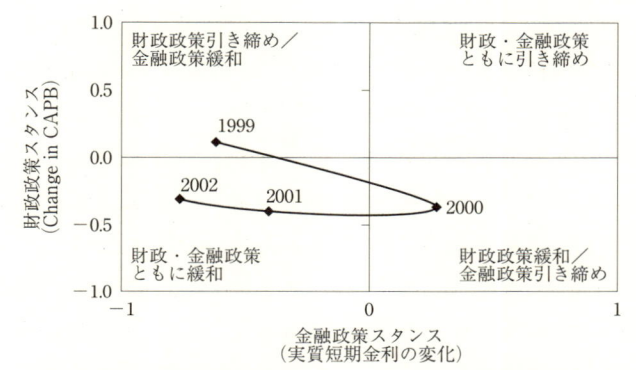

図 5-4　ユーロ圏でのポリシー・ミックス（1999〜2002年）
　　　　　——金融政策と財政政策のスタンス
出典：*Public Finance in EMU 2003*, p. 9.

うにより柔軟なシステムを構築しておくことも必要ではないだろうか。そのことが，ユーロ圏全体，あるいは EU 全体の経済に対する信認をかえって高めるのではないだろうか。

4　国際通貨としてのユーロと世界経済

（1）　国際通貨システムのなかでのユーロの位置づけ

　この節では，ユーロの対外的な側面を考察する。EU 諸国が1960年代後半の通貨統合の努力を続けてユーロを誕生させた背景には，戦後の国際通貨制度がアメリカ・ドルを中心としたもので，ドルの信認の不安定さがヨーロッパ通貨を混乱させてきたことの反省にあった。そのため，EU 域内での貿易・投資がドルに左右されないようにすることが，ユーロ導入の目的でもあった。

　ここで国際的な貿易取引や資本取引に利用される特定の国・地域の銀行におかれた銀行間預金残高が国際通貨と呼ばれる。どの国・地域の通貨が国際通貨として台頭するかには，いくつかの条件がある。簡単に述べると当該通貨の価値が安定し，かつ利便性の高い預金および金融サービスを提供できる銀行ネットワークを保有する国・地域の通貨が国際通貨として利用されたり（需要要因

による国際通貨の形成），介入義務などによる国際通貨制度の取り決めによってある特定の国の通貨が利用されたりする（供給要因による国際通貨の形成）。この条件は相対的なもので，たとえ自国に利便性の高い金融市場がなくとも，価値の安定性ゆえに国際通貨制度のなかで自国通貨が中心的な通貨となり，他国通貨が自国通貨に固定するため海外の金融市場で介入することもある。そのことが契機となり，自国通貨が国際通貨となる場合もある。

　また，国際通貨の機能として，民間レベルでの契約通貨，決済通貨，投資・資金調達通貨，銀行間レベルでの為替媒介通貨，さらには公的レベルでは平価を設定する際の基準通貨，介入通貨，準備通貨などの役割があげられる。

　以上の予備的考察をしたうえでユーロが国際通貨として適格かどうかを検討しよう。ユーロの対外的な側面は二つの次元に分けて考えられる。一つはユーロに対してペッグしている通貨との関係であり，もう一つはペッグをしていないもののユーロを国際的に利用している経済主体・国家との関係である。前者にはユーロを国内通貨として利用しているユーロ参加国，ERMⅡに参加しているデンマーク，そしてEU加盟候補国，そして旧宗主国などの関係で従来からユーロ参加国通貨にペッグしているCFAフラン諸国である。ユーロ参加国はすでに国内通貨としてユーロを利用しており，国際利用としてはすでにみなされない。第二のERMⅡは，ユーロ不参加のEU構成国がユーロに参加する条件として義務づけられた調整可能な固定レート制である。ERMⅡでペッグする通貨はユーロであり，ユーロによって介入が行なわれ，そのためユーロを外貨準備として保有する。デンマークはユーロに対して平価を設定して±2.25％でデンマーク・クローネを固定している。第三のEU加盟候補国はすでに2003年に加盟承認されており中東欧・地中海・バルト海諸国12カ国が含まれる。すでにこれらの諸国は，ユーロに対してペッグをしていたり，ユーロに基づくカレンシー・ボード制を採用していたりする。カレンシー・ボード制とは，国内通貨のほぼ全額を外貨によって裏付けて発行する制度であり，外貨と自国通貨との間では固定レートで結びつけて通貨価値を安定にするものである。したがって，これらEU加盟候補国の金融政策の自由度はほとんどなく，ユ

第5章 EUの通貨統合

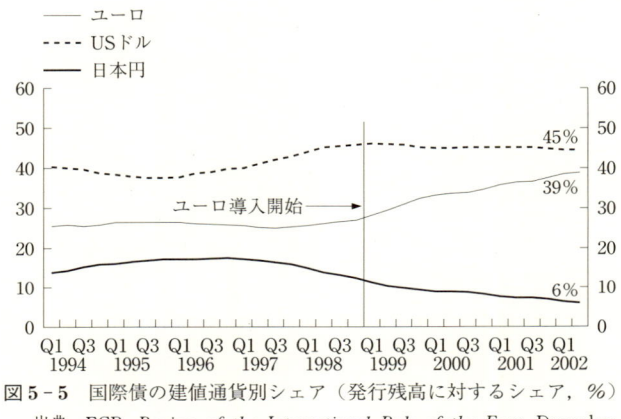

図5-5 国際債の建値通貨別シェア（発行残高に対するシェア，%）
出典：ECB, *Review of the International Role of the Euro*, December 2002, p. 16.

ーロレートに制約されている。その制約がユーロ導入のための経済収斂を促すことが期待される。これらの第一のグループでは，ユーロにペッグをすることにより，通貨当局は介入義務を負い，準備をユーロで保有する。その結果，ユーロによる貿易決済や投資がより活発になることが期待される。

　第二の関係は，ペッグではない機能でユーロを国際的に利用しているものであり，第一の関係よりもよりグローバルである。ユーロにペッグすることはないものの，国際通貨として利用する経済主体がいる。例えば，中東諸国の一部，イスラエルはバスケット通貨にペッグしており，そのバスケットの構成通貨にユーロが入っていることで対ユーロレートとの関係がある。より重要な関係は，国際通貨ドルとの関係である。ユーロが国際通貨として台頭することにより，それまで支配的であったアメリカ・ドルの機能の一部をユーロが担うのではないかとの推測がでている。貿易取引での契約通貨では，ユーロ圏との貿易関係の深い国々は先にも述べたようにユーロにペッグをしており，それ以外の国・地域であるアジアや南アメリカなどの貿易取引でユーロが利用されるかが鍵となる。現在までのところ，それらの国ではドルの利用が多く，またドルレートの変動も受けやすい地域であり，ユーロの影響は限定的である。

　一方，投資・資金調達通貨の面でのユーロの利用は伸びている。国際債の通

表 5-1 外国為替市場での通貨の利用

(単位：%)

	1992	1995	1998	2001
アメリカ・ドル	82.0	83.3	87.3	90.4
ユーロ	—	—	—	37.6
ドイツ・マルク	39.6	36.1	30.1	—
EMS 通貨ならびに ECU	55.2	59.7	52.5	—
日本円	23.4	24.1	20.2	22.7
イギリス・ポンド	13.6	9.4	11.0	13.2
スイス・フラン	8.4	7.3	7.1	6.1
スウェーデン・クローネ	1.3	0.6	0.4	2.6

注：4月の平均売買のシェア，合計＝200％。
出典：ECB, *Review of the foreign exchange market structure*, March 2003, p. 31.
原出典：BIS.

貨別シェアをみると（図5-5），通貨統合後にユーロのシェアが伸びている。ただし，ドルのシェアは不変であり，ユーロは円のシェアを奪っていることがわかる。したがって，この面でドルの地位を揺るがすほどにはなっていないものの，円の地位が低下して国際通貨の二極化がみられる。

さらに，銀行間で用いられる為替媒介通貨では，ドルの利用が圧倒的に高い（表5-1）。ユーロ導入以前の1998年と導入後の2001年の調査では連続性がないものの，EMS 通貨ならびに ECU と比べるとユーロのシェアは落ちている。これは従来，ユーロ圏では EMS 通貨が媒介していた機能をユーロで統一されたために為替媒介機能が消滅したことによる。その分を差し引いて考えると，この機能の利用は，依然ドルのシェアが高いことがわかり，現在までにユーロが比肩するには及んでいない。

以上より，現在に至るまでユーロはまだ国際通貨として有力なシェアを確保しているとはいえない。特に推測ではあるが貿易取引での第三国利用は進んでいないであろう。しかし，今後ユーロ圏が拡大し，さらにユーロシステムの信認が高まることでユーロがドルと並ぶ国際通貨として成長する可能性は否定できない。すなわち，将来には二極通貨体制が成立するかもしれない。そこで，そのような国際通貨制度の世界経済への影響を考察してみよう。

第5章　EU通貨統合

（2）　資本のグローバル化のもとで二極通貨体制

歴史的に二極通貨体制は，戦間期のポンド，ドル体制があり，その時期に資本移動がイギリス，アメリカ間で活発に動いたためにポンド・ドル・レートが不安定となり，さらには為替切り下げ競争によって国際通貨制度が不安定となったとの広い認識がある。そのため，二極通貨体制は不安定なシステムであると類推される場合がある。たしかに，理論的に対等二国の間で資本移動が完全に自由化され，双方の通貨が国際通貨であれば為替レートは非決定になりうる。それを現実に適用すれば，ユーロ・ドル二極通貨体制は不安定になる可能性がある。現在では，経済規模ではユーロ圏経済とアメリカ経済は同規模であるが，国際通貨の利用には，特定国通貨がいったん国際通貨として台頭すると，それを利用することに経済主体や経済制度が慣れてしまい，国際通貨の条件のいくつかが満たされなくとも国際通貨であり続ける「慣性の法則」や，国際通貨の利用が他の主体も国際取引で用いるという現象があれば受領し，それが他の主体にも波及するといった規模の経済の特性をもつ「ネットワーク効果」が働き，ドルの支配的地位のもとでその不安定性が回避されている。ユーロがドルのもつネットワーク効果を低下させるだけの魅力をもつ通貨に成長した後には，不安定な二極通貨体制が台頭する可能性がある。

その不安定性を抑制する方法として例えば，①二極通貨体制間での自由な資本移動を制限すること，②二極通貨間で固定レート制を採用すること，③変動レート制を維持したまま，裁量的に経済政策調整を行なうことなどが考えられよう。①は現在のグローバル化した経済行動を制約するものであるが，それは必ずしも非可逆的ではないものの，かなりの抵抗が予想される。②では為替レートの安定のために両国・地域の経済政策に制約がかけられる。前節でみたように，ユーロ圏では金融・財政政策は独自の論理でルールが課されており，為替レート安定のためにそれを潜在的に犠牲にする新たなルールを設定する合意は得られないだろう。さらに③に関しても②と同様に，政策調整には曖昧さは残るものの逆に合意できる余地も残される。したがって，政策調整が数少ない選択肢であろう。①から③の方法に共通するのは，国際通貨国の国際収支赤字

幅に対してある一定の制約をかけることである。国際通貨国は自国の通貨によって外国との決済が可能であるために，とりたてて自国の国際収支制約に配慮をしない。実際，現在のアメリカ政府がその例である。資本移動の制限であれ，為替レートの安定であれ対外的な制約を国際通貨国にかけることを通じて，経済運営の自制を求める仕組みを備えることが二極通貨体制を安定させる条件であろう。

（3） アメリカとユーロ圏との政策調整

　しかし，政策調整が行なえたとしても問題が残る。特に赤字国であるアメリカの経常収支調整を遅らせる可能性がある。たしかにユーロ圏とアメリカとの政策協調が行なわれ，金利協調，為替レートの安定が行なわれたとすれば，資本移動の激化による不安定性は回避されよう。その一方で，アメリカの経常収支赤字の是正を遅らせるかもしれない。投資家にとって，ユーロ圏は財政赤字抑制や物価安定の事実上のルールが設定されていることにより，財政赤字拡大やインフレリスクが急激に高まり国債価格が暴落するリスクは低い。一方，アメリカはそのようなシステムが内在されていないため，そのリスクは相対的に高い。政策協調の枠組みができれば，ユーロ圏から公的資金が流出することによってアメリカの国債価格下落リスクを軽減することになる。そのことによって，アメリカ国債下落によるアメリカ経済の後退，そして世界経済の需要低下を回避する便益と，アメリカ政府が自ら赤字調整を行なう誘因を疎外するいわゆるモラル・ハザードが生ずる費用が生ずる。いずれにせよ，経常収支赤字国である大国アメリカの調整誘因をいかに引き出すことができるのかが問題である。今後の世界経済安定は，世界最大規模のユーロ圏経済とアメリカ経済の両地域での政策調整に依存することになるだろう。

参 考 文 献

岩田健治編『ユーロとEUの金融システム』日本経済評論社, 2003年。
内田勝敏・清水貞俊編『EU経済論』ミネルヴァ書房, 2001年。
欧州中央銀行著, 小谷野俊夫・立脇和夫訳『欧州中央銀行の金融政策』東洋経済新報社, 2002年。
大谷聡・藤木裕「21世紀の国際通貨制度──展望」『金融研究』日本銀行金融研究所, 第21巻第4号, 2002年。
尾上修吾編『新版 国際金融論』ミネルヴァ書房, 2003年。
久保広正『欧州統合論』勁草書房, 2003年。
島崎久彌『欧州通貨統合の政治経済学』日本経済評論社, 1997年。
島野卓爾『欧州通貨統合の経済分析』有斐閣, 1996年。
田中素香編『EMS──欧州通貨統合の焦点』有斐閣, 1996年。
─────・長部重安・久保広正・岩田健治『現代ヨーロッパ経済』有斐閣, 2001年。
Buti, M., and A. Sapir eds., *Economic Policy in EMU, A study by the European Commission Services*, Clarendon Press, Oxford, 1998.
De Grauwe, P., *Economics of Monetary Union, Fourth Edition*, Oxford University Press, 2000.
Howarth, D., and P. Loedel, *The European Central Bank, The New European Leviathan?* Palgrave Macmillan, Basingstoke, 2003.

（髙屋定美）

第6章

ヨーロッパ金融市場

要約

　本章ではヨーロッパ，特にユーロ圏の金融市場が変化し，発展してきた過程を扱う。
　まず第1節では債券市場・株式市場，すなわち金融資本市場の変化について検討する。さらに市場を支える証券取引所などの戦略が，ユーロ圏における金融市場間の競争につながっていることを述べる。
　第2節では銀行業務について述べる。さらに変化に対応するため銀行が採った戦略がいくつかに分類されることを示す。
　第3節では2004年から開始されるEU拡大に先駆けて，EU加盟を予定する中東欧各国の金融市場が変化しつつあることを示す。

1　債券市場と株式市場

（1）　債券市場の変化

　金融は一般に，企業が資本市場を通じて投資家から資金調達を行なう直接金融と，銀行による仲介により資金を調達する間接金融に分けられる。
　本節では前者，すなわち投資家が企業に投資を行なう場である，債券市場と株式市場がどのように変化してきたか，という点について検討する。
　まず債券市場についてみると第一に，1999年のユーロ誕生以前からすでに，欧州債券市場の中心である国債市場において，各国国債の金利差の縮小，すなわち収斂（コンバージェンス）が進展していたことが特筆される。この点は，金融政策が一つになったため，EMU参加国のインフレ率を始めとする経済の実

表6-1 ユーロ圏とアメリカの金融構造（対GDP比%）

	ユーロ圏	フランス	ドイツ	イタリア	スペイン	アメリカ
銀行総資産	181	180	195	122	144	99
企業部門への銀行貸出	45.2	37.2	39.8	49.8	43.1	12.6
企業部門による社債発行額	3.6	7.6	0.7	1	4.4	25.7
株式時価総額	90	111	72	66	77	193

出典：Eurosystem, BIS, 国際証券取引所連合。

体が同質化してきたことを背景としていた。欧州の債券市場では従来から，発行体が各国政府自身である国債が全体に占める割合が，企業の発行する社債と比較して高く，債券市場の中心となっている（表6-1）。すでに1996年頃には，イタリアなどの南欧の国も含めた「拡大EMU」が実現する可能性が高まり，これら高いインフレ率が低下し，国債の金利が低下（すなわち債券価格は上昇）するのではないかという期待が生まれたため，こうした高金利国の債券を買う「コンバージェンス取引」が行なわれ，その結果としてヨーロッパ各国の国債利回り格差が縮小するという現象が進んだ。

しかし一方で，99年のEMU開始後も，各国の国債市場は一つにはならずそのまま存続し，各国債の金利体系も完全には一つにならなかった。

発行体としての各国の信用力，すなわちソブリンリスクに対する市場による評価の差が，国債の金利格差に反映されたためである。

この時EMU参加国のソブリンリスクの判断基準として，市場は財政に対する規律を重視したといえる。そこで通貨統合開始後の，参加国の財政の規律について定めた「安定成長協定」の実効性が問題となる。同協定については，制裁措置の発動までに時間がかかる一方，その時々の景気状況により裁量的な運用が行なわれてしまうのではないか，との懸念が当初から生じていた。

実際には，ユーロ圏内の景気動向の悪化から，2002年には独仏共に安定成長協定が定める対GDP比3％以内という規定を超えて，財政赤字が拡大した。このため各国間の債券金利の収斂は進まず，むしろ緩やかな拡大傾向にあり，「安定成長協定」の実効性自体に対する疑問が生じている。

第二の変化は社債市場の発達である。1999年のユーロ誕生当初は，既述のよ

表 6-2 ユーロ圏債券の発行主体

(単位:百万ユーロ)

	2000年	2001年	2002年	2003年
政府機関	3,149	350	1,105	8,467
国際機関	50	0	5,250	200
中央政府	58,743	63,818	67,512	84,231
地方政府	1,220	632	6,358	3,850
金融機関	22,451	30,351	24,300	34,110
ファントブリーフ等	24,521	7,524	14,698	28,546
資産担保証券	1,011	6,598	4,572	4,815
社　債	7,250	18,985	20,000	12,181
合　計	118,395	128,258	143,795	176,400

出典:欧州委員会(各年5月の発行額を比較)。

うに国債の発行額が減少することから,企業が社債を発行する余地が拡大するのではないか,という期待が生まれた。

投資家の側から見ても,ユーロ圏内の債券に対する投資については為替リスクがなくなるため,自国内にかぎらず,投資対象をより広い範囲に拡大する動きがみられた。このため国債と比較すれば信用力の低い,欧州企業が発行する社債への投資が拡大した。

以上のような発展をふまえ,2003年5月欧州中央銀行により発表されたレポート「ユーロ圏の金融システム,統合と政策のイニシアティブ」においても,ユーロ導入がもたらした「最もダイナミックな市場の変化は,社債市場の発達だった」としている。

さらに以上のような国債と社債に加え,欧州投資銀行(EIB),ドイツの抵当証券(ジャンボ・ファントブリーフ)など,信用力の高い発行者による発行が行なわれたことも,債券市場の拡大に貢献した(表6-2)。

(2) 株式市場の変化

株式売買についても債券と同様,1999年1月からEMU圏内の取引は原則としてユーロで行なわれるようになった。「ビッグバン・アプローチ」と呼ばれる。したがって国境を越えた株式投資であっても,ユーロ圏であれば為替リス

表6-3 ユーロ圏株式市場の時価総額

(単位：10億ユーロ)

ユーロネクスト	2,070
ドイツ	1,204
スペイン	526
フィンランド	214
ギリシア	94
イタリア	92
アイルランド	85
ポルトガル	52
オーストリア	28
ルクセンブルク	27

出典：国際証券取引所連合，ECB。

クがなくなった。このため，株式市場の規模自体の拡大と合わせ，株式投資の運用方法は，国別から産業セクター別中心に変わるということが期待された（表6-3）。しかし実際ユーロが誕生してみると，このようないわば「投資運用のユーロ圏内のグローバル化」は，当初の想定よりも緩やかに進んできた。その背景には，①投資家の間に，自国の投資対象を選好するという「ホームバイアス」が強かったこと，②このような運用の成果を示し，投資判断の根拠となる株式指標（インデックス）データの蓄積が十分でなかったことがある。後者は時間の経過とともに解決する問題であり，ユーロ導入から数年が経過した現在，ユーロ圏内のグローバル運用は徐々に浸透してきたと評価されよう。

（3） 株式インデックスの開発競争とデリバティブ取引

以上のように，欧州全体の株式市場が一体化して発展すると，このような株式市場全体の価格変動リスクをヘッジすることが必要になる。

このためユーロ圏共通の株式指数を開発し，この指標に基づいた先物・オプションなどのデリバティブ金融商品が開発され，後述するような市場間の競争の激化につながった。具体的には，ドイツとスイスの証券取引所がダウ・ジョーンズ社と協力し設立したデリバティブ取引所「ユーレックス」，イギリスの金融市場シティにおける金融技術を活用し，汎欧州の株式指標「EUROTOP100」を開発したイギリスのLIFFE（当時）などである。

（4） 証券取引所の提携と市場の収斂

市場で取引される証券取引を定型化し，市場参加者からみて，契約したものの履行されないリスク，すなわちカウンターパーティーリスクを負わない形で

提供する役割を担っているのが，証券取引所である。

　ユーロ誕生当時は，欧州が全体としてアメリカの証券市場に対抗しなければならないと考えられていた。投資家を中心とする市場参加者の立場から見れば，市場全体がより大きな一つの市場に収斂することは，投資家にとっての利便性，さらには公正な価格形成の観点から望ましいことである。このような収斂の過程で，個別にみれば欧州と取扱商品の共通化や，相互乗り入れが進み，共通の基盤が徐々に形成されるなかで，差別化を図るという意味の競争が始まった。

　まず共通通貨ユーロのスタートを前に，証券市場を中心とした欧州の金融市場の収斂が急展開した。ドイツを中心とする大陸欧州の証券取引所が，現物・先物双方において急速にロンドンを追い上げたが，1998年5月のEMU参加国決定時前後に，この動きが加速した。

　その後1998年7月，ドイツ・フランクフルトとイギリス・ロンドンの証券取引所が，将来の取引システムの統合も含めた包括的な提携に入ることを発表した。提携の背景については，「アメリカの証券取引所に対抗するため」といった対外的な側面と同時に，ユーロ未導入国でありながら，欧州の証券取引所としての地位を維持しようとするイギリス証券取引所と，EMUを契機として大陸の地方証券取引所から汎欧州の証券取引所に脱皮しようとするドイツ証券取引所の思惑が一致した面がある。

　しかしその後，両取引所の思惑は一致せず，提携・統合交渉は不成立に終わった。どちらの取引システムを採用するか，といった点について対立が深まった点が影響したとされる。

　同時に北欧・スウェーデンとデンマーク証券取引所の連合体であるOMグループが，このような統合の動きに呑み込まれることを恐れ，上記交渉中にロンドン証券取引所に敵対的買収を仕掛けたことも影響していた。

　このような機会をとらえフランス証券取引所は，2001年10月，パリ，アムステルダム，ブリュッセルと提携の枠組みである「ユーロネクスト」が共通取引システムを導入した（図6-1）。

　従来フランス証券取引所は，今回の独・英証券取引所の提携が従来の独仏を

```
アムステルダム    ブリュッセル    リスボン     パリ
  公式市場       第一市場      公式市場    第一市場
  新市場        第二市場      第二市場    第二市場
              第三市場      新市場     新市場
                                  (ヌーボーマルシェ)

         ユーロネクストへの上場
      第一部    第二部    ヌーボーマルシェ
```

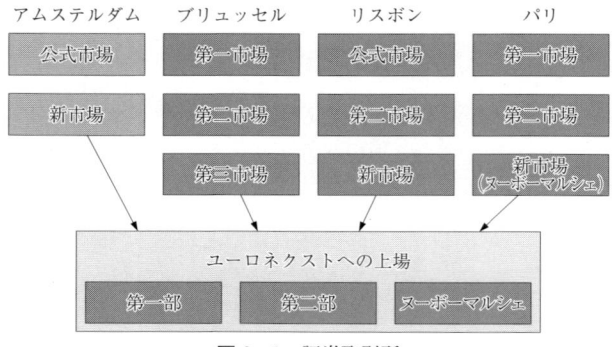

図 6-1　証券取引所

中心とした構想に取って代わり，自国が欧州の取引所連合のなかで「脇役」になってしまうのではないかとの危惧を抱いていた。

そこで，フランスの証券取引システムを使用しているベルギー証券取引所を含む，他の欧州証券取引所との提携の可能性を探っていた。

以上のように考えると，ユーロ導入前から続いていた欧州の証券取引所をめぐる提携競争は，紆余曲折を経て，ユーロネクストを中心とした形に収束しつつあると考えられる。ユーロネクストの成功の理由は，中心となる取引所があえてパリ証券取引所という名称にこだわらず提携の枠組みとしてユーロネクストを設立したことにみられるような柔軟性にあったとも言われている（表6-3）。

（5）　先物取引所の提携

以上，債券・株式の現物市場について，証券取引所の提携と，市場の収斂の状況について見てきた。次にデリバティブ市場について，まず組織面で，先物取引所の統合について，次いで商品面で，株式指数先物をめぐる商品開発競争を中心に述べることにしたい。

これまで述べた現物取引についての証券取引所の提携は，証券先物取引所の提携の動きを一層加速するであろう点が注目される。現物取引とデリバティブ取引は表裏一体であり，利用者の利便性という観点からみれば，多くの国で証

券取引所の共通システム上に先物取引所などのシステムをする仕組みが形成されつつあることが理由として挙げられる。

このような電子化による攻勢を受け，98年5月，ロンドン国際金融先物取引所（LIFFE）は，従来の取引所内における取引方式から，電子取引を並行して稼動させることを決定した。しかしその後，システム投資のための社内リストラ策が経営陣の刷新につながり，計画具体化の行方が注目されてきた。

先物市場において競争が続くなか，2001年10月，先に述べたように現物市場の覇権を握りつつあるユーロネクストが，LIFFEの買収を発表し，現在に至っている。このため今後は，ユーロネクストグループに属するLIFFEと，ドイツのユーロネクストを中心とする二大グループの競争という構図が続くものと思われる。

（6） ベンチャー株式市場の低迷

次に，ベンチャー株式市場の動向についても，以上のような株式やデリバティブに関する証券取引所の動きと同様であるため，ここで述べる。

すなわち，ベンチャー市場では，フランスのヌーボーマルシェ，ドイツのノイエマルクト，オランダのニューマルクトの間で提携・システムのリンクについての検討が，「ユーロ・ヌーボーマルシェ構想」の形で進展しており，より規模の大きな企業を対象とする汎欧州のベンチャー市場である，EASDAC（エスダック）に対し優勢に立ってきた。

さらに98年半ばになり，「ユーロ・ヌーボーマルシェ」と，汎ヨーロッパの店頭市場EASDAQの提携の動きが表面化した。この背景には，そもそも小規模の地場企業を幅広く取り込んだヌーボーマルシェグループに対し，EASDAQはヨーロッパレベルで活動する，より大きな企業をターゲットとしていたが当初思惑通りの企業を集めることができず，結果として両者の対象企業が重なってきたことがあろう。

これまでのベンチャー市場の活況は，欧州株式市場全体が好調だったことに支えられてきた部分が大きいと思われる。収益性の高い優良企業の株式を市場

の流動性としてどれだけ確保できるか，投資者の中心である国内の個人投資家が，どこまでリスクの高いベンチャー市場の株式を保有するか，バイオ・ソフト開発など，新しい企業の技術・資産，ひいては収益性を評価するノウハウをもつベンチャーキャピタルが育つかどうかといった点が課題となった。

しかしその後，2000年春のアメリカナスダック証券市場の下落を契機としてIT・ベンチャーブームが去り，欧米ベンチャー市場も低迷が始まった。

こうしたなか，汎欧州のベンチャー市場を目指していたEASDAQは，アメリカNASDAQに買収され，NASDAQ — EUROPEとなった。ユーロヌーボーマルシェの枠組みは存続しているものの，市況は低迷している。

以上のように，ユーロの登場を一つの契機として，共通のインフラ基盤に立ち，組織の効率性と商品の開発力を競うグローバルな競争が続いているといえる。

2　銀行業務と銀行の戦略

（1）　為替・資金のディーリング取引

本節では，ヨーロッパにおける銀行業務，特に通貨との関係が深い為替・資金業務と，金融市場における銀行の戦略について検討する。

まず銀行業務のなかで，ユーロの為替取引は，主として銀行間（インターバンク）でホールセールの取引として行なわれるディーリング業務と，一般企業・個人の顧客との外国為替・送金業務に分けて考えることができる。ここでは，前者について考えたい。後者については，「リテール業務」の部分で触れる。為替ディーリング取引についてみると，市場規模ではシティは全世界の取引の約30％を占めるのに対し，フランクフルトでは約5％，パリでは4％弱を扱っているにすぎず，シティの方がより市場の流動性に厚みがあることから，「ユーロ」導入後においても，相対的に有利となることが期待された。さらに，自国通貨と既往の欧州通貨との間の取引が各市場の取引全体に占める割合は，シティでは約4％にすぎないのに対して，フランクフルトでは約15％，パリで

は約25％にも上っており，シティは「ユーロ」の登場により打撃を受けにくいと思われた。加えてシティは，これまでに蓄積された金融ノウハウおよびインフラと英語をもっており，現在では，シティは，金融市場としての自らの優位性に自信を深めている。ただ，より長期的には，ユーロ通貨圏が現在の個別の欧州通貨より強大な通貨となり，徐々に国際的な信認を得るに従って，USドルや円などとの為替取引量は次第に増加していくものと考えられる。

債券や株式取引と異なり，為替業務では，ビッグバン・アプローチは取られず，当初契約された通貨で決済が行なわれることになる。ただし当事者間で合意がなされた場合は，ユーロによる決済も可能である。

反対に，99年1月のユーロが誕生前であっても，ユーロの為替先物取引を行なったり，98年末にECUがユーロに対して1：1に固定されたことから，その前にECUの為替売買を行なうことにより，実質的にユーロの取引を行なうのと同様の効果を得ることが可能となった。

次にユーロの資金貸借を銀行間で行なう資金取引が，欧州のどの市場で発達するのだろうか。この点を考えるためには，まず共通通貨ユーロの資金決済の方法を考えることが必要であろう。

後述のように，民間金融機関が，例えばフランクフルトにユーロの資金決済拠点を集中すると，ユーロの流動性が蓄積されることから，ユーロの資金取引を行なう市場，すなわちマネーマーケットが自ずとフランクフルトに形成される可能性があろう。したがって，ロンドンでは証券の引受・ディーリング，為替取引などが，フランクフルトでは資金取引が行なわれる，という棲み分けが進む可能性もある。しかし一方，ロンドンでこのような投資銀行業務が活発に行なわれれば，取引実行の前後で流動性に対する需要，供給が発生し，こちらに流動性が集まってくる可能性もあろう。

次にユーロの資金決済方法については，従来から3つのルートが検討されている。

第一は，欧州中央銀行（ECB）が運営する即時グロス決済システム（RTGS）のネットワークシステムTARGETを利用する方法である。通貨統合当初か

らECBが運営管理するTARGETにより，各国中央銀行が管理する国内の資金決済システムが互いに接続され，全体として，個別取引ごとに決済を行なう安全性の高い即時グロス決済システムが構築されている。現在TARGETへの接続に向け，各国の中央銀行が中心となり，国内資金決済システムの即時グロス決済化を順調に進めている状況である。例えばフランスは，検討を97年9月に完了させた。即時グロス決済とは取引の決済を，日締決済時点などを待つことなくその都度行なう方式であり，安全性は高いが利用者のコストは割高である。

　第二に，現状のECU決済システムを拡張・発展させたユーロの資金決済システムが，ユーロ銀行協会（EBA）やドイツ連銀によって開発された。これはネット日締決済の方式によっており，一日の日締時点におけるネット金額が決済される。したがって安全性は即時グロス決済より低いが，コストもより低い。現在EBAは，欧州中央銀行ないし各国中央銀行から流動性の供与を受ける仕組みを具体化した。

　第三に，シティバンクのような米銀をはじめとする民間金融機関が，フランクフルトなどにユーロの資金決済拠点を集中しようとする動きがある。これらの国際的な金融機関は，欧州の各国間にもつ自行の回線ネットワークを利用して，顧客の資金決済についてもサービスを提供しようとしている。

　以上のようにみていくと，ユーロの資金決済については，各金融機関ないし顧客が，自らの判断に基いて，取引の金額・重要性により，TARGETによる大口決済と，それ以外の方法による小口決済とに使い分けていく，と考えられる。

　2003年5月に発表された既述のECBレポートも，「通貨統合によりペイメントシステムの統合は進展した」と評価している。

（2）　銀行の戦略

　次に，銀行が実際にユーロに対して採ってきた戦略を大きくこの2つに分類して検討したい。

第6章 ヨーロッパ金融市場

　第一に，共通通貨ユーロ誕生という外的環境の変化を収益機会ととらえ，新たな業務分野に進出するか，すでに進出していた業務分野における自行のシェアを上げることにより，収益拡大をしようとする金融機関が取る戦略である。これを積極戦略と呼ぶことにする。

　第二に，ユーロ誕生後も，既存の業務ないし既存の市場シェアを維持するコスト支出の最小化を目標とし，必要となるコストや将来的に発生するであろうリスクを最小限に留めようとする消極戦略ないし防衛戦略である。

　しばしば銀行は，顧客層に応じた金融取引の内容により，大企業との大口取引や市場関連業務が中心となるホールセールバンクと，中小企業や個人との取引が中心となるリテールバンクに分類される。上記戦略との関連で言えば，ホールセールバンクは積極戦略，リテールバンクは消極戦略ないし防衛戦略を採ったと言うことはできよう。

　なお会計・税務制度や金融監督者への当局報告の内容変更に伴うシステム対応などは，投資が必要となり，コストが発生するものの，特に2002年1月に開始されたユーロの現金流通開始に当たり，実行されなくては行なわれなくてはならないことだった。したがってどちらの戦略を取ろうと最低限，対応が必要となる業務である。この点については，別途「中小の地域金融機関」の部分でまとめて記述することにする。

　次に具体論として，各々の戦略を取るのはどのような金融機関か，その主体を地域別・規模別に分け，実例をふまえながら考えることにしたい。さらにそのうえで，それら各分類の金融機関がどのような業務を行なっており，その業務がユーロの登場によりどのように変貌を遂げていくのか，について検討する。

　最後に，これら金融業務の変化が金融市場全体の変化，市場間の比較に与える影響をとらえることとしたい。

（3） 対ユーロ積極戦略とホールセール銀行業務

　積極戦略を取る第一のグループは，欧州のグローバルバンクである。ここで言うグローバルバンクとはさらに，2つのカテゴリーに分けられる。1つは，

自国において最大ないしそれに匹敵する規模をもつ金融機関であり，自国における厚い収益基盤をもつ一方で，国外においてグローバルなビジネスを展開する金融機関である。自国において厚い収益基盤をもちながら，利ざやが薄く且つ変動の激しい投資銀行業務に代表されるグローバルビジネスを展開することになる。ドイツのドイチェバンク，フランスのソシエテ・ジェネラル，BNPパリバが代表例である。もう１つのカテゴリーは，国外のグローバルビジネスを自らの中心業務と考え，そこに注力する戦略である。ABNアムロ，INGグループといったオランダの金融グループ，クレディスイスをはじめとするスイスの大手銀行，国内の金融市場の規模が小さいことから，同様の戦略を取っていると考えられ，このカテゴリーに含めることができるだろう。

　これらのグローバルバンクは，トップマネジメントがユーロ対応を，グループ戦略の最重要手段として位置付け，早くからグループ内にプロジェクト・チームを結成する等，人的・物的資源を投入してきた。

　ただし，2000年春のアメリカナスダック市場の下落を契機とし，アメリカを中心に株式市場が低迷していることから，このような積極戦略を慎重にせざるを得ない方向に働いていることは否定できない。

（４）　地域に特化し顧客基盤の確保を図るスーパー・リージョナルバンク
① イギリス・スカンジナビアの金融機関

　スーパー・リージョナルバンクとはここでは，一国あるいは数カ国の市場において，伝統的な銀行業務，特に地元優良企業に対する，貸出を中心とするコーポレートバンキングで，支配的なシェアを維持し得る金融機関と定義しよう。

　その１つのカテゴリーであるといえる，イギリスの大手銀行は，以上のように対ユーロで積極戦略を取る大陸欧州のグローバルバンクに対して対照的な動きを見せている。すなわち，97年11月には，ナットウェスト銀行が，97年12月にはバークレイズ銀行が，相次いで投資銀行部門の一部売却を決定したのである。

　この背景には，これら二行は，リテールの厚い収益基盤をもっている，とい

うことがある。すなわち，株主の立場から見て自己資本収益率（ROE）を比較すると，安定して高い収益率を維持しているリテール部門に対し，収益の変動が激しく，平均して見ても収益率の低い投資銀行部門からは撤退するべきである，という判断になる。そして実際株主からそのような圧力があり，この部門からの撤退が決定されたと言われている。

　以上と同様の戦略を取るのが，スーパーリージョナルバンクの第二のカテゴリーといえる，スカンジナビアの大手金融機関である。

　スカンジナビアの大手金融機関が1980年代後半，金融自由化を背景に行なった不動産向け融資などの多くが，1990年代前半に不良債権化した。このため大手各行の経営が悪化し，公的資金が導入された。しかしその後業績は回復し，再び民営化される過程で，業務効率化を目指した統廃合が行なわれた。98年1月，フィンランド最大の銀行メリタバンクと，スウェーデン第三の銀行ノルドバンケンが合併し，メリタ・ノルトバンケンが誕生した。同行の戦略は，欧州域内でグローバルバンクの攻勢が強まるなか，スカンジナビア・バルト諸国における，伝統的なコーポレートバンキング，リテールバンキングのシェアを維持する点にあった。この方針に基いて，その後同行は2001年9月ノルデアグループに改組され，デンマークやノルウェーにも業務基盤を築いた。

② ユーロを業務拡大の好機ととらえるアメリカの金融機関

　これまで，積極戦略を取る欧州の金融機関の戦略と業務分野についてみてきた。積極戦略を取る第二のグループは，アメリカの証券会社とグローバルバンクである。ゴールドマンサックス，メリルリンチといったアメリカの証券会社は，欧州大陸のグローバルバンクと同様，早期からEMUを契機とした欧州の債券市場の拡大を見通し，投資銀行業務に注力する戦略を取っている。欧州系グローバルバンクとの違いは，信用リスク評価の手法に優れている点であろう。すなわち，域内の為替リスクがなくなるなか，投資家が一定の収益を維持しようとすると，リスクと収益は表裏一体であるため，信用リスクを中心とする他の種類のリスクを取らざるを得なくなり，具体的には社債などを購入することになる。ここで信用リスクを評価する手法と，実際に評価を行なう人材が必要

となり，これらの点で従来から優れている，アメリカの金融機関が有利となった。

（5） 積極戦略・消極戦略に二局分解する中小の地域金融機関

一方リテール業務については，そもそも90年代の市場統合時にも予想されたほどの整理淘汰は行なわれなかった。さらに当初，2002年1月までにユーロ建て取引に移行すればよいとされていたこともあり，各国内の中小金融機関が，ユーロの登場により大きな影響を受けるという見方は少なかった。

しかし結局，2002年の現金開始以降も，これらの整理・統合が進んだとは言えない状況にある。むしろ顧客密着型の中小金融機関は，ユーロに関する様々な情報やノウハウを個人客にもわかりやすい形で提供することにより，顧客囲い込みの手段としようとする戦略も窺える。中小の地域金融機関は，ユーロを顧客囲い込みの好機として積極戦略を取るケースと，税務申告や当局報告のため必要とされない限り，特段の対応を行なおうとしないケースに分かれた。

（6） リテール業務の変貌

以下，リテール業務の内容と，ユーロがこれに与える影響について考えたい。ここで注意しなければならないのは，ホールセール業務・リテール業務とは，業務の内容であり，大手金融機関と，地域金融機関という，市場の範囲の差であるという点である。したがってリテール業務は，大手金融機関と，地域金融機関の両方が行なっている。

リテール取引のなかでは，EMU域内の外国為替が消滅することから，為替手数料の大幅減収になるということが言われてきた。特に，対外送金取引が通常の国内送金となることも，銀行にとっては減収要因となる。また98年4月，EU委員会は既存通貨からユーロへの交換について，金融機関は為替手数料を徴収すべきでない，との勧告を行なっている。

こうしたなか，欧州の中小金融機関のなかには，ユーロが個人の資産・運用に関するノウハウを提供することによって，顧客の囲い込みを図ろうとする動

きと，ユーロ対応を最小限のものとし，ユーロへの移行にかかるコストを最小限にしようとする動きに分かれた，と言えるだろう。

（7） リテール業務に与える影響

個人・中小企業を対象とする預金業務など，小口取引（リテール業務）については，市場統合時には当初予想されたほど，金融機関の整理淘汰は行なわれなかった。通貨統合の影響についても，リテール業務については1999年ではなく，ユーロに完全移行する2002年までに対応すれば良いとされたこともあり，ホールセール業務ほど大きな影響を受けたとはいえない。

しかし，大手銀行は，ホールセール業務に特化する訳ではなく，リテール業務の厚い収益基盤に注目している。今後中長期的に見て，このような大手金融機関による，リテール業務を含んだ形の欧州域内のM&Aが，これまで進捗しなかった中小金融機関も含んだ整理再編を加速する可能性があるのではないか。

以上のような金融市場の変化は，欧州の民間金融機関の経営にどのような影響を与えるだろうか。結論としては，通貨統合により，欧州の金融機関の整理・統合は，2000年代後半も引き続き，進展することになろう。中小の金融機関についても，これとの関連により，ある程度の整理統合が進むことになろう。

（8） 投資銀行業務への注力

投資銀行業務はさらに，収益獲得の方法により，自らがリスクを取ることにより収益を上げる部分と，リスクを取らずに手数料収入による部分とに分かれる。前者はハイリスク・ハイリターンな業務であり，毎期の収益の変動が激しいのに対し，後者は収益性は低いが，毎期の収益は安定している。例えば，事業会社の証券発行のケースで言えば，発行された証券の一部を自ら一旦引受ける場合は前者に当たり，後者は市場の投資家への売買を斡旋し，手数料収入を得る場合である。

このような投資銀行業務を中心とするホールセール業務は，金融機関・機関投資家など，プロフェッショナルな市場参加者の間で取引が行なわれる。した

がって，99年1月の統合開始時から，取引はすべてユーロ建てで行なわれた。「ビッグバン・アプローチ」と呼ばれるものである。このようなユーロ建て金融取引を行なうことを前提として，すでに市場のルール作りが進んでいる。

(9) 市場慣行の収斂を進めた欧州委員会・英中銀（BOE）

これまで見てきたように，ユーロの誕生を先取りした金融取引の拡大により，金融市場のインフラ整備を進展する必要性が高まることになる。従来，金融市場のインフラ整備についての検討は，主にブラッセルにおいて欧州委員会，欧州銀行協会・証券取引所連合などを中心に民間の金融機関により，ロンドンにおいては英中銀（BOE）と自主規制機関などを中心に，民間金融機関と専門家が加わり行なわれてきた。

今後は各々の検討結果に基づき実現しつつある，金融制度の枠組みや金融商品が，市場の参加者により，利便性の観点から比較検討され，利用されていくことになろう。この結果，ひいては大陸欧州・イギリス双方を含んだ金融インフラが形成されることが期待される。

EUレベルでは，民間の参加を求め，その意見を集約する検討グループがユーロ導入前から活動していた。さらに2000年7月の欧州委員会報告に基づき，ラムファルシー前EMI総裁が率いる「ラムファルシーグループ」により，金融監督につき，「効率的な監督」という考え方が打ち出された。

一方イギリスについては，2003年6月，イギリス政府が自ら設定した参加条件に照らして，「ユーロ導入を2006年以降に延期する」と表明したことが，シティの金融ビジネスにどのような影響を与え，さらに英中銀と民間金融機関がこれにどう対応していくか，という点が注目される。

前節で述べたように，証券取引所間の競争においてフランスのユーロネクストが実質的に勝利を納めていることが市場間競争の議論にどのような影響を与えるかという点も注目される。

3 EU拡大と金融市場

　以上検討してきたユーロが金融市場に与えた影響とは時間軸が異なり，これから現実となっていく。このため，本節では，以上の記述の内容をふまえて，今後のEU拡大が影響を受けるか，という現在及び将来についての記述を中心とする。

　以下，中東欧の金融市場への影響を考えるうえでは，ハンガリー，チェコ，ポーランドといった第一グループと，それ以外の国々とを分けて考える必要があろう。

　第一に，中・東欧の国債市場が問題となる。EUに参加するだけの政治・経済・社会のインフラをどこまで備えているか，により，個別国ごとの交渉の進捗状況が次第に開いていく可能性がある。この場合，ハンガリー・ポーランドなど，先行する国のソブリンリスクについての市場の評価は，EU平均のそれに徐々に接近していくことになろう。

　第二に，株式市場に関しては，ユーロ圏内で述べた証券取引所の提携・統合との関係が問題となる。

　中・東欧の証券取引所との間では，従来ウィーン証券取引所がこれらと提携を進めることに積極的だった。こうしたなか，今回の独・英証券所の提携を機に，ユーロランド内の中核となる取引所と提携しようという動きが出てきた。例えばプラハおよびブダペスト両証券取引所は，独・英証券取引所との提携に積極的である。一方ワルシャワは，システム面を重視し，パリとの提携関係をもっている。

　最後に，中東欧の銀行セクターを考えるうえで有意義な尺度となるのは，外国銀行がどれだけ進出しているか，という点である。社会主義国であった時期，中東欧諸国の銀行は国営が原則であり，そのために非効率だった金融セクターが効率化したかどうかを判断するうえでは，成功例とされるハンガリーにみられるように，90年代，銀行の民営化に成功すると同時に，ドイツ・フランス・

表6-4　中東欧の上位銀行

	国	資産額(10億ユーロ)	資産額シェア(%)
1 クレディットバンク	ベルギー	24.3	11.3
2 バンクオーストリア/クレディットアンシュタルト	オーストリア	24.6	10
3 エルステバンク	オーストリア	20.4	9.5
4 ユニクレディト	イタリア	18.1	8.4
5 シティバンク	アメリカ	14.9	6.9
6 ソシエテジェネラル	フランス	14.7	6.8
7 ING	オランダ	12.4	5.8
8 ライファイゼン	オーストリア	11.1	5.2
9 イタリア商業銀行	イタリア	9.9	4.6
10 コメルツ銀行	ドイツ	7.8	3.6

出典：バンクオーストリア，ECB。

　オーストリアなど，外国金融機関の効率的な経営手法を取りいれることができたかどうかが重要だ，と考えられるためである（表6-4）。

　金融セクター全体でみて，中東欧において証券市場はいまだ未熟であることからも，銀行セクターの効率性は重要である。

　以上のように，中東欧の金融部門が，証券・銀行の両面で効率化に成功してはじめて，ユーロ圏と中東欧を含めた欧州全体の金融市場の深化と拡大が両立し，厚みに富むと同時に効率的な金融市場が形成される途が開かれると言えるだろう。

□　□　□　□　□

■参考文献

内海孚編『ユーロと日本経済』東洋経済新報社，1998年。
久保広正『欧州統合論』勁草書房，2003年。
田中素香編『ユーロとEUの金融システム』東洋経済新報社，2003年。
林秀毅「資本の論理，欧州に浸透」（「経済教室」）『日本経済新聞』1998年3月18日。
Philipp Hartmann, Angela Maddaloni and Simone Manganelli, *The Euroarea Financial System: Structure, Integration and Policy Initiatives*, ECB Working Paper No. 230, 2003.

なおユーロ導入前の金融市場の変化については主に『欧州通貨統合と金融・資本市場の変貌』日本評論社，1998年，の自著部分に，最近の変化については上記以外のECBのワーキングペーパー，諸レポートにも依拠した。

（林　秀毅）

第 **7** 章

EU 社会保障制度の改革

要　約

　EU 全体として単一の社会保障制度があるわけではなく，整合化，収れん，調和のメカニズムを通した加盟国の社会保障制度の集合が EU の社会保障制度である。持続可能な経済成長と高水準の雇用に整合する社会保障制度を実現し，高水準な保障提供の維持が EU の課題となる。少子高齢化の進行で，給付負担が増加し，社会保障財政が破たんの危機に直面したことが制度改革の動きにつながった。改革の主な目標は，勤労の重視を織り込んだ社会保障制度改正であり，安全で持続可能な年金制度の実現，つまり積立方式の推進と年金民営化であった。男女格差是正に加え，働きたい人ができる形で働き，社会の一員として活動するという，社会的統合（包摂）が奨励された。医療制度では，医療の質と持続可能性の確保のための改革が促進された。EU 拡大後の，構造改革に適応する社会保障制度の改革としては，市場・通貨統合で見せたように，EU レベルの調整機能を発揮して，加盟国と協力した制度改革の推進が期待される。

1　EU 社会保障制度の定義

　EU（欧州連合）は，21世紀を迎え，中東欧などへの加盟国の拡大とともに，欧州憲法条約や欧州大統領制の設立草案といった EU 制度面の深化に直面している。経済面でも先端技術を織り込んだ知識基盤型社会への変革を長期目標としている。こうした環境において EU の社会保障制度はいかなる改革を行なっているのか，これが本章のテーマである。第 1 節は EU の社会保障制度の定義である。第 2 節以降が EU 社会保障制度改革の内容説明である。

（1） EU社会保障制度の全体像

社会保障制度は，一定以上の生活を確保できるように必要な場合に社会が支援しようという仕組みである。EUで「社会保護（Social protection）」といわれる広義の社会保障制度は，本人などが現金を拠出し（保険料を支払い），それをもとに保障を受ける「社会保険」を中心とする狭義の社会保障（Social security）と，「公的扶助」，「社会サービス」・「社会手当」，付帯的な「税制上の恩典」から構成される。このうち，公的扶助は，拠出を必要とせずに一定の基準により提供される。すなわち，貧困に陥り，その国での最低生活を確保できない人に対する「貧困に対するセーフティネット（安全網）」としての保障である。社会的に排除され，貧困にある人々に対しては，公的扶助を含む，社会や労働に対する参加を支援する広い社会的統合（包摂）措置が用意されている。公費をもとにした最低限所得制度も設定されている。社会保険と公的扶助の中間形態としては社会サービスと社会手当があり，税財源による，より普遍的な現物給付と現金給付を行なうものである。税制上の優遇は税控除という形で行なう保障である。これが大きくみた社会保護であるが，EU各国ごとに，例えば社会扶助（social assistance）がこの公的扶助と社会手当をまとめて指すものか，逆に公的扶助の一部を指すものかなどについて，その内容，範囲には大きな差がみられる。

社会保障制度は，現金給付やサービスを提供する現物給付と，そのための資金を調達する財政という2つの面をもつ（給付の機能別分類は図7-1参照）。財政は受給者や雇用主（事業主）の拠出，国などの税や補助金などの公的助成，社会保障制度が持つ資産からの収入からなる。

（2） 社会保障制度の経済的機能

社会保障には，社会保険によるか，公的扶助によるか，また，民間の制度あるいは公的制度で運営するかの選択がある。強制加入の社会保険には，EUの競争政策上も公的当局の独占的地位の濫用に当たるリスクがあるが，正当と見なされるのは，「逆選択」の問題への対応だからである。逆選択とは不完全な

第7章　EU社会保障制度の改革

	給　付													財　政			
														被保険者拠出	雇用主拠出	国庫公費負担	資産収入
出　生児　童		出産給付		医療疾病給付	障害給付												
		児童育児給付	家族給付														
若年者就職労働年齢「15歳(または20歳)～64歳」	勤労					職業病労災給付		失業給付	住宅給付	社会的排除関連社会保障	最低限所得制度						
高齢者		介護									早期退職制度						
退職年齢										老齢年金							
死　亡遺　族											遺族年金						

図7-1　EUの社会保障制度

注：EUの社会保障制度では，労働と連帯がキーワードといえる。15歳（または20歳）から64歳までの労働年齢を中心に，労働に参加することで，富を生産し，その富で自分や家族の生活を現在と将来にわたって保障することが基本である。しかし，本人や家族や市民が一時的または永続的に労働できない事情にあるとき，連帯で社会保障制度によって支えることになる。給付の機能別分類を人生に当てはめると，出産給付から始まり，遺族年金に終わる。貧困者には公費による生活保護もある。財政は受給者や雇用主の拠出，公的助成，社会保障制度がもつ資産からの収入からなっている。

出典：筆者作成。

　情報しかもたない保険会社が平均的な保険料を設定すると，事前に自分の健康状態が悪いことを知っている人ほど医療保険加入を選択する結果，その分保険料が高くなり，病気になる確率の低い人が加入しなくなって民間保険では成立しなくなるリスクである。ただし，社会保険や年金で所得減少のリスクが補償されていると，加入後にリスクを避ける努力や貯蓄を怠るおそれがある。こうした加入者の事後的変化に関する情報は保険当局などに完全には伝わらないので，結果として過大な給付の支給や貯蓄不足や保険料の上昇につながるという，「モラルハザード」の問題がある。公的扶助は，貧困を条件とした扶助基準に基づく公費負担の給付であり，そこでは受給資格を「ミーンズ・テスト（資力調査）」や「インカム・テスト（所得調査）」で選別している。老齢年金は，一面で従前所得の保障と見なされるので，老齢が不可避なものとして現役世代に

依存する形の世代を超えた拠出でまかなうか，または自ら現役時代に拠出して貯めておくかの対応となる。前者が賦課方式であり，後者が積立方式である。

社会保障の経済的機能は，①最低生活保障，②所得再分配，③資本蓄積といわれる。最低生活保障機能は，貧困化を防ぐ「防貧機能」を社会保険が担い，貧困になってからはじめて援助する「救貧機能」は公的扶助が果たしている。先進諸国であるEUでは，社会保険は貧困化防止と同時に，「生活安定機能」も果たしているといえる。異なった起源をもつ社会保険と公的扶助が統合されて，現在のEUの社会保障制度となっている。

EU加盟国ごとに制度の有無，条件の違いはあるが，EUの社会保障制度は労働を基本に出生から死亡まで一生をカバーし，労働者のみならずすべての人を対象として，相対的に高い生活水準の維持と連帯による安全網としての最低限の生活保障を担っている。

（3） EU社会保障制度の規模と特徴

EUの社会保障費の規模は，1人当たりでは年間約5800ユーロ（1999年，購買力平価〔各国の為替レートや物価水準の差を調整した金額〕ベース）である。社会保障費合計の対GDP（国内総生産）比率は，EU全体の平均で27.5%であるが，同比率が高い国は，社会保障制度が充実しているスウェーデン，デンマークや，GDPが大きいフランス，ドイツである。逆にギリシア，スペイン，アイルランド，ポルトガル（周縁4カ国）は低い率にとどまっている。機能別構成比でみると，EU全体で老齢・遺族年金が44.0%と最大の支出項目である。同項目についても国別のばらつきがあって，イタリアでは構成比の61.8%を占めている。（図7-2参照）。

次にその特徴を概観してみよう。EUでは単一の社会保障制度があるわけではなく，加盟国の社会保障制度の集合がEUの社会保障制度といえる。EU社会保障制度は，EUレベルと加盟国レベルの二重構造になっているが，その関係は次のように要約できる。第一に，社会保障制度の給付と財政の設計と実施は，基本的に「加盟国の権限と責任」となっている。これは受給者である市民

第7章 EU社会保障制度の改革

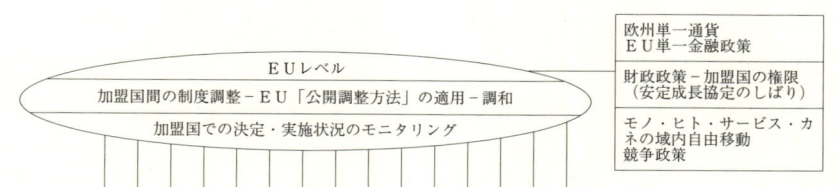

```
            EUレベル
    加盟国間の制度調整－EU「公開調整方法」の適用－調和
         加盟国での決定・実施状況のモニタリング
```

- 欧州単一通貨
- EU単一金融政策
- 財政政策－加盟国の権限（安定成長協定のしばり）
- モノ・ヒト・サービス・カネの域内自由移動
- 競争政策

加盟国																
各国の社会保障制度の設計と財政はその加盟国の権限と責任である。――制度の決定権と実施権																
1999年 機能別構成比	ベルギー	デンマーク	ドイツ	ギリシア	スペイン	フランス	アイルランド	イタリア	ルクセンブルク	オランダ	オーストリア	ポルトガル	フィンランド	スウェーデン	イギリス	EU平均
医療・疾病	22.9	19.0	27.1	23.9	28.3	26.8	38.4	22.8	24.3	27.1	25.8	29.2	22.4	24.9	23.8	25.6
障害	8.5	11.8	7.5	6.1	7.6	5.6	4.8	6.0	13.9	11.1	8.5	10.5	13.8	11.5	9.6	7.9
老齢・遺族	40.2	37.0	40.6	49.0	44.9	41.9	24.0	61.8	40.1	36.7	45.9	38.1	34.2	38.9	44.2	44.0
家族・児童	8.5	12.7	10.1	7.4	2.0	9.3	12.4	3.5	15.0	4.0	10.0	4.5	12.5	10.4	8.5	8.1
失業	11.3	10.8	7.1	5.5	12.5	7.0	10.6	2.1	2.4	5.8	5.2	3.3	11.0	8.0	3.1	6.2
住宅	0.0	0.4	0.6	3.0	1.2	3.0	3.3	0.0	0.3	1.4	0.3	0.0	1.5	2.3	5.8	2.1
社会的排除	2.1	3.6	1.9	1.9	0.7	1.4	1.9	0.1	0.8	5.4	1.2	1.5	2.0	2.5	0.9	1.6
管理費	4.1	2.8	3.4	3.2	2.4	4.0	4.5	2.6	2.4	4.6	1.9	3.7	2.6	1.6	3.3	3.3
その他	2.4	0.0	1.6	0.0	0.4	1.1	0.1	0.9	0.8	3.8	1.1	9.7	0.0	0.0	0.8	1.3
社会保護支出計	100.0	100.0	100.0	100.0	100.0	100.0	100.0	100.0	100.0	100.0	100.0	100.0	100.0	100.0	100.0	100.0
対GDP支出比率(%)	28.2	29.4	29.6	25.5	20.0	30.3	14.7	25.3	21.9	28.1	28.6	22.9	26.7	32.9	26.6	27.5

図7-2　EU加盟国の社会保障制度

注：各国ごとに機能別構成比を集計すると、原表の構成比合計と小数点以下の異同がある場合がある。
出典：Social protection in Europe 2001, social security and social integration, European Commission, 2002.11, p.56. Table2 より作成。

に近い，国や地方や市町村が実態把握と実施の面で中心となり，加盟国レベルで十分に達成できず，EUレベルの方がよく達成できるもののみEUレベルで行なうという役割分担を定めた「補完性原理」によるものである。また公的社会保障制度の財源が多く税財源によるところから，加盟国権限である国の一般財政とも深く関連することによるものでもある。第二に，EUレベルでは，主に加盟国の社会保障制度の調整（整合化）と実績のモニタリングを行なうのである。ここで「調整あるいは整合化（co-ordination）」とは，各国の国内法令には修正を加えず，その間の相違は残したまま，どの国の法令を適用するかのルールを明確にすることである。社会保障制度に関するEU法令は，加盟国の社会保障法令に代替するものではない。制度が，その時々の国政の反映や歴史的反映であるだけに，細かい部分での制度の相違も大きい。そこでEUレベルにおいて共通する法令や規則を作り，加盟国の制度を定める法令を修正させ

る「調和（harmonization）」に乗せるのは困難といえる。第三に，労働者などのEU域内自由移動については，複雑なEU規則（第1408／71号と第574／72号）と欧州司法裁判所の判例が，主として社会保険を中心とする社会保障制度の整合化を支えている。さらに，市場・経済・通貨統合の進むなか，他の分野のEU政策が社会保障制度にも影響を与える。1992年市場統合を機に，加盟国の政策を導く共通目標をEUレベルのイニシアティブで設定するという「目的の収れん」の概念で社会保障の調和への動きは進展を示した。域内給付面では，医療サービスで最新の治療を求めて，EU域内で自由に他国での診療を受ける場合に，その費用負担をどの国の制度でどの程度までみるかが問題となる。財政面では，加盟国財政もユーロ導入の収れん条件で，「国の財政赤字を対GDP比の3％以内，公的債務残高を対GDP比の60％以内に収める」という財政規律が義務づけられた。さらに「安定成長協定」で財政均衡を図っていくという枠組みが決まったことから，社会保障財政も合理化を強いられる。ここに社会保障をどのような形で確保できるかという，いっそうの改革の課題がある。そこでEUレベルの調整の枠組みの強化が重要となり，社会保障分野に，2000年3月のリスボン特別欧州理事会で設けられた「公開調整方法（open method of co-ordination）」が適用された。これは，EUレベルのガイドラインの決定，ベンチマーク指標の設定，EUガイドラインに基づく加盟国の特定目標の設定と措置の実施，加盟国政策の定期的モニタリングと他の加盟国との比較見直し（peer review）からなる制度である。しかし，社会保障に関するEUレベルの調和に対しては，ニース条約で閣僚理事会の業務範囲は拡大されたが，採択には加盟国の全会一致を必要とするなど，依然として加盟国の慎重な対応がうかがわれる。

2　EU社会保障の変革

　高水準な社会保障の提供を維持することがEUの課題である。EU社会保障の変革を，欧州委員会報告「欧州における社会保護2001年」（'Social protection in Europe 2001, Social security and social integration', European Commission, 2002.11）によってみてみよう。EUは1990年代に様々な理事会勧告や欧州委員会通達を通じ，EU社会保障の近代化戦略を模索してきた。1999年7月14日付の「社会保障近代化の協調戦略」に関する欧州委員会通達のポイントは，そのEU社会保障が，第一に，貧困に対するセーフティーネット，つまり公的扶助であるとともに，特に高齢者の繁栄と経済的自立の基盤になるものとされた。第二に，労働市場における適応性を増加させ，家庭や社会における男女格差（ジェンダー）の変化に適応させ，労働者の域内自由移動に対応させることを必要とした。第三には，社会保障制度は経済的負担ではなく，生産要素として認識され，経済パフォーマンスにプラスの影響をもつ改善策と位置づけられたことである。また，「協調戦略」の目標は，①勤労の重視，具体的には働くことが給付を受けるよりも手取り所得の増加をもたらすようにすること，②安全な年金と持続可能な年金制度の実現，つまり積立方式の推進と年金民営化，③働きたい人ができる形で働き，社会の一員として活動するという，社会的統合（包摂）の奨励，および男女平等の促進，④医療の質と持続可能性の確保のための制度見直しである。

（1） 勤労の重視

EUの社会保障制度の背景には，そもそも勤労の重視という点がある。モノ・サービスの生産過程において労働力の供給を確保し，その労働の対価が世帯でみた労働者の豊かさの源泉となる。しかし疾病や傷害や失業でその労働力の提供が不可能な場合，治療や介護や職業紹介を提供し，就労を確保する制度が社会全体の厚生に寄与する。こうして，勤労により経済成長を実現することが生存を確保し，豊かな生活を提供するのであり，勤労による豊かさが現在および将来の社会保障給付の原資となる拠出や税負担を可能にするとともに，社会保障制度の給付の発動を低下させるのである。

1990年代前半の不況時における失業増加を機に，失業給付による失業者に対する所得保障という消極的支援から，失業者への求職支援と雇用可能性の増進，

職業訓練の促進という積極的な労働・社会政策へのシフトがみられた。これは失業者を現役労働者に転換させる活性化措置の活用であり，「社会保障制度からの離脱」を円滑に行なえる自立メカニズムの奨励である。

積極的支援策の第一は，既存の給付制度・税制の変更である。例えば，給付制度を職業安定所で提供される求職機会と結びつけ，求職者の個別ニーズに合わせて行なうカウンセリングである。この給付と求職機会の提供の連関は，失業者に具体的な求職努力を強いるものである。教育・技能訓練は，知識基盤型社会の到来を展望し，労働者の雇用可能性を強化する措置であった。積極的支援策の第二は，その雇用可能性強化策の費用対効果の改善であり，第三には高齢労働者の労働市場への引留め策の実施があった。

（2） 勤労を条件とした給付と税制上の措置

多くのEU加盟国では，公的扶助の直接的な削減よりも，勤労収入の実質的な増加策を行なうことで，扶助対象となる失業者の減少が図られている。勤労しても，受給が手取り所得より大きければ，労働インセンティブが働かない。そこで所得再分配効果と労働供給促進効果をもつ，勤労を条件とした給付（in-work benefit）や税制（in-work tax credit）が採用された。これは，失業から勤労への移行を促進するもので，低賃金やパートタイムの仕事であっても就職した場合，一定期間，勤労収入と給付の部分的併給を可能にするものである。イギリスでは1999年に子供をもつ低所得世帯を対象とする勤労世帯税額控除（working families tax credit）に制度変更された結果，新制度の受給者数が130万人に増加した。これは十分な給付を受けることで就労意欲が阻害され，失業が解消されない「失業の罠」や，勤労収入の増加により給付の減額となって就労意欲がそがれ，結局貧困にとどまる「貧困の罠」を防ぐ措置であった。

（3） 労働力率の向上策

EUでは，加盟国の拡大を除き，域内での人口増は望めない。したがって雇用増には労働力率の向上が決め手といえる。労働市場への高齢者残留と出産・

育児後の女性の労働市場への再参入がその方策となる。高齢者対策は1980年代の高齢者の早期退職勧奨の反動である。当時，若年者失業対策の一環として企業によって高齢労働者の早期退職勧奨とその補充としての若年者採用が行なわれた。これは年金を法定退職年齢以前に早期退職制度の一部として受けとるもので，いわば国の年金給付の前倒しで，企業の合理化を図る結果となった。その結果，年金財政を圧迫したことから，現在では高齢者の企業残留年齢の5歳引き上げがEUのリスボン戦略の目標となっている。女性の労働市場再参入としては，勤労形態の多様化を背景とした女性の雇用促進が図られている。

3　EU 公的扶助制度の改革

（1）　社会的統合

　社会的統合（包摂）は，社会から排除されないように予防し，排除されている人を社会に組み込むようにする政策であり，社会の一員として認め，その活動を許すことである。したがって，社会的統合政策は単に公的扶助による救貧策を超える労働政策，社会保障，教育政策，社会政策を含む総合的な政策対応である。社会的統合を必要とする状況は，貧困と社会的排除から生まれる。その原因は多々あり，失業，老齢，疾病，障害，出産などの伝統的な社会保障制度の対象となっていたものから，悪条件での雇用という労働政策に関係するもの，落ちこぼれのような早期退学という教育政策に関係するもの，その他に移民とか人種差別，差別，ジェンダーの不平等，ホームレス，麻薬中毒，アルコール中毒といった文化，歴史，言語といった多面的な社会環境に関係するものまである。EUでは金銭的には貧乏だとはいえない人でも，電話，自動車，テレビといった先進国の生活様式に組み込まれたものが剥奪されたとき貧困（deprivation）と感じられるという，相対的貧困という「新しい貧困」があり，これへの対応が重要である。

(2) 社会的統合の奨励

　社会的弱者に対する排除は昔から存在していたが、近年、労働市場における高技能労働者への需要シフト、知識基盤型社会と情報通信技術（ICT）の急速な進展、福祉制度・住宅・食生活の改善や医療の充実による少子高齢化に伴う老齢依存率の上昇、EU 域内・外からの移民増加による人種的、文化的、宗教上の多様性の拡大、シングル・ペアレントの増加という家族構成や共稼ぎの普及による家計構造の変化が起こり、こうした社会構造の変化に対応した EU の社会的統合政策が進められている。社会保障は前記のように所得再分配効果をもつが、現状の EU 社会保障制度のもとで（各国の等価国民家計所得〔世帯構成の差を調整した家計所得〕の中央値の60％未満——EU 平均で年間所得約7010ユーロ〔1998年〕〔購買力平価ベース〕未満——にあると定義された）貧困家庭は、1998年に6800万人いて、その半数が3年連続して貧困状態にある。これは EU 人口の18％に当たるが、もし社会保障の再分配効果がなければ、老齢年金があっても EU 人口の26％が貧困状態に陥っていたはずといわれる。

(3) 社会参加や就労支援つきの生活保護

　公的扶助は拠出なしで給付を受けられるので、その保護する水準は市民の最低生活水準に限られる。安易に制度に依存するモラルハザードを避けるためにも、ミーンズ・テスト（資力調査）を受ける必要がある。ただし、公的扶助制度の欠点として、スティグマの存在が指摘される。これは、貧困の烙印を押されるということで、申請・審査の過程での扱いや公的扶助受給家庭であるというレッテルは、受給者や家族の尊厳を損ない、むしろ適用申請を行なわないことにつながる。本当は救済を必要とするときに、その対象者が外れてしまうおそれがあるという欠点である。貧困と選別されたとの烙印は、社会的に排除されたという感覚に結びつき、社会的参加、統合に向かう感情を育成しないものであった。そこで、EU では、積極的な公的扶助が目指されている。ただし、それは将来の労働復帰や社会参加への努力を給付の条件とするという意味での積極的な措置である。

（4） 最低限所得制度

EUの代表的な社会活動への復帰を目的とした包括的な無拠出の一般扶助制度は，フランスの「参入最低限所得制度（Revenu Minimum d'Insertion）」（都留，2000）である。貧困を給付の条件とした何らかのこうした無拠出の公的一般扶助制度は，現在ギリシアを除くEU14カ国すべてにある。フランスの参入最低限所得制度では，最低限所得基準額と，受給資格者の世帯収入の差額を埋める，最低限所得手当を受けるとともに，市町村と受給者が参入契約を結ぶことで社会参入（insertion）の支援が受けられるのである。参入形態は広範な社会活動の実施や就労であるが，受給者がこの参入契約を遵守しないと上記の公的扶助が支給停止され，登録抹消されるという制裁がなされる。資格審査の際のミーンズ・テストは，実態上ほとんど機能しないような弾力的適用がなされているともいわれる。最低限所得基準は，勤労の法定最低賃金を下回って設定されていて，就労インセンティブを損なわないようになっている。

4　EU年金改革

（1） 年金制度の3本柱と3方式

EUの年金制度は，加盟国における公的年金制度，企業年金方式，個人年金方式の3本柱からなり，その組合せや年金給付・財政の方式は加盟国の責任で決定される。EUの年金方式には，確定給付型賦課方式，確定拠出型積立方式，概念上の確定拠出型賦課方式の3方式がある。

年金給付には，退職時の本人やそれ以降の現役世代の賃金，物価変動を基準に計算する年金給付額を定め，それに合わせて拠出を調整する確定給付型（給付建て）と，現役時代に支払う拠出額を決め，その運用実績に基づいて退職後の年金給付を調整する確定拠出型（拠出建て，掛金建て）の2つの方式がある。前者は，年金債務に対する年金資産の不足分を雇用主などの拠出者が補てんする方式で，受給者は所定の給付を受けることができる。後者は，雇用主や国などは拠出時点で所定の拠出を行なえば，その後の年金資産積立不足のリスクは

すべて受給者が負う方式である。年金財政には，賦課方式と積立方式とがある。前者は現役世代が支払う拠出でその時点の年金受給者に対する給付をまかなうものであり，世代間の水平的所得再分配効果をもつ。後者は本人が現役時代の所得を積み立て，退職後の自分の給付にあてるもので，時間的所得再分配といえる。

（2）　給付と拠出の均衡を図る年金方式の改革

　EUでは様々な方法で，年金財政不足の予測に見合うように，将来の年金債務を充足できるべく，持続可能な年金への改革を図っている。第一には，EUレベルで，確定拠出型積立方式の導入を積極的に推進していることである。EUではもともと公的年金（第一の柱）が中心であり，確定給付型賦課方式が一般的であった。そのため，少子高齢化と戦後のベビーブーム世代の退職時期が重なって，老齢依存率（労働年齢にある現役と65歳以上の高齢者の比率）の上昇があると，少数の現役で多数の年金受給者を支えることになり，現役世代や雇用主への負担加重となる。ユーロスタット（EU統計局）の人口予測では，EUの老齢依存率は2000年の24％から2050年の49％にほぼ倍増する。そこで，徴税権で担保された公的年金の補完として，第二（企業年金）・第三（個人年金）の柱による積立資金の民間運用が奨励される。その場合には，運用成績と資金の安全性確保が重要となる。また，移行期の拠出世代は賦課と積立と二重の負担を負うという問題がある。年金財源不足は公共部門の資産売却でまかなうことも行なわれた。アイルランドでは，国有電話会社の売却で，ベルギーやフランスでは第三世代移動通信システム（UMTS）の免許収入で不足額がまかなわれた。

　第二は，年金財政に合わせて年金債務を限定することである。将来の入手可能な財政に見合って年金給付の伸びを抑制するもので，例えば年金給付のスライド制を維持しつつ，スライドの基準を集権的中央交渉で高くなる傾向のある賃金とするよりは，より低いインフレ率を基準とする物価スライド制を採用するという方法である。この場合，年金の実質価値は維持されるが，現役労働者

との比較では年金受給者の所得を相対的に減少させる調整効果をもつ。

　年金改革の第三の型として1999年に導入されたスウェーデン方式がある。これは抜本的制度改革であり、年金の一階部分に、概念上の確定拠出型賦課方式を導入した。将来の年金給付額を約定する確定給付型から、拠出時点での拠出額で確定する確定拠出型に移行する一方、財政は現役労働者が退職労働者を養う賦課方式を維持する。賦課方式であるので、拠出は実際に積立てられず、退職者の給付に充当される。一方、概念上の拠出額が拠出者の個人年金勘定に記帳され、あたかも拠出を市場で運用したかのような、事実上、賃金上昇率に相当する見なし運用益をつけ、拠出額と見なし運用益の合計額で拠出者の将来の給付額を決定する。二階部分には積立方式の強制加入年金を設け、三階部分を企業年金にするという構成になった。概念上の確定拠出型賦課方式では、拠出率を固定したうえで毎年の年金資産と年金債務を計算し、均衡するように、かりに少子高齢化や経済成長の停滞などで、現役世代の拠出額が受給世代の給付額に足りなくなる場合には、給付額を自動的に引き下げるのである。年金債務を拠出建てで確定し、これに財政の賦課方式を組み合わせ、不足する部分は給付で調整する自動財政均衡メカニズムがスウェーデン方式の特徴である。毎年の給付額は見なし運用益込みの拠出合計を平均余命で割って算出されるので、退職時期は受給者の受取る給付総額に対して中立的に働き、早期退職のインセンティブが働きづらい。しかし、現役世代の少子化がさらに進み、老齢依存率が著増したりすると、年金資産が不足して、自動財政均衡メカニズムで給付額が極端なまでに減少する結果、年金制度自体が魅力を失い、制度の実効性を欠く危険は残っている。また、スウェーデンでは、一定以下の給付に対しては税金で補足する方式も採り入れ、最低限の年金保障を確保させた。概念上の確定拠出型賦課方式はイタリアにも導入された。（表7-1参照）

（3）　早期退職制度の見直し

　EUの高齢者の雇用率は、2000年で55歳～64歳の労働年齢にある高齢者については、男性が47.5％、女性は28％と低いものである。これは1980年代から進

表7-1　EU加盟国における公的年金制度の概観

	法定退職年齢		スライド制	1998年 GDP 対比 公的年金(％)[1]	1996年 GDP 対比 年金基金資産(％)[2]
	男性	女性			
ベルギー	65	61	物価	9.5	4.1
デンマーク	67[7]	67	賃金	11.8	75
ドイツ	65	60[3]	純賃金	12.4[4]	5.8
ギリシア	55/65[5]	55/60	賃金	12.1	12.7
スペイン	65	65	物価	9.6	3.8
フランス	60	60	物価	12.7	5.6
アイルランド	65/66	65/66	自由裁量	3.0	45.0
イタリア	65	60	物価[9]	14.2	3.0
ルクセンブルク	65	65	賃金／物価	10.6	19.7
オランダ	65	65	賃金／物価	5.0	87.3
オーストリア	65	60	純賃金	15.0	1.2
ポルトガル	65	65	自由裁量	9.8	9.9
フィンランド	65	65	賃金／物価	11.5	40.8
スウェーデン	65[6]	65	その他[8]	11.1	32.6
イギリス	65	60	物価	5.3	74.7

注：(1) 公的年金支出の定義はかならずしも同一ではない。したがって厳密には比較できない。アイルランドについては計数は社会保険拠出金合計。
(2) 政府当局提供のデンマークを除き、出所は OECD。国によってはこれらの基金が通常は公的年金制度の一部でないものもある。
(3) （ドイツ）2005年時点では65歳に延長予定。
(4) （ドイツ）一般法定・特別公務員体制。
(5) （ギリシア）公的部門：女子についても同様。
(6) （スウェーデン）退職年齢は61歳以上で柔軟なもの。制度は拠出建てで、追加勤続年数に応じて年金受給額が増える。最低保証年金（the guarantee pension）は65歳になる必要がある。
(7) （デンマーク）2004年時点では65歳に引き下げ。
(8) （スウェーデン）概念上の確定拠出型賦課方式のスライド制は、過去3年間の平均実質所得上昇率に過去1年間の物価上昇率を加えた1人当たり平均名目所得上昇率による。これは基準上昇率との調整を設定した同国制度の前倒し効果などを考えると、1人当たり平均賃金上昇率に当たる。なお、積立年金に資本市場の運用金利が付くのに対し、これは経済成長を反映した賃金上昇率にスライドすることになる。
(9) （イタリア）概念上の確定拠出型賦課方式のスライド制は GDP 成長率による。
出典：'The contribution of public finances to growth and employment: improving quality and sustainability', "European Economy", January 2001, No1, Suplement, Economic trends, p. 31, より作成（注(1)〜(7)は原注）。

められた早期退職勧奨制度の成功を反映している。しかし潜在的な人的資源の浪費と年金財政逼迫の改善のために，2001年3月のストックホルム欧州理事会で2010年までに55～64歳の人の雇用率を50%に引き上げる目標を設定した。このために早期退職インセンティブの削減と勤労継続のインセンティブの増加が加盟国でなされている。

例えば，ドイツの年金制度は1992年以降，96年，99年，2001年と継続して改革が行なわれた。92年以前の改革は一定の条件で65歳以前の支給も可能とする年金支給開始年齢の早期化を許容するものであったが，それ以降は原則一律65歳支給開始に戻そうとする改革であった。2001年の改革は2030年に26%になると予測された拠出率を公的年金の給付引き下げによって22%に抑制することが目的とされた。2002年には70%である所得代替率（年金給付額／現役労働者の手取り収入）を段階的に2030年に67%程度に引き下げるものである。

この給付引き下げを補完する施策が，2002年から導入された，任意加入の確定拠出型積立方式による補足的老後保障制度（Riester Rente）である。これは国の補助金や税制上の優遇つきの老後貯蓄制度であり，企業年金や個人年金の形を取る。国の補助金や税制上の優遇の適格条件として，60歳以前の受給や老後貯蓄制度の一括払いは認められないという制約がついている。現在の確定給付型賦課方式の公的年金を補う制度の導入ではあるが，そこには早期退職を思いとどまらせようとする仕組みが盛り込まれているのである。

5 EU医療・介護・家族保障制度の改革

（1） 医療制度

医療制度は，疾病の治療と予防のために医師の診察，看護師の看護，病院の手術，検査，医薬品の投与などの医療サービスとそのための現金を提供する制度である。医療サービスの提供という現物給付と疾病にかかわる所得保障という現金給付がある。現物給付には，いったん患者が立替支払をした後，保障制度で償還されるものも含まれる。給付の財源は，医療保険に対する拠出として

受給者や雇用主が支払う場合と，税財源による場合と，両者の組合せとがある。
　医療制度の設計と実施も加盟国の権限範囲であるが，EU レベルの医療制度の長期目標は，2002年3月のバルセロナ欧州理事会で，①所得や資産にかかわりなく，すべての人に普遍的な医療アクセスの提供，②高水準の品質の医療の提供，③医療制度の財政の持続可能性の維持，と決定された。こうした長期目標を念頭に，EU 加盟国は，医療費削減ではなく，市場メカニズムも使った「資源利用の効率化」と，提供する治療・介護の「費用対効果の向上」とで対応しようとしている。

（2）　普遍的な医療アクセス（利用）権
　すべての EU 加盟国で，自国内に居住するすべての人に普遍的に医療を利用する権利が法律的には認められている。しかし，実際には社会保険でも，税財源の医療制度でも，治療費の金額か，治療方法の適用範囲が限定される結果，EU 平均で医療費の20〜30％が家計負担になっている。医療費の公的負担削減方法には，医療制度の対象となる適格な治療法をあらかじめリストにするとか，症例群に合わせた固定的な診察・治療料とか，実費に合わせた立替分の償還限度を設けるとかがある。つまり，アクセス権はあっても患者負担を要求する制度であれば，実際には社会的に脆弱なグループが費用負担を忌避し，結果として適切な医療の利用を妨げるリスクがある。この問題は2001年12月のラーケン欧州理事会においても社会的統合の一環として取り上げられた。

（3）　医療における質の確保
　医療の質に関しては3つの基準がある。第一は「構造の品質基準」で，医療サービスにおける組織，つまり設備と医療従事者のレベルや労働条件が対象となる。第二は「プロセスの品質基準」で，医療サービスの運営とどんな治療行為がどのように行なわれるかを測るものである。第三は「結果の品質基準」で，特定の治療行為の結果を，長期生存率や合併症の有無などをみることにより，医療サービスの質を測るものである。

結果の品質基準は微妙な分野で，データの量や信頼性の不足に加え，医療従事者の中核的能力にかかわる分野への政府介入という，医師会（専門家集団）と地方当局と中央政府の間に存在する政治的難しさを含んでいるとされる。

（4） 医療における財政の持続可能性

医療の効率化と実効性の改善方法としては，過剰でない適切な治療を行ない，財政負担を見直し，医療サービスの効率化を図っている。

① 医療の需給における価格・数量抑制策

供給面では，治療の適正化として，医療結果の改善に効果があると思われる範囲を超えた，医薬品や医療サービスの過剰消費の管理がある。医療保険協定で薬価を設定し，ブランド医薬品よりも同じような効き目が期待できる無印医薬品（ジェネリック薬品）の使用を勧めるという供給価格抑制策がある。

需要面では，専門医による特定の高度医療の実施には一般開業医（かかりつけの医師）の紹介を必要とするという医療サービスへの適正な制限がある。

② 消費者にコストをシフトすることによる抑制策

これは，患者の医療費一部負担を行ない，医療保障制度の財政負担を公的財政から個人の家計に直接転嫁するものである。医療に対する消費者の需要を抑制し，間接的にも公的支出を引き下げる効果を狙っている。無料診療と有料診療の査定を行ない，治療の選択は自由だが，そのうち制度で負担するものには上限をおくという，いわば出口での選別である。

③ 資源の効果的利用促進による抑制策

財政面の資源配分については，出来高払いではなく，類似した疾病をまとめて分類し，その分類に応じて定額の診療報酬を支払う症例群による支払（case-mix）や，実績評価などを利用した形で行なわれる国がある。ベルギーでは，全国的医療情報・財政情報のデータベースが構築され，医薬品の消費とコスト，病院滞在日数などの情報を利用できるようになった。これは600の異なるタイプの病理によってグループ分けされた比較データで，開業医が他の医師とのコスト比較をできるようにするものである。

（5）　医療サービスの責任の分権化

　医療提供の効率性を増やすやり方として，EUにおける各レベルでの能力配分の見直しである。ギリシア，イタリアなどでは，地方，市町村レベルへの医療サービスの責任の分権化が行なわれた。場合によって，個々の病院や一般開業医への責任委譲も含むものである。これは，患者に一番近い医療現場に責任を委譲し，そのニーズと医療給付の調整が適切に，迅速に，効率的に行なわれるようにするためのものである。

（6）　介　護

　高齢者介護の必要性は，近年になってEUの社会保障制度のニーズとして特に認識されてきた。介護は，日常生活で他人の援助に依存する人々に対して移動や買い物の手伝い，食事，洗濯などの世話といった幅広い支援をするものである。EU15カ国における80歳以上の高齢者の数は2000年の約1400万人から2050年に3800万人に増加すると予測される。これまで，介護は高齢者に対する医療制度や社会サービスとして多くのEU加盟国で対応されてきたが，要介護者と医療費の増大から別個の対処が必要となっていた。

　EUでは，介護は，1995年に施行されたドイツの介護保険法をはじめとして，オーストリア，ルクセンブルクなどで社会保障制度に含まれており，北欧3カ国では状況に応じて社会サービスの形で提供されてきた。もともと，多くの国では高齢者と障害者に対する介護は家族が中心となり，介護の提供と財政は本人や家族が責任をもち，こうした家族支援がない場合のみ，公的支援を得られるものであった。

　介護は必ずしも医療技能を必要としない。したがってこれまでは親族，特に配偶者によって主に提供され，いわば非公式の介護の形式で支えられてきた。しかし，女性の労働参加やシングル・ペアレントの増加という家族構成と家計構造の変化は，家庭における女性による非公式の無償介護の継続を難しくした。加えて要介護者の増加もあって，専門職による施設介護に重点が移らざるをえなかった。また，高齢者が介護を受けたいために必要以上に長く病院に留まる

結果，本来の急性医療のためにあるベッドが占領されるという社会的入院という状況もみられた。

しかし，今後の人口高齢化の進展と介護の財政負担増を見込むと，EU 介護制度はより広いリスク・シェアリングに向かっている。家族による介護，専門家による在宅介護，ホームヘルパー，デイケアセンターや特別介護施設や病院における介護，と多様な介護提供が用意される。介護支援の幅を広げ，介護サービス提供者間の選択の余地を受給者に与えることは，サービス提供者間の競争の促進により，医療と介護の質と効率性を高める。一方，公式な施設介護とのバランスを取る意味で，高齢者の在宅介護に対して親族による非公式介護に現物給付や現金手当を与える，いわば公式化の方向がある。さらに介護専門職に依存する場合も，高齢者が慣れた自宅でより安心した環境で介護を受けるという意味で実効性の点からの自宅回帰の動きもある。介護制度は，制度化された施設介護から公式化された在宅介護へ，医療保険制度利用から労使の保険料負担による介護保険制度や税制上の優遇の利用へと多様化されていく。

（7） 児童・家族給付

児童・家族給付は，妊娠，出産，育児，その他家族の扶養に関連する医療以外の現金給付と現物給付である。社会保障制度の持続可能性には少子高齢化が大きく影響している。1990年代に進められた EU 加盟国の政策は，少子化対策として積極的労働市場プログラムを補完するための勤労と家庭生活の両立を図る目的で，児童手当の増額と育児休暇制度の充実を図るものであった。

6　EU 社会保障制度の今後

EU は，垂直的には EU，国，地方，市町村と 4 層構造になっている。このなかで市民生活に直結する社会保障に今後どの層が責任をもつのか，また，水平的には市場・通貨統合と加盟国拡大で25カ国 4 億6200万人の経済領域を形成して知識基盤型社会を設けようとしている。そこで EU レベルの制度改革の

イニシアティブにより，いかに市民が構造改革の利益を等しく享受できるようにするか，また市民社会を改革の影響からどのように保全するか，21世紀のEUの抱える問題は大きい。

　拠出を要するEU社会保険制度は，自由・市場主義的な観点から，EUレベルで共通するものとして調整の過程にある。無拠出の公的扶助制度や社会サービスは，外部ショック，地域格差，剝奪感を生む新しい貧困への対応として，市民中心主義的観点から国，地方，市町村という市民に密接する現場で社会生活の安全網を形成する。特に新規加盟国では，EUの拡大で流入する市場経済の競争激化に対応する地域社会の安定化と，中核EU諸国への労働力流出による地域産業空洞化の防止のために，EU社会保障制度の枠組みに合わせた制度の平準化が必要となる。

　こうした課題解決には，経済成長の持続，環境保全に配慮した開発，持続可能な社会保障の3本柱の実現が必要である。この点，2005年欧州憲法条約批准が仏・蘭の国民投票で否決されたことから，市民感情も勘案した，EUの将来像と制度の再構築が必要となった。社会保障でも社会的統合を含めた制度合理化が市民レベル・加盟国レベルを巻き込んだ制度改革につながることが期待される。

参考文献

秋元美世・一圓光彌・栃本一三郎・椋野美智子編『社会保障論』有斐閣，2002年。
岡伸一『欧州統合と社会保障』ミネルヴァ書房，1999年。
小塩隆士『社会保障の経済学 [第2版]』日本評論社，2001年。
坂脇昭吉・中原弘二編『新版現代日本の社会保障』ミネルヴァ書房，2002年。
都留民子『フランスの貧困と社会保護——参入最低限所得（RMI）への途とその経験』法律文化社，2000年。

（河野誠之）

第8章

労働市場の改革

要約

　EUでは，1990年代半ば以来，公開調整手法として欧州雇用戦略が進められ，その結果構造的失業率と長期失業率が顕著に減少し，就業率が着実に上昇してきている。

　第一期欧州雇用戦略は就業能力，起業家精神，適応能力および機会均等の4つの柱からなるが，2000年のリスボン欧州理事会で就業率の向上が目標として打ち出され，失業者対策から非就業者の活性化政策に転換してきている。2010年までの目標として掲げられているのは，全体の就業率を70％に，女性の就業率を60％に，高齢者の就業率を50％に引き上げることであり，就労引退年齢を5歳引き上げることである。

　また，労働市場の柔軟化を主張する新自由主義雇用政策に対して，労働組織の柔軟化を強調し，しかもそれを労使の社会的パートナーシップを通じて実現していこうとする点，雇用の安定性や仕事の将来展望といった仕事の質を強調する点に，その特徴がある。

　さらに近年は，男女平等だけでなく，人種，年齢，障害といった差別をなくし，誰もが労働市場の一員として社会に参加していける社会を目指しており，この社会的統合という点で福祉政策の見直しとも連動している。

　2002年に見直しが行なわれ，2003年からはフル就業，仕事の質および社会的統合を目指す第二期欧州雇用戦略が開始された。

1　欧州労働市場の構造変化と欧州雇用戦略

（1）　欧州労働市場の構造変化

　欧州の失業率は，1970年代以来，急速かつ着実に上昇していった。1970年代

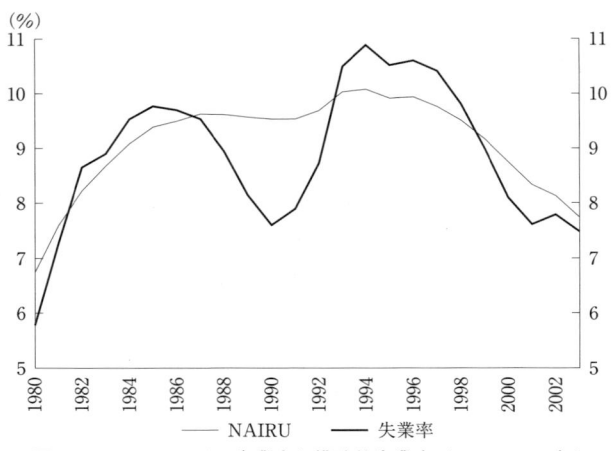

図8-1 EUにおける失業率と構造的失業率（1980～2003年）
出典：European Commission, Employment in Europe 2002.

前半の2％台から1980年代半ばには10％近くまで上昇し，1980年代末の好況で7％台まで下がった後，1990年代前半には11％台にまで跳ね上がった。不況とともに上昇し，好況でも下がらない欧州の失業率の背後には，構造的失業の高まりがあった。欧州委員会の『欧州の雇用2002』の分析では，インフレーションを加速しない失業率（NAIRU）は1980年代を通じて上昇し，1994年にピークに達している（図8-1）。構造的失業率が10％に達するなかで，景気刺激による失業対策をとろうとしても，強い物価・賃金上昇圧力を伴ってようやく一時的に7％台に下げられるにすぎず，その後には副作用としてより高い失業率が待っているだけだということを，当時の欧州の労働市場は示していた。

ところが，図8-1を見ると，1990年代半ばから徐々に，欧州の構造的失業率が下がり出していることがわかる。3％ポイントを超える1990年代末期の失業率減少には景気回復がかなり与かっていることは明らかであるが，決してそれだけではない。特に，2001年以降，国際情勢の悪化に伴い景気の先行きが不透明になるなかでも，失業率は横ばいを続けており，構造的失業率は下がり続けている。この時期，欧州の労働市場には何か構造的変化が発生したようである。

第8章　労働市場の改革

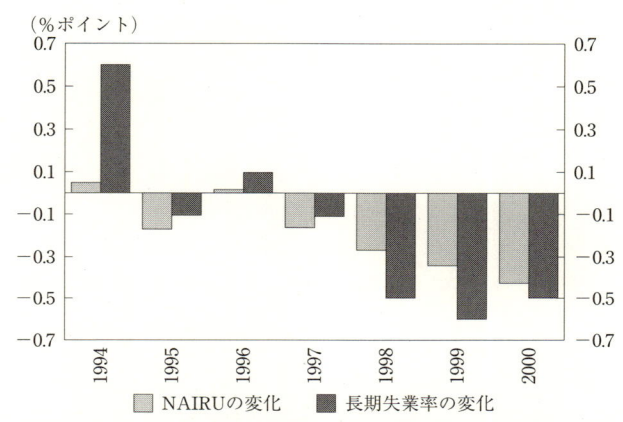

図8-2　EUにおける構造的失業と長期失業の変化（1993〜2000年）
出典：European Commission, Employment in Europe 2002.

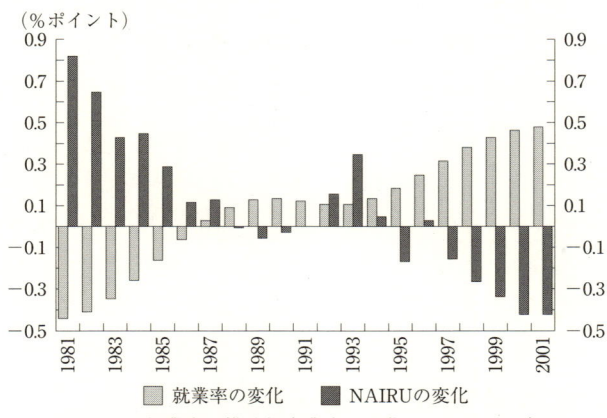

図8-3　就業率と構造的失業率の変化（1980〜2001年）
出典：European Commission, Employment in Europe 2002.

　一つの顕著な変化は，長期失業者（1年以上の失業者）の減少傾向である。1998年以降，長期失業率は毎年約0.5％ポイントずつ減少し続けている（図8-2）。もう一つは就業率（15〜64歳層人口に占める就業者の割合）の上昇傾向である。1980年代後半まで減少傾向にあった就業率は，その後1990年代半ばまで微増傾向に転じ，1990年代後半から増加が加速している（図8-3）。1990年

代半ばまでは女性の就業率上昇効果が大きく全体を引き上げていたが，1990年代後半以後は男性の就業率も着実に上昇している。かつて働かない方向に向かっていた欧州の労働市場は，働く方向に舵を切り替えているようである。やはり，何かが変わったのである。

（2）　ソーシャル・ヨーロッパ路線の転換

1980年代のEU労働政策は，労働者保護と福祉の拡充で彩られる「ソーシャル・ヨーロッパ」路線を追求していた。しかしながら，英米で新自由主義に基づく政策が実行されて一定の成果を上げる一方，欧州大陸諸国では失業率は10％，若年失業率は20％，長期失業者の比率は50％という有様で，社会民主主義者のドロール欧州委員会委員長も路線の転換に踏み切らざるを得なかった。

もともと，完全雇用はソーシャル派のテーゼである。社会民主主義者は失業を自発的なものとして放置する自由主義者を批判し，マクロなケインジアン政策とミクロな失業者救済策によって失業の解消を図ることを主張する。しかしながら，手厚い労働者保護や福祉と雇用との間にトレードオフが存在するという主張がなされると話は複雑になる。労働市場の規制緩和や社会保護の水準低下こそが雇用を拡大する道であるということになるからである。イギリス保守党政権によるこういったネオ・リベラリズム的な挑戦に対するEUの応戦が欧州雇用戦略であった。

（3）　欧州雇用戦略の始動

その出発点に位置するのが，1993年12月のブリュッセル欧州理事会に提出された『成長，競争力，雇用——21世紀に向けての挑戦と進路（白書）』（ドロール白書）である。同白書は，労働市場の硬直性を構造的失業の原因とし，労働市場の柔軟性を高め，企業の競争力を強化するための措置を加盟国に提言している。ただし，労働市場の柔軟性といっても，必ずしも外部労働市場にすべてを委ねる政策を主張しているわけではなく，むしろ教育訓練，企業内の雇用調整，労働時間の柔軟化，消極的な失業者救済策から積極的な労働市場政策への

第 8 章　労働市場の改革

転換などが求められている。ここから1997年11月のルクセンブルク欧州理事会までの 4 年間は，欧州雇用戦略の準備期と位置づけられる。特段の法的根拠のないまま，半期ごとに開かれる欧州理事会が政策の方向性を示し，欧州委員会と閣僚理事会が各国の動向を報告するというやり方である。これを条約上の公式の政策過程として位置づけたのが，1997年 6 月に合意されたアムステルダム条約の雇用政策条項であり，欧州理事会の「結論」→閣僚理事会の「雇用指針」→加盟国の「年次報告」→閣僚理事会の「検査」と「勧告」→閣僚理事会と欧州委員会の「合同年次報告」→欧州理事会の「結論」という 1 年単位の政策協調サイクルを明確に規定し，すべての加盟国が真剣に雇用政策に取り組まざるを得ないようにした。

（ 4 ）　欧州雇用戦略の展開

　欧州雇用戦略は1997年11月のルクセンブルク欧州理事会で開始され，就業能力（エンプロイアビリティ），起業家精神（アントレプレナーシップ），適応能力（アダプタビリティ），男女機会均等の 4 本柱のもと，2002年までに 5 回の政策サイクルが回転した（第一期）。そのなかでかなりの新機軸が打ち出されたのが2000年 3 月のリスボン欧州理事会であり，失業から就業へと政策の焦点がシフトし，就業率が数値目標として設定された。そして，社会的排除や年金といった社会保護分野においても（条約上の根拠はないまま）同様の政策協調が少しずつ開始された。

　開始から 5 年たった2002年は欧州雇用戦略の見直しの年とされ，仕組みと内容の両面にわたって抜本的な見直しが行なわれた。仕組みについては，同様に条約に基づいて行なわれている経済政策サイドの政策サイクルと日程を合わせることとされ，2003年の雇用指針は今までより半年遅れて，2003年の 7 月に採択された。第二期雇用戦略の出発である。

2 第一期欧州雇用戦略の内容

　第一期雇用戦略は上述の4つの政策の柱を掲げた。労働供給側の問題点に取り組む就業能力の柱，労働需要側の問題点に取り組む起業家精神の柱，両者間の関係に取り組む適応能力の柱，そして男女均等という柱である。

（1）　構造的失業への取組み

　このうち，構造的失業への取組みの中心に位置するのが労働者の就業能力に着目するアプローチである。ただし，EUにおけるエンプロイアビリティという言葉の意味が，近年日本で使われるものとかなり異なっていることに留意する必要がある。中高年の在職者に対し，労働移動を可能にする能力を身につけ，終身雇用に安住するなというメッセージが込められた近時日本流エンプロイアビリティに対し，EUのエンプロイアビリティは，若年失業者や長期失業者を始め，福祉受給者や高齢者など労働市場から排除された人々をいかにして労働市場に連れてきて仕事に就かせるかという問題意識のもとで用いられている。

　ルクセンブルク欧州理事会で真っ先に打ち出された数値目標は，若年失業者と長期失業者に対する積極的雇用政策の促進であった。第一期雇用指針は，すべての失業者に，若年失業者は失業後6カ月以内に，成人失業者は失業後12カ月以内に，職業訓練，再訓練，職場実習，就職その他の就業能力向上措置を，個別職業指導とカウンセリングを伴って提供することを求めている。そして，失業者に提供される教育訓練または類似の措置の達成目標を，最先進3カ国の平均，少なくとも20％と設定した。第一期5年間にほぼ全加盟国が20％を達成し，最先進3カ国の指標は50％に上昇した。この結果，1997年から2001年の間に，全失業者に占める長期失業者の割合は50％から42％に，長期失業率は5％から3.2％に低下した。国別に見ると，特にスペインとアイルランド，スウェーデンが目覚しい（図8-4）。同時期に長期失業率が倍増した日本と対照的である。

第8章　労働市場の改革

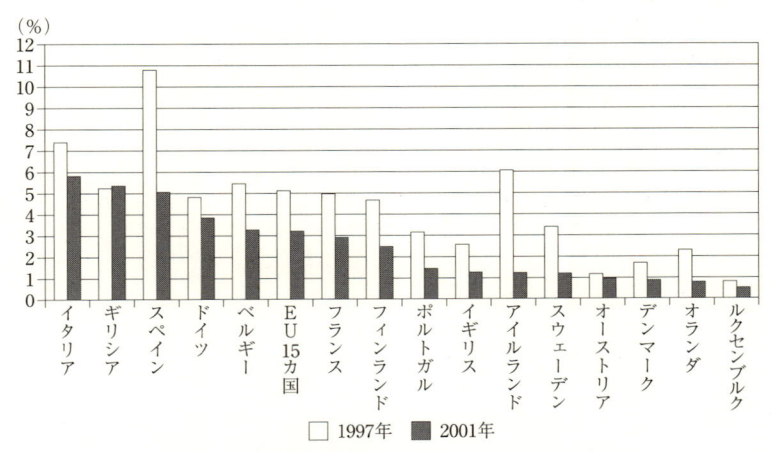

図8-4　各国の長期失業率の変化（1997～2001年）
注：長期失業率：労働力人口に占める1年以上失業者の割合。
出典：Employment Committee, Prevention and Activation Policies for the Unemployed.

　具体的な措置の効果について，各国の事例から欧州委員会は次のように述べている。職業訓練は労働市場に再参入する女性など特定のグループには有効である。雇用への補助金は公的部門よりも民間部門の方が効果的であり，自営開業援助は適用範囲は限定的だが有用である。一般的に，個人別プログラムは有効だが，集団的プログラムは効果が乏しい。

　働かない人々を働かせるには，働けるようにしてやるとともに，働く気にさせることも必要である。「失業の罠」とか「貧困の罠」と呼ばれているが，失業者や福祉受給者にとって，なまじ就職するよりも失業していたり，福祉で生活しているほうが収入がいいとすると，就職へのインセンティブが働くはずがない。そこで，給付や税制を見直して，仕事を引き合うようにすること（メイク・ワーク・ペイ）が政策目標となる。これも就業能力の一環である。一方，労働に対する課税や社会保険料は，企業が未熟練労働者を雇い入れるディスインセンティブとしても働く。これらを見直し，雇用親和的（エンプロイメント・フレンドリー）な税制や社会保障制度にすることが，起業家精神の柱において求められている。

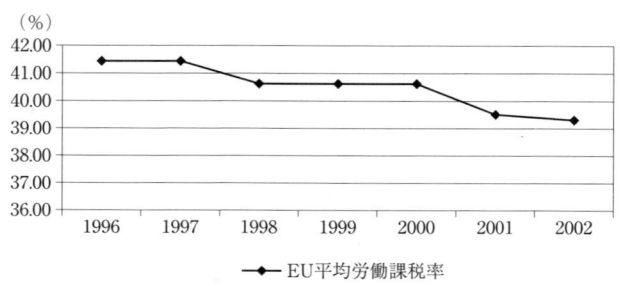

図8-5 労働に対する税負担の変化（1996～2002年）
出典：Employment Committee, Tax-benefit reform and taxation on labour（一部省略）。

　第一期を通じ，多くの加盟国で給付の代替率が下げられ，支給要件が厳格化された。また，上昇の一途をたどってきた労働への課税率も1996年から2002年の間に41.3%から39.2%に下がってきている（図8-5）。なお，税制面では，低賃金労働者に焦点を絞った社会保険料の減免，労働集約的な財やサービスに対する付加価値税の引下げ，育児などに対する減税措置などが効果的であるとされている。

（2）　構造的失業対策から非就業者の活性化政策へ

　第一期欧州雇用戦略は2000年に大きな転機を迎えた。4本柱の構造自体は変わらないものの，その前に横断的目標として，フル就業という政策目標と就業率という数値目標が設定されたのである。ここで，フル・エンプロイメントをフル就業と訳したのは，非自発的失業がないという旧来の完全雇用とは明らかに意味が異なるからだ。

　EUはリスボン欧州理事会で，2010年までの目標として，就業率を61%から70%に，女性の就業率を51%から60%に引き上げることを決め，ストックホルム欧州理事会では高齢者（55～64歳層）の就業率を50%に引き上げることを決めた。通常，雇用政策の指標として使われるのは失業率であるが，欧州雇用戦略は失業率を下げることそれ自体を目標とせず，その代わりに就業率を引き上げることを目標にする。これは，失業者を非労働力化することで失業率を引き

第8章　労働市場の改革

下げるというやり方をとるつもりはないということである。むしろ，様々な要因から非労働力化している人々を労働市場に参入できるようにしようという発想である。雇用戦略の焦点が眼前の失業者をどうするかという次元から，失業者という形で現れてこない非就業者をも，長期的な社会全体の持続可能性という観点からいかにして仕事の世界に連れてくるかという問題意識にシフトしてきたことが窺えよう。

　働けるのに働いていない非就業者としては，様々な福祉給付を受給している人々や，早期退職制度によって前倒しの年金や給付を受給している高齢者，さらには障害者や少数民族，移民など差別や偏見の対象となる人々が含まれる。福祉受給者を「貧困の罠」から労働市場に移行させる政策は，EUの社会保護見直し戦略のうち「メイク・ワーク・ペイ」の柱として掲げられ，イギリスの「福祉から就労へ」政策を始め，ミーンズテスト型の最低所得保障制度の見直しや就職時の課税減免や賃金補助などの形で各国で取り組まれている。また，障害者や少数民族，移民の労働市場への統合については，1997年のアムステルダム条約で人種・民族，宗教・信条，障害，年齢，性的志向といった広範な分野における差別禁止の根拠規定が設けられ，2000年には一般雇用均等指令と人種・民族均等指令が成立するなど急ピッチで法整備が進むとともに，リスボン欧州理事会で社会的排除（ソーシャル・エクスクルージョン）問題についても，EUレベルで指針を策定し各国の政策を接近させていくという公開調整手法による政策協調を進めていくことが決定され，現在社会的統合（ソーシャル・インクルージョン）戦略が展開されている。このインクルージョンという言葉は，今やEUの社会政策全般にわたるキーワードの一つである。雇用戦略における「万人の労働市場への統合」と社会的統合戦略における「就業への参加」がお互いに響き合う形で，フル就業＝フル参加が目指されている。

　高齢者対策の転換は，欧州社会にさらに大きなインパクトをもたらす可能性がある。そもそも欧州では高齢者の雇用機会を問題とする意識が乏しかった。これは，70年代以来欧州の失業が特に若年層に集中し，そのなかで高齢者層はむしろ早期退職によって若年者に雇用機会を提供することが期待され，そのよ

うな方向の政策がとられてきたことによる。しかしながら，欧州でも今後人口の高齢化が急速に進んでいき，年金や医療・介護など社会保障の観点からも活力ある高齢化の方向に転換することが求められるようになった。同時に，高齢者の雇用機会についても，年齢による差別ととらえる人権論的視座が登場してきた。EUはこの新たな考え方を「世代を超えた連帯」というテーマで打ち出してきている。EUでは社会的統合戦略に続き，2001年末から年金戦略を始動している。そこでは，年金の将来は人口学的従属人口比率ではなく，経済的従属人口比率にかかっているのであり，年金を持続可能にするためには就労引退年齢を引き上げ，就業率を高めなければならないことが強調されている。2002年3月のバルセロナ欧州理事会では，2010年までに就労引退年齢を5歳引き上げるという野心的な目標を設定した。

(3) 「スクール・トゥ・ワーク」から生涯学習へ

構造的失業に対する就業能力からのアプローチとしては，今まで見てきたような広い意味の「ウェルフェア・トゥ・ワーク」と並んで，「スクール・トゥ・ワーク」すなわち教育訓練政策が重要である。この分野も，第一期雇用戦略の間に大きな転換を見た領域である。

ルクセンブルク欧州理事会では就業能力の柱のうちの「学校から職場への移行の容易化」という項目で，学校中退者の数を顕著に減らし，徒弟制を含め若年者の技能養成に取り組むことを求めていた。教育訓練政策は若年者雇用対策の一環という位置づけであった。しかしながら，こちらの実績はあまり目覚しくない。学校中退者は96年の21.6％から2001年の19.3％に減ったが顕著とは言い難い。ただ，進学率の上昇もあり，後期中等教育修了程度の者の比率は1995年の52.0％から2000年には60.3％に上昇し，若年層（25歳〜34歳層）では62.8％から71.6％に上昇している。これは特に女子に顕著である。もっとも，これは雇用戦略の成果とは言い難い。

教育訓練政策の焦点を転換したのも2000年のリスボン欧州理事会である。そこでは，到来しつつある新たな情報社会を知識基盤経済と捉え，万人が排除さ

れることなく情報社会に参加できるように、今までの学校教育と職業訓練の枠を超え、生涯を通じて知識の発展を続ける生涯学習社会を目指そうとしている。これを受けて、2001年の雇用指針からは、横断的目的として生涯学習という政策目標が掲げられるとともに、上記項目が「生涯学習の文脈における新たな労働市場のための技能の発展」となった。そこでは、2010年までに前期中等教育のみを受けて学校卒業後の教育訓練を受けない18歳～24歳層の者の数を半減するという目標を設定するとともに、教育訓練に参加している成人（24～64歳）の比率を増加させるべく各国で目標を設定するよう求めている。成人の教育訓練参加率は既に1995年の5.7％から2000年の8.2％に着実に上昇しており、これも女子に顕著である。もっとも、これも雇用戦略の成果とは必ずしも言えまい。

（4） 起業家精神——自営業と社会的経済への期待

欧州雇用戦略の第二の柱として掲げられているのが起業家精神である。雇用創出には労働需要側の問題点に取り組まなければならない以上当然であるが、EUおよび各国における所管も雇用政策サイドではなく産業政策サイドであるし、内容的にも雇用戦略に先立って、それとは別立てに進められているものが多い。ここでは、ルクセンブルク欧州理事会以来、税制や社会保険料など労働費用の削減や、新規企業設立の際の規制や手続きの簡素化などが求められているが、雇用政策との関係で注目すべきは、失業者や労働者による自営業開業の促進を政策目標として掲げている点である。

積極的労働市場政策としての自営業促進策は、イタリアやスペインをはじめ各国で取り組まれ、1998～99年の1年間で約15万人をカバーしているという。もっとも、農業における減少とサービス業における増加が相殺しあって、全就業者に占める自営業比率は約15％で横ばいである。

また、自営業と並んで、地域レベルにおける社会的経済（ソーシャル・エコノミー）すなわち非営利セクターによる雇用創出が強調されている。これに属するのは協同組合、社団、共済組合、財団など利潤追求の目的をもたず、公私の機関から独立した団体で、教育、医療、社会サービス、スポーツ、文化、職業

訓練など地域のニーズに応える分野で活動し，不利益を被っている人々に就業の場を提供しており，社会的統合戦略の重要な主役でもある。1999年に改正され，2000年から施行されている新たな欧州社会基金規則においても，4つの適格活動の一つとして「社会的経済を含む新たな就業源の開発」が明記されている。社会的経済の先進国はイタリア，スペイン，ポルトガルなど地中海諸国であるが，近年フランス，ベルギー，スウェーデン，フィンランドなどでも推進されている。イタリアでは4000の社会的協同組合に10万人が就業し，スペインでは約35万7000人が就業しているという。

（5）　適応能力──労働組織の現代化

　欧州雇用戦略の第三の柱は適応能力であり，その中身は労働組織の現代化であるが，これでは何のことかよくわからないであろう。絵解きをすれば，アダプタビリティはフレクシビリティに，労働組織は労働市場に対置する概念である。つまり，新自由主義の雇用政策が労働市場の柔軟性を主張するのに対して，労働組織の適応能力こそが重要なのだと応戦しているのがこの柱であり，その核心は柔軟性と安定性の両立にある。

　したがって，政策のメニューは柔軟化戦略とよく似ている。例えば，これまで社会民主主義勢力は，パートタイム，有期雇用，派遣労働などの非典型雇用形態は望ましくないという考え方であったが，むしろ均等待遇など一定の保護を加えつつ，積極的に活用していこうという方向に転換しているし，労働時間制度についても，これまでの厳格な労働時間規制を緩和し，労働時間編成を柔軟化する方向が打ち出されている。そして，こういった安定性を伴った柔軟化を，労使の密接な対話を通じて実現していこうという社会的パートナーシップのアプローチが，欧州雇用戦略を最も特徴づけるものとなっている。

　労使の社会的パートナーシップも2001年雇用指針で横断的目的に加えられた項目であるが，考え方はそれ以前から繰り返し示されている。1998年以後は「マネージング・チェンジ」という謳い文句で，雇用の安定を維持しつつ，リストラクチュアリングを労働者が積極的に関与していくべき前向きのプロセス

第8章 労働市場の改革

賃金上昇率（%）

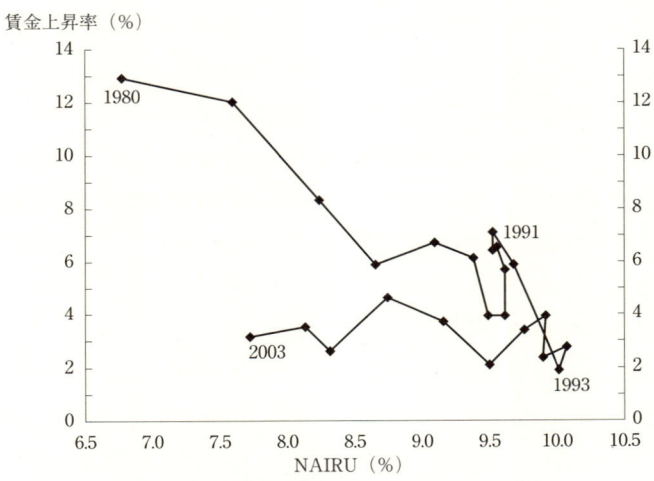

図8-6 賃金上昇率とNAIRU（1980～2003年）
出典：European Commission, Employment in Europe 2002.

ととらえる考え方が提示されてきており，労使協調路線が推奨されている。欧州雇用戦略の影響というより，こういった大きな政策の流れのなかで，1990年代以降賃金抑制の傾向が現れてきている。特に，賃金上昇率とNAIRUの関係を見ると，1993年を転機として，フィリップスカーブが水平になっているのがわかる（図8-6）。失業率が下がっても賃金上昇は起きていない。これは1990年代欧州労働市場の構造変化を明確に物語っている。

（6） 男女機会均等

欧州雇用戦略の第四の柱は男女機会均等であるが，これはすでに独自の政策領域として展開されてきていたもので，雇用戦略の一環であるとともに，ジェンダー戦略の雇用面という性格を有する。1999年指針で「ジェンダー主流化アプローチ」が導入されている。これは男女均等問題を雇用戦略のあらゆる局面で主流化しようとするものである。その他男女間格差への取組み，職業と家庭生活の両立，職業への復帰の支援が主な項目である。2001年雇用指針以来，女性の就業率60%という数値目標が設定され，就業促進で足並みをそろえた。

男女間格差としては，就業率の男女格差，男女職務分離および賃金格差の問題がある。就業率を男女別に見ると，1996年には男性70.1％，女性50.2％であったのが，2001年には男性73％，女性54.9％と格差は約2％ほど縮まってきている。これに対して，職務分離指数は職種で見ても業種で見ても高止まりしていて，あまり変化はない。女性の就業率の高い北欧諸国では職務分離が大きく，就業率の低い南欧諸国では職務分離が小さいというのが，この問題の難しさを物語っている。賃金格差も，女性は男性の85％程度でほとんど変わらない。職務分離の影響の大きさである。

　職業と家庭生活の両立については，多くの国で積極的に取り組まれているが，保育・介護施設はなお充実していない。2002年雇用指針では各国に国内目標を設定するように求めていたが，2002年3月のバルセロナ欧州理事会では，2010年までに3歳から義務教育就学までの児童の少なくとも90％，および3歳未満の児童の少なくとも33％に保育を提供することで，女性労働力のディスインセンティブを除去するよう求めている。

（7）　仕事の質

　第一期欧州雇用戦略で最後に登場したのが仕事の質であり，2001年3月のストックホルム欧州理事会で項目に上げられ，2002年指針で横断的目標とされた。もっとも，リスボン欧州理事会の標語「より多くの，よりよい仕事」を因数分解すれば，フル就業と仕事の質になるのかもしれない。就業率で見ればアメリカの労働市場は高水準であるが，生産性の低い低賃金の仕事が多く，ワーキング・プアとして問題になっている。これに対して，これまでの欧州労働市場は生産性の高い高賃金の仕事を目指してきたが，それが労働コストの増大や労働市場の硬直性の原因となっているとして批判されてきた。量と質とは両立しない，トレードオフという考え方である。これに対して，新たな欧州雇用戦略は，就業率を引き上げるだけでなく，できるだけ多くの人々に質の高い仕事を確保していくことを目指す。いわば，二兎を追おうとするのである。

　欧州委員会の『欧州の雇用』では，2001年，2002年と続けてこの問題を取り

上げ，雇用契約の安定性，賃金および生産性，責任の重さ，キャリア開発機会の程度に基づき，いい仕事，まあまあの仕事，低賃金の仕事およびどんづまりの仕事に分類し，仕事の質と労働市場の動学を分析している。それによれば，仕事の質の向上は失業や非就業への流出を減らし，流入を増やして就業率を引き上げる効果がある。まさに「メイク・ワーク・ペイ」である。もっとも，失業者や非就業者を労働市場に再統合する際には生産性が低いため，質の高い仕事に就けることはできない。しかし，それは賃金や労働条件は低くても，雇用の安定性や将来の雇用展望によって労働市場にしっかりと立脚する仕事（「青空の見える仕事」）であることが望ましく，これによってどんづまりの仕事からまた失業や非就業に行ったり来たりを繰り返す悪循環を避けることができる。これが，特に女性や若年者の労働市場への統合における政策課題となる。

　仕事の質については，2001年12月のラーケン欧州理事会で，雇用委員会報告に基づき10項目の指標が承認されている。

3　雇用戦略の見直しと第二期欧州雇用戦略

（1）　雇用戦略の見直し

　1997年に欧州雇用戦略が開始されて以来，欧州労働市場は着実に構造改善を示してきたが，なお取り組まれるべき課題は山積している。5年前に4本柱の構造で始まった指針も，その後横断的目的がいくつも積み重ねられ，政策のプライオリティが見えにくくなった嫌いがある。雇用戦略の構造を抜本的に見直し，第二期の欧州雇用戦略を打ち出すことが求められてきた。そこで，2002年に欧州委員会と雇用委員会共同で雇用戦略の見直し作業が行なわれ，その結果に基づき，2003年始めに今後の欧州雇用戦略のあり方についての叩き台が示された。そこでは，これまで毎年少しずつ指針を改訂していたのを改めて，2010年までの中期指針として位置づけている。

　他方，雇用戦略の兄貴分に当たる経済政策の政策協調プロセスとの関係を整理する必要も出てきた。こちらでは，毎年包括的経済政策指針を策定し，これ

に基づき各国の経済政策の方向づけをしているが、そのなかに「労働市場の活性化」という項目があり、並行して進行する雇用戦略との調整が問題になっていた。これは、一つは日程の問題で、経済指針は春から夏にかけて策定されるのに対して、雇用指針は秋から冬にかけて策定されており、同じ問題を議論するのに時期がずれてしまうので、経済政策サイドに日程を合わせて同時並行とし、同じ欧州理事会で同時に承認することにしようというものであり、2002年3月のバルセロナ欧州理事会でそのように決定された。これにより、雇用戦略のサイクルは半年後ろにずれることになった。

（2） 雇用戦略と経済政策の調整

　より重要で深刻な問題は内容の調整である。2000年の経済指針策定の際にも、「雇用に否定的な影響を与えかねない過度に厳格な雇用保護法制を見直す」云々の記述をめぐって各国の雇用政策担当者からなる雇用委員会が苦情を呈するという事件があり、雇用保障をめぐる問題は両サイドの考え方がかなり大きく食い違っている分野である。両政策協調プロセスが同期化することにより、雇用戦略が経済政策サイドに押されてしまうのではないかという危惧感もNGOなどから表明されている。

　実際、2002年から2003年にかけては経済政策サイドが攻勢に出、経済政策委員会の『構造改革年次報告2003』では、給付の見直し、積極的労働市場政策の改善、高齢者などの労働供給の増加といった両サイド共通の目標と併せて、雇用保護法制や賃金交渉システムの見直しといったコントロバーシャルな論点が喫緊の課題として提起された。これが2003年3月のブリュッセル欧州理事会に向けた2003年包括的経済政策指針に関する重要課題文書に盛り込まれ、結局同理事会の結論文書において「賃金、価格安定、生産性、訓練水準および労働市場条件の関係を考慮するように賃金形成システムを改善すること」、「国内慣行に従い労使団体の役割を尊重しつつ、特に労働市場ダイナミクスに影響する過度に制限的な要素を緩和することにより、柔軟性と安定性の必要を考慮しつつ雇用法制を現代化すること」という文言が盛り込まれた。一定の留保付きとは

第8章　労働市場の改革

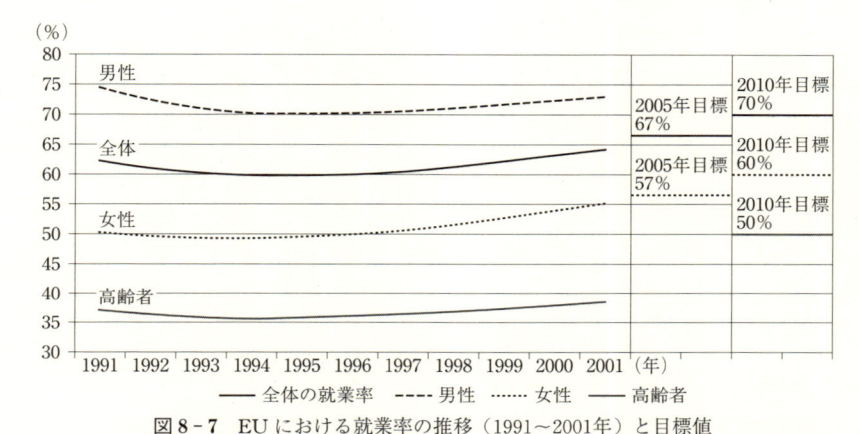

図8-7　EUにおける就業率の推移（1991〜2001年）と目標値

出典：H. M. Treasury, Department of Trade and Industry, Department for Work and Pensions, Towards Full Employment in the European Union.

いえ，雇用保護法制の規制緩和がEUの戦略目標として打ち出されたわけで，これに否定的であった雇用社会政策サイドが今後雇用戦略の遂行に当たってどのようにこの問題をハンドリングしていくか，注目していく必要がある。

（3）　第二期欧州雇用戦略の枠組み

以下，2003年6月に包括的経済政策指針とともに採択された新雇用指針に基づいて，第二期欧州雇用戦略の枠組みを概観しよう。これは今までのように毎年見直すのではなく，2010年を目標年次とし，2006年に中間見直しを行なう中期指針である。

指針は3部に分かれ，第一部は全体的な目的として，フル就業，仕事の質と生産性の向上および社会的結束と統合の強化の3つを掲げている。フル就業はリスボンおよびストックホルムの目標である。現在の趨勢でいくと，全体と女性の就業率はなんとか達成しそうであるが，高齢者の就業率はかなり努力が必要であろう（図8-7）。仕事の質は労働生産性の向上に資するという意義付けを得て全体的目標に格上げされた。また，社会的結束と統合は，社会的統合戦略における「就業への参加」と響き合う形で全体的目標に位置づけられた。こ

こでは，特に2010年までにワーキング・プアの割合を顕著に減少させることを求めている。

　指針第二部は，10の分野ごとに以下のような具体的な数値目標を設定している。

① 失業者および非就業者への活性化・予防措置
・2005年までに，すべての失業者に失業後4カ月以内に個人向け求職計画を提供すること
・2005年までに，すべての失業者に失業後12カ月以内に（若年者は6カ月以内に）職場実習や職業訓練を提供すること（ルクセンブルク目標）
・2010年までに，長期失業者の30％が職場実習や職業訓練に参加すること

② 起業家精神の涵養と雇用創出の促進
・企業経営訓練の促進および創業への煩瑣な規制の簡素化（各国が設定）

③ 職場における変化への対応と適応能力の促進
・2010年までに，労災発生率を15％（危険有害業種では25％）減少させること

④ 人的資本へのさらなる投資と生涯学習
・2010年までに，25～64歳層の80％が後期中等教育を修了していること
・2010年までに，成人の教育訓練参加率をEUで15％，どの加盟国でも10％に引き上げること
・2010年までに，企業の職業訓練投資を総労働コストの5％まで倍増すること

⑤ 労働供給の増加と活力ある高齢化の促進
・2010年までに，就労引退年齢を60歳から65歳に引き上げること（バルセロナ目標）

⑥ ジェンダー均等
・2010年までに，就業率格差をなくし，賃金格差を半減させること
・2010年までに，3歳未満児の33％，3歳～小学校就学までの児童の90％に保育を提供すること（バルセロナ目標）

⑦ 労働市場で不利益を被っている人々の統合の促進と差別との戦い
・2010年までに，各国で学校中退者を半減させ，EUで10％に減少させること

- 2010年までに，不利益を被っている人々の失業率格差を半減させること
- 2010年までに，EU 国民と非 EU 国民の失業率格差を半減させること

⑧ 仕事の魅力を高めるインセンティブにより仕事を引き合うようにすること
- 2010年までに低賃金労働者への税負担を顕著に軽減すること（各国が設定）

⑨ 闇就労の正規雇用への転換
- 2010年までに闇就労を顕著に減少させること（各国が設定）

⑩ 職業移動および広域移動の促進と職業紹介の改善
- 2005年までに，EU の公共職安の全求人が全求職者に提供されること

以上のように，ほぼ第一期の項目を組み替えて数値目標を設定したものになっているが，新規項目として闇就労が取り上げられているのが興味を引く。

（4） 雇用指針と経済指針の対応関係

一方，経済指針は，そのかなりの部分を雇用社会政策関係に当てている。「賃金交渉システムを生産性を反映するようにすること」（第3，5項）はマクロ経済政策の観点から賃上げ抑制を求めるもので，雇用戦略とは対応していない。税制給付改革（第4項），労働移動の促進（第7項），積極的労働市場政策（第8項），人的資本投資（第13項），年金改革と早期退職の制限（第16項）などは内容的にまさに雇用戦略と対応している。

興味深いのはブリュッセル欧州理事会で盛り込まれた雇用保護規制の扱いである。経済指針では「適応可能な労働組織を促進し，特に柔軟性と安定性の必要を考慮しつつ，雇用契約に関係する労働市場規制を見直すこと」（第6項）となっていて，雇用サイド風の枕詞を付けつつやややぼかした表現で解雇規制の緩和を求めている。一方，雇用指針では「労働市場ダイナミクスと労働市場へのアクセスの困難な人々の雇用に影響する過度に制限的な要素を緩和することにより雇用法制を現代化し，労使対話を発展させ，企業の社会的責任を涵養し，云々」（第3項）となっていて，ブリュッセル欧州理事会の表現を盛り込みながらも，規制緩和色を薄めようとしている。

なお，2003年11月に，元オランダ首相のウイム・コックを座長とする雇用タ

スクフォースが発表した『仕事，仕事，仕事──欧州にもっと多くの雇用を創る』は，欧州雇用戦略がこれまで触れなかった雇用保護法制の見直しに言及し，解雇の告知期間，コストおよび手続きや不公正解雇の定義に柔軟性を導入することを提起するなど，経済政策サイドとある種の収斂現象が起こりつつあるように見えないことはない。排除された者の統合が最優先課題とされるなかで，居場所のある人々の既得権にも少しずつメスが入れられようとしていると言えようか。

参考文献

酒光一章「就業率からみた日本の雇用」『労働統計調査月報』労務行政研究所，2002年3月号。

島村博「EU雇用戦略Note」(1)〜(4)『協同の発見』協同総合研究所，2001年2，3，4，9月号。

濱口桂一郎「EUの地域雇用創出政策と第3のシステム（ソシアル・エコノミー）」『月刊自治研』自治研中央推進委員会事務局，2000年2月号。

─── 『増補版 EU労働法の形成』日本労働研究機構，2001a年。

─── 「EUの雇用戦略から日本を考えるために」『雇用戦略』連合総合生活開発研究所，2001b年。

─── 「EUの雇用戦略・社会保障戦略が示唆するもの」(1)・(2)『週刊社会保障』法研，2003年5月26日，6月2日号。

ブランパン，ロジェ著，小宮文人・濱口桂一郎監訳『ヨーロッパ労働法』信山社，2003年。

（濱口桂一郎）

第9章

EUの環境政策

要約

　スウェーデンやデンマークなどの北欧諸国，および欧州の中心をなすドイツは，古くから「環境先進国」として注目を集めてきたが，政治的統一体としての欧州連合（EU）も，「持続可能な発展」を目指す政策的な取り組みで世界をリードしている。例えば，政策上の原則として，産業・交通・エネルギーなどすべての政策分野に環境への配慮を組み込むという考え方は先進的である。2004年のEU拡大に伴って，中東欧諸国の環境の質を現加盟国の水準まで改善する必要があるが，類似の問題は過去のEC拡大においても経験してきている。本章では，主に「地球温暖化対策」，「再生可能エネルギー政策」，「環境税制改革」の3分野に焦点を当てて論ずる。前の2分野では対策が進み，明確な数値目標を定めて各国に割り当てつつ，国際的な取り組みをも主導している。他方，環境税制改革では加盟国の全会一致が必要なためEUレベルでの実現が遅れており，各国が個別に推進している。いずれにせよEUの環境政策が，昔も今も日米をはじめとする世界中の国々にとって，また世界全体での取り組みにとっても，参考とすべきモデルであり続けていることは疑いのない事実と言えよう。

1　EU環境政策における「深化と拡大」

（1）　EU環境政策の変遷

　環境問題がECの共通政策の対象となったのは，1972年のパリ首脳会議においてであった。ロンドンスモッグ事件（1952年）に代表される各種の公害問題は古くから欧州に存在し，各国がそれぞれ個別に対策をとっていたが，酸性雨

の被害やライン川の水質問題など国境を越える環境問題が深刻化しつつあった。ちょうどパリ会議の翌年からECに加盟する予定であったデンマーク，アイルランド，およびイギリスも，環境問題をめぐるこの会議に参加を求められた。本章を執筆した2003年現在と同様に，当時もECの拡大に備えて，新規加盟国も含めたEC共通の環境政策を構築する必要に迫られていたのである。

1973年より第一次環境行動計画が開始され，その後は約5年ごとに第四次までの環境行動計画が実施された。この時期の特徴は分野別に縦割りの規制が行なわれたことである。廃棄物・水汚染・大気汚染などの公害分野ごとに，主に環境汚染物質の排出量や濃度の最小基準を定めたEC法令（指令〔directive〕，規則〔regulation〕）が，実に約200件も制定された。しかし，これらの法令だけでは，環境破壊の進行が食い止められなかったと評価されている。

80年代後半より，地球温暖化問題やオゾン層破壊問題などに代表されるような，従来の公害問題とは質と規模の異なる地球規模の環境問題に対して人々の関心が高まった。これらの問題は国際的な政治課題となり，国連主催の「地球サミット」（1992年6月）の開催につながる。

まさにこのような時期に，「持続可能な発展」の実現に向けたEU共通の政策が始動した。マーストリヒト条約（1992年2月7日調印）には，環境に関する章が設けられ，環境保護の原則と環境政策手続きが明示された。特に注目されるのは，「予防原則」と「汚染者負担原則」にそって，高度の環境保護水準を実現すべきことが明記されていることである（EC設立条約第174条）。

1993年1月から実施に移された第五次共同体環境行動計画は，「持続可能性に向けて」というタイトルに恥じない画期的な基本方針を打ち出した。第一に，産業・交通・エネルギー等の政策分野と別個に環境政策を打つのではなく，すべての政策分野に環境対策を組み入れること，第二に，従来の指令・統制政策から，政府・企業・市民の責任分担の体制へと発展させることである。これによって，EUの環境政策は従来の公害対策から，地球規模の環境問題を視野にいれた総合的な環境政策へと舵を切ったといえる。これを受けて，アムステルダム条約（1997年調印）では持続可能な発展を共同体目標とし，環境保護に優

第9章 EUの環境政策

表9-1　EU環境政策の足跡

1967	危険物質の分類・包装・ラベリングに関する指令（初の環境関連指令，67/548）
1970	自動車起源の大気汚染対策の枠組みを定める指令（70/220）
1973	第一次環境行動計画の始動（1973～76年）
1979	鳥類とその生息地保護のための鳥類指令（79/409）
1980	飲料水の水質基準を定める指令（80/778）
1985	環境影響評価に関する指令（85/337）
1990	遺伝子組み換え生物（GMOs）の使用と放出を制限する指令（90/219, 90/220）
1991	マーストリヒト条約で，EUの各政策分野への環境保護の統合を規定（条6条）
1992	野生動植物の自然生息地保護のための生息地指令（92/43）
1993	第五次共同体環境行動計画（"Towards Sustainability"）が開始
1994	欧州環境庁の発足
1999	EU年次環境会議（Green Week）の第一回が開催
2000	欧州の水関連政策に関する枠組み指令（2000/60）
2001	第六次環境行動計画（"Environment 2010, our future, our choice"）が開始
2002	地球温暖化防止のための京都議定書を批准

出典：European Commission, "Choices for a greener future", 2002 を参考に作成。

先権を与えることが明記され，共同声明「EU政策への環境の組み入れ」（1998年）では，すべての政策分野でEU関連機関が環境に配慮する義務をうたった。1993年からは，環境関連案件は環境閣僚理事会において全会一致ではなく特定多数決で採決されることになり，EU主導の環境政策は加速された。

2002年からは，「環境2010──私たちの未来，私たちの選択」と名づけられた第六次環境行動計画が実施に移された。この計画は第五次環境計画の延長線上にあり，5つのアプローチとして，①既存環境法令の履行確保，②全政策分野への環境の組み入れ，③解決策を求めて企業・消費者と協働，④市民に入手容易な優れた情報を提供，⑤土地利用における環境配慮，を掲げている。優先的に対策を要する4分野として，①気候変動，②自然と生物多様性，③環境と健康，④天然資源と廃棄物が，さらに7つの関心分野として①大気汚染，②廃棄物・リサイクル，③資源管理，④土壌，⑤都市環境，⑥農業，⑦海洋環境，が挙げられている。

欧州委員会は約30年の環境政策を振り返り，①工業起源の鉛や水銀などの有害物質の排出量が著しく減少した，②オゾン層破壊物質を含む数多くの危険な農薬や化学物質の利用が禁止または制限された，③有害な二酸化硫黄（SO_2）

の排出による湖沼や森林の酸性化が劇的に緩和された，④産業と家庭の両方で，廃棄物リサイクルが立ち上げられ，さらに普及が進められている，⑤排水・汚水処理の改善により河川や湖沼が浄化されたため，ライン川やテムズ川の産卵場所にも魚が戻ってきた，など多くの分野での成果を要約した。

　しかし，2004年5月より東欧諸国など10カ国が新たにEUに加盟する。これらは経済水準でなく環境水準においても現加盟国とは大幅な格差があり，環境政策の強化と財源支援が大きな課題である。これについては第2節で触れることにしよう。

（2）　EUの環境政策手続

　EUにおいて，大気汚染物質や水質の管理，工場の排出規制などを実際に行なうのは各国政府である。とはいえ，環境保護を目的とした立法措置であってもEUの自由貿易の原則に反するものは認められない。EU環境政策は，まず環境意識の高い北欧諸国やドイツなどが先進的に環境規制を充実させ，それを追ってEUレベルで共通の法令の整備が図られるという歴史をたどった。つまり，規制の厳しい国が自国の産業の不利にならないように他国にも同様の規制を求めたり，自国だけで解決の難しい越境型の環境問題がクローズアップされると，加盟各国に共通の規則や指令の制定が図られてきたのである。

　環境政策は共同決定手続の対象分野であるため，立案段階で欧州議会の強い関与が認められている。欧州委員会が立案した規則・指令案は，欧州議会との共同決定手続を経て，環境閣僚理事会の特定多数決によって成立する。ただし，炭素税の導入など，財政的措置を用いて経済を持続可能な方向に誘導する政策は経済財政理事会において全会一致で採決され，共同決定手続の対象外でもある。

　2000年2月時点までに環境保護に関する法令は708件成立しており，うち規則が124件，指令が266件である。規則は各国でそのまま効力を発揮するが，指令は一定期間内に各国が同趣旨の国内法を制定することを義務づけたものである。その他に特定の加盟国や企業を対象にした決定（decision）が318件ある。

欧州裁判所は，各国がEU法令を定められた期間内に実施しない場合，あるいは制定されたEU法令によって個人や企業が不利益を被った場合などに，訴えに基づいて裁判を行なう。最近では2003年5月15日に，スペイン政府に対して都市廃水処理指令の義務を怠ったとする判決を出している。

欧州議会は市民から直接選挙されることもあって，環境問題に関して閣僚理事会や欧州委員会に比べても積極的立場をとっている。法令の共同決定手続においても，提案を環境配慮型に修正させたり，「有害廃棄物の輸出問題」や「環境破壊の費用推定」など，取り組みの不十分な重要課題に対して，欧州委員会の対応を求める決議を出している。

環境政策に関わる主要機関として，さらに欧州環境庁（EEA）と欧州投資銀行の2つが挙げられる。欧州環境庁は持続可能な発展の実現と欧州の環境改善のために，政策決定者や市民に正確な最新情報を提供することを目的としており，EFTA加盟国や中東欧諸国なども参加している。欧州投資銀行はEUの金融機関であり，EUの統合と発展，地域格差の縮小などを目的としているが，2002年から3年間の組織運営計画（COP）では，環境保護を目的として掲げ，環境対策や自然エネルギーなどの案件に対する低利貸付を増やしている。

これらに加えて近年では，「すべての主体が環境を共有しており，情報と意見の交換が必要」との観点から，EUは関係機関や加盟国の間のみならず，産業界，非政府組織（NGO），それに，労働者，経営者，消費者などの個人とも密接な協力関係を築く方針を打ち出している。

2　EU環境政策における「拡大問題」

（1）　EU新加盟国の環境政策のあゆみ

2004年5月1日付でポーランド，チェコ，ハンガリー，スロベニア，スロバキア，エストニア，ラトビア，リトアニア，キプロス，マルタの10カ国が新規加盟する。さらに，ルーマニア，ブルガリア，トルコが加盟交渉を続けている。これら13カ国の加盟候補国のうち，10カ国はかつて共産主義の体制をとってい

た中東欧諸国である。こうした新規加盟国と現加盟国の環境保護分野での格差も，EUにとって大きな環境政策課題となっている。

　西側諸国と東側諸国の政治力が伯仲していた冷戦時代，1972年の国連人間環境会議（ストックホルム会議）に対して共産圏諸国は，「環境問題は資本主義と帝国主義の問題」であるとして参加を拒否していた。しかし，1989年に「鉄のカーテン」が取り払われると，西側諸国以上に深刻な現状，すなわち土壌汚染，大気汚染，森林破壊，および原子力発電所の安全性の現状が白日のもとにさらされた。ワールドウォッチ研究所は『地球白書1991-92』のなかで，「政治的な状況が変わってきたとはいえ，環境問題は依然として存在している。大気汚染と酸性雨の襲撃により，中世から続いてきた都市は黒ずみ，ボロボロになっている。丘陵の木々は枯れ，畑の収穫高も落ちてきた。川は公共の下水と化し，きれいな飲料水の供給量は減るばかりだ。何よりも恐ろしいのは，環境破壊で人が死んでいることだ。特に汚染のひどい地域では，環境の良好な地域よりも平均寿命が何年も短く，ガンや出産異常，その他さまざまな病気の発生率が高くなっている」と惨状を描写している。

　それから10年，中東欧諸国の環境指標は着実に改善してきた。表9-2を見ればわかるように中東欧地域では1992年から99年までに，工業部門のエネルギー原単位（GDP単位あたりエネルギー消費量）が約33％，民生部門（家庭・サービス事業所など）のエネルギー原単位は約19％も改善しており，出発条件の似た旧ソ連諸国と比べても大幅な改善を見せている。また，人体に有害な重金属の排出原単位は，旧ソ連諸国でほとんど改善が見られないのに対して，カドミウムで約45％，鉛で約59％，水銀は約50％（1990年度比）低下している。他にも，欧州環境庁によれば温暖化ガスやオゾン層破壊ガスの排出量，工業起源の硫黄酸化物，窒素酸化物，水消費量なども大幅に減少している。2000年には，旧ソ連・東欧地域の生態系の約90％が，これ以上の酸性化を免れたということである。近年目に見えて悪化した点には，交通部門で自動車と飛行機による輸送が増加し，鉄道やバスなどの公共交通の利用が減少したことが挙げられるが，その他は総じて改善に向かっていることがわかる。

表9-2 EUと周辺地域のエネルギー消費と重金属排出のGDP原単位

		西 欧[1]	中東欧地域[2]	旧ソ連（除バルト）[3]
エネルギー原単位：工業	1992	126	622	924
（石油換算トン／百万米ドル）	1999	124	418	1281
エネルギー原単位：交通	1992	33	73	242
（石油換算トン／百万米ドル）	1999	33	73	223
エネルギー原単位：民生	1992	43	202	751
（石油換算トン／百万米ドル）	1999	40	164	615
カドミウム排出原単位	1990	21	376	211
（トン／百万米ドル）	1999	9	208	222
鉛排出原単位	1990	2,477	12,696	12,257
（トン／百万米ドル）	1999	632	5,167	11,377
水銀排出原単位	1990	32	175	79
（トン／百万米ドル）	1999	12	88	91

注：[1] Western Europe（WE）：EU現加盟15カ国，EFTA加盟4カ国に加え，アンドラ，モナコ，サンマリノ　[2] Central and Eastern Europe（CEE）：EU加盟候補13カ国（含バルト三国・トルコ）に加え，アルバニア，ボスニア・ヘルツェゴビナ，マケドニア，セルビア，モンテネグロ　[3] Twelve Countries of Eastern Europe, Caucasus and Central Asia（EECCA）：アルメニア，アゼルバイジャン，ベラルーシ，グルジア，モルドバ，ロシア，ウクライナ，カザフスタン，キルギス，タジキスタン，トルクメニスタン，ウズベキスタン。

出典：European Environment Agency, *Europe's environment : the third assessment, Summary*, 2003 より作成。

（2）新規加盟国への環境政策支援のしくみ

　表9-2に示したように，中東欧諸国が旧ソ連諸国に比べても原単位を大きく改善できたということは，経済活動水準の落ち込みを上回る程度に，エネルギー消費量や有害物質の排出量を削減してきたことを意味する。その最大の理由は，中東欧諸国のEUへの加盟が具体化するにつれて，これらの国々の環境保護のレベルを現加盟国と同等の水準まで急速に引き上げる必要が生じ，そのための積極的支援が行なわれたことである。

　1989年にポーランドとハンガリーの政治・経済体制移行を支援するために立ち上げられたPhareプログラムは，1994年から東欧のEU加盟候補10カ国の加盟準備を支援するための財政政策手段の役割を担うようになり，政治・経済改革が進むにつれて，立ち後れの目立つ環境・インフラ投資の分野に重点を移してきた。また，加盟候補国はLIFE基金への参加が奨励されているが，これ

はEUのみならず域外周辺諸国の環境への取り組みに対しても財政支援を行なうための基金である。さらに2000年から，EUは加盟候補国に対する加盟前の支援を一層強化している。

　以上では中東欧諸国の環境政策の成果を強調したが，表9-2を見ても気づくように，西欧諸国との格差はいまだに著しい。中東欧諸国にとって，環境政策上の課題は大きく分けると，①法制上の課題，②制度的課題，③財政的課題に分けられるが，それぞれの内容は次のとおりである。

　第一に，新規加盟国は，加盟の条件として環境関連法令を含むEU法体系（アキ・コミュノテール）をそのまま受け入れなければならない。それに向けて，欧州委員会は新規加盟国に「EU法体系の国内法化のための国家計画（National Programmes for the Adoption of the Acquis: NPAA）」の作成を求めている。

　第二に，新規加盟国は環境政策を実施する行政機構を強化・効率化し，環境に関連する省庁間の連携を図る必要がある。

　第三に，環境政策の実施のための資金調達を行なう責任は新規加盟国にある。EUはアジェンダ2000において，新規加盟国の環境関連投資を，加盟前構造政策支援制度（Instrument for Structural Policies for Pre-Accession: ISPA），再評価後のPhareプログラム，農業・地方開発のための支援制度（SAPARD）を通じて資金援助するよう定めたが，これは必要な投資のごく一部をまかなう金額にすぎない（例えば，必要投資予想額800～1100億ユーロに対し，ISPAの支援予定額は年間5億ユーロ程度）。大部分の金額は新規加盟国がみずから，国際金融機関や民間銀行からの融資，二国間政府援助，外国からの直接投資，国民からの負担金・料金・税によって調達するよう求められている。

　EU法体系のなかには即時に国内法化・実施が困難な，「巨額インフラ投資を要する指令（investment-heavy directives）」がある。これらは単に投資が必要なだけでなく，必要となる開発計画の数と規模でも大きな問題をもたらすもので，現加盟国でさえも，これまで困難な経験をしているものである（表9-3）。これについては，加盟後も一定の猶予期間が認められるが，中期目標を定めた

表9-3 主要な「巨額インフラ投資を要する指令」の例

水供給・廃水処理	廃棄物管理
都市廃水処理に関する指令（91/271/EC） 飲料水に関する指令（98/83/EEC） 水環境への有害物に関する指令（76/464/EEC） 農業起源の硝酸化合物に関する指令（91/676/EEC）	廃棄物埋め立てに関する指令（1999/31/EC） 焼却場起源の大気汚染に関する指令（89/369/EEC） 有害廃棄物の焼却に関する指令（94/67/EC） 包装材廃棄物に関する指令（94/62/EC）
大気汚染制御	工業汚染制御
大規模燃焼プラントに関する指令（88/609/EEC） 燃料の品質に関する指令（93/12/EEC） 大気汚染物質の環境基準に関する指令（99/30/EC）	統合的汚染制御（IPPC）に関する指令（96/61/EC） 揮発性有機溶剤に関する指令（99/13/EC） 有害物質を伴う大事故防止に関する指令（96/82/EC）

出典：Communication from the Commission, The Challenge of Environmental Financing in the Candidate Countries（COM〈2001〉304）より作成。

実施計画にそって厳しくチェックされることになっている。ただ，各国による実施計画および資金調達計画の作成を支援するために，欧州委員会も「加盟のための優先環境プログラム（PEPA）」と呼ばれる技術的支援の体制を整えている。

3 地球温暖化問題に対する EU の対応

（1） 地球温暖化問題と EU の政策的対応

　1990年代以降，地球温暖化問題は地球規模の環境問題のなかでも中心的なテーマとなり，いまでは環境保護団体だけでなく，各国政府や産業界も重要課題として取り上げるに至っている。2001年に気候変動に関する政府間パネル（IPCC）は，1990年から2100年までの間に地球の平均気温は1.4～5.8度上昇するとの予想を発表，従来の予測を大幅に上方修正した。1992年の地球サミットにおいて「気候変動枠組み条約」が採択された頃は，まだ温暖化について科学者の間でも異論が少なくなかったが，科学的知見の蓄積に伴って，現在では優先的に対処すべき課題としての合意が形成されたとみてよい。

　当の欧州委員会によるパンフレットも，過去に現実に起こった氷河の減少や

10〜20 cm 程度の海面上昇と，二酸化炭素（CO_2）やメタン（CH_4）など温室効果ガスの大気中濃度の増加を指摘し，野生生物種と自然環境への脅威に言及している。また，市民感覚としても，大規模な被害をもたらした近年の暴風（1999年冬）や洪水（2002年8月），フランスなどで多くの死者を出した熱波（2003年8月）を温暖化と関連づけて理解する人々が増加しているという。

ECでは1991年から，温暖化防止に関連して温室効果ガスの排出抑制やエネルギー効率の改善を目的とする政策を実施してきた。例えば，再生可能エネルギーによる発電促進のための指令，自動車生産者との自主協定，共通の炭素税導入の提案などである。

1997年の京都議定書の採択によって，6種類の温室効果ガスに対して1990年比8％という具体的な削減目標が現実のものとなるや，EUは温暖化防止のための政策をさらに強化した。欧州委員会は2000年に「欧州温暖化防止プログラム（ECCP）」を発表し，欧州委員会内の各部局長（DGs），加盟国代表，産業界代表，環境NGO代表の参加のもと，京都議定書の目標達成に必要な政策を洗い出すこととした。ECCPの第一段階での重点分野は，①京都メカニズム（排出量取引や共同実施など，排出削減義務を達成するための柔軟な仕組み），②エネルギー供給，③エネルギー消費，④交通，⑤工業，⑥研究，である。その結果，2001年6月のレポートで，二酸化炭素1トンあたり20ユーロ以下のコストで，6.64億〜7.65億トン（CO_2換算）の排出削減を可能とする42の施策が報告された。

これを受けて欧州委員会は2001年10月，①ECCP第一段階で特定された施策の実施に関する委員会通達，②京都議定書の批准のための提案，③EU域内での温室効果ガス排出量取引のための提案，という3つの重要な行動を実施に移した。①はすでに，バイオ燃料促進指令，バイオ燃料熱電併給指令，自動車税に関する委員会通達などの形で具体化されるか，またはECCPの第二段階（2002〜03年）の調査課題として拡張的に引き継がれている。②については，アメリカのブッシュ政権が批准を拒否するなど波乱があったが，EU加盟国は2002年5月31日をもって一斉に京都議定書に批准した。③の域内排出量取引に

ついてはのちに見るように，2002年12月9日に環境閣僚理事会で全会一致の合意に達し現実化されている。

本節の以下の項では，EU加盟国間の削減義務分担と，排出許可証取引制度のついて簡単に触れておく。また，温暖化防止に関連して重要な政策課題となる再生可能エネルギー政策については次節で，1993年に提案されたものの実現に至らなかった炭素税をめぐる諸問題については，第5節でやや詳しく説明しよう。

（2） EU各国のCO_2削減義務分担

1997年の京都議定書は，1992年の気候変動枠組み条約をさらに具体化し，先進国は2008～12年の第一約束期間の温室効果ガス排出量を1992年比で平均5.2％，ただしEUは8％，アメリカは7％，日本は6％引き下げることとなった。率先して大幅な削減率を引き受けたかに見えるEUも，内情を少し深く検討すると興味深い事実が浮かび上がる。

京都議定書交渉の当初，EUは15％削減という削減目標を打ち出すとともに，他の国に対しても一律15％の削減を主張した。しかし，EU内ではルクセンブルクの30％引き下げからポルトガルの40％増加まで，国別に差異を設ける「取り引き」が実際に行なわれていたため，一律15％の削減は域外諸国の理解を得られなかったという経緯がある。

結局EU全体として8％の削減が決まったうえで，改めて各加盟国の削減目標が定められている（表9-4）。これを見れば，削減目標に関してはスペイン，ポルトガル，ギリシア，アイルランドなど，今後も高い経済成長で他の諸国に追いつく必要のある国々に増加を認める半面，削減目標達成にゆとりのあるドイツ，デンマーク，オーストリア，イギリスなどが大幅な削減率を引き受けていることがわかる。各国が着実に目標達成に向かっているかを判断するには，2001年の排出量と基準年比増分，および目標達成指数を参考にするとよい。目標達成指数によれば，順調に削減を実現していると言えるのは，ドイツ，ルクセンブルク，スウェーデン，イギリスの4カ国に限られ，それ以外では，と

表 9-4　EU 現加盟国の温室効果ガス

国　名	基準年排出量*（百万 tCO_2）	2001年（百万 tCO_2）	基準年比増分（％）	京都議定書の削減目標（％）	目標達成指数**（DTI，％）
オーストリア	78.3	85.9	+9.6	−13.0	+16.8
ベルギー	141.2	150.2	+6.3	−7.5	+10.5
デンマーク	69.5	69.4	−0.2	−21.0	+11.4
フィンランド	77.2	80.9	+4.7	−0.0	+4.7
フランス	558.4	560.8	+0.4	−0.0	+0.4
ドイツ	1,216.2	993.5	−18.3	−21.0	−6.8
ギリシア	107.0	132.2	+23.5	+25.0	+9.8
アイルランド	53.4	70.0	+31.1	+13.0	+23.9
イタリア	509.3	545.4	+7.1	−6.5	+10.7
ルクセンブルク	10.9	6.1	−44.2	−28.0	−28.8
オランダ	211.1	219.7	+4.1	−6.0	+7.4
ポルトガル	61.4	83.8	+36.4	+27.0	+21.6
スペイン	289.9	382.8	+32.1	+15.0	+23.8
スウェーデン	72.9	70.5	−3.3	+4.0	−5.5
イギリス	747.2	657.2	−12.0	−12.5	−5.2
EU 15カ国	4,204.0	4,108.3	−2.3	−8.0	+2.1

注：＊：基準年はガスの種類ごとに異なる。二酸化炭素は1990年である。
　　＊＊：目標達成指数（Distant-to-Target Index），基準年から2010年頃まで京都議定書の削減目標に向かって直線的に削減を続けると仮定した場合の2001年排出量に比べ，実際の2001年排出量が何％多いかを示す。
出典：欧州環境庁（EEA）ホームページ資料より。

りわけ増加を認められた4カ国で大幅に排出量が増加している点が目につく。

　現在でもアメリカの批准拒否などの混乱が続いていることからわかるように，排出削減目標は「排出の権利」の裏返しであり，各国の経済的利害に直結するため合意は容易ではない。15カ国間で国情を勘案しつつ差異のある目標を定め，なおかつ全体として温暖化防止に取り組む方針を打ち出したことは，EUの利害調整能力の高さの反映と言えるかもしれない。実際，先にみたように削減努力の進展具合に格差があり，これは常に加盟国同士の対立の種となりうるものであるが，温室効果ガスに関しては，次に見る排出量取引制度などを活用して柔軟に対応する方針である。

　なお，2004年にEUに新規加盟する東欧諸国については，これらは京都議定書において西側先進国と同等の削減義務を果たすべき国として数値目標が決

第9章　EUの環境政策

められているため，EU の削減目標割当のルールにそのまま組み込むことは困難ではないと考えられる。削減義務のないキプロス，マルタについてのみ，加盟後に EU としての排出枠を定めるなどの措置が必要となるであろう。

（3）　EU 排出量取引制度の設立

　2001年に欧州委員会が提案した EU 排出量取引指令案は，議会との共同決定手続を経て，2002年12月9日に環境閣僚理事会で全会一致の合意に至った。ヴァルストレム欧州環境委員（Wallström）は翌日この合意を歓迎する声明を発表，「京都議定書で2008年以降に導入が予定される排出量取引制度に，EU は参加の準備を整えることができる」と述べた。

　厳密に言えば，京都議定書における排出量取引が国家を主体とする国家間取引であるのに対し，EU の排出量取引はエネルギーを燃焼する大規模施設や工場を対象とする市場の創設にあたる。同様の排出量取引は2002年4月よりイギリスで実施されているが，EU のものは遙かに大規模で，現 EU 15カ国の2010年の CO_2 排出量の46％，4000～5000件の施設がこの制度の対象になると予想されている。欧州環境庁（EEA）加盟国や EU 新規加盟国の参加によってさらに範囲が拡大すると考えられる。

　EU が2005年から2007年までの3年間について予定している排出量取引は，各国政府が自国の削減義務に応じて，各施設・工場に割当証（allowances）を無償で配分するものである。排出許可証は炭酸ガス排出量1トン（tCO_2）を単位とし，その保有者は保有する割当証の範囲内で炭酸ガスの排出が認められるが，もし実際の炭酸ガス排出量が多くなれば市場で割当証を購入し，ゆとりがあれば売ることができる。EU 域内で国境を越える取引が行なわれてもよく，その際には，各国の京都議定書の削減目標も自動的に調整されることになる。

　これによって，EU レベルで大規模施設・工場起源の炭酸ガス排出削減が確実に達成できるとともに，削減が容易な施設から重点的に削減が行なわれるため，全体として削減費用が抑制されると考えられている。ただし，割当証保有量を超える排出が行なわれた場合には，超過分に対する罰金が課せられるが，

その料率は2007年までは低く抑える方針である。

　ここで，排出量取引制度の限界を指摘しておく必要があろう。まず，先に見たように制度に参加するのは大規模施設に限られ，その排出量は全体の半分に満たない。これは，排出量取引制度の下では，割当証の取引が自由になるとはいえ，年度末に必ずすべての事業所の排出量のチェックが必要で，対象の数が多くなると行政コストがかさむためである。家庭や小企業に対しては炭素税など，行政費用の低い措置が別に必要となる。次に，そもそも割当証の市場価格は変動するものであるが，価格変動リスクの下で各施設が温暖化ガス削減のための長期的投資を行なうかは疑問である。削減努力が進むほど排出枠が余り市場価格が下落する可能性があり，その疑問はいっそう強まる。さらに，参加者が削減のための投資を進めなければ割当証価格は上昇するが，それは罰金の料率以上には上昇しない。罰金の料率が低ければ，多くの企業が罰金を払って排出量を増やし，全体として目標が達成できなくなる結果も考えられる。

　このようにEU域内排出量取引にはいくつかの課題があるが，大企業の負担を最小限に抑えつつ排出量の削減を確実に達成するには有意義な制度である。イギリスが2002年に立ち上げた国内排出量取引とあわせ，貴重な知見を蓄積していくことが期待される。

4　再生可能エネルギー導入政策

（1）　EUの再生可能エネルギー促進政策

　地球温暖化対策に関して最も重要な分野はエネルギー分野である。EUではこの分野で，コジェネレーション（熱電併給）の促進，省エネの促進，そして再生可能エネルギーの支援など加盟国共通の法制を実施してきた。

　風力，太陽光，バイオマス（植物）などの再生可能エネルギー（renewable energy sources: RES）は，化石燃料使用に伴う汚染物質や温暖化ガスの抑制に加えて，エネルギーの輸入依存度を下げて供給安定性を高めるのにも有効である。風力発電機や太陽光発電パネルはいったん設置すると，寿命がくるまで燃

第9章　EUの環境政策

表9-5　EUの再生可能電力に関する指標

国名	2000年総発電量（TWh）	2000年RES発電量（TWh）	2000年水力発電量（TWh）	2000年非水力RES発電量（TWh）	2002年末風力設備容量（MW）	1997年RES電力シェア（％）	2010年RES電力シェア目標（％）
ベルギー	83.9	1.4	0.5	0.9	44	1.1	6.0
デンマーク	36.2	6.2	0.03	6.2	2,880	8.7	29.0
ドイツ	571.6	38.7	23.2	15.5	12,001	4.5	12.5
ギリシア	53.6	4.1	3.7	0.4	276	8.6	20.1
スペイン	225.1	36.4	29.5	6.9	4830	19.9	29.4
フランス	540.7	70.9	67.5	3.4	145	15.0	21.0
アイルランド	24.0	1.2	0.8	0.4	137	3.6	13.2
イタリア	276.6	51.5	44.3	7.2	785	16.0	25.0
ルクセンブルク	1.2	0.2	0.1	0.1	16	2.1	5.7
オランダ	89.6	4.2	0.1	4.1	688	3.5	9.0
オーストリア	61.8	43.3	41.6	1.7	139	70.0	78.1
ポルトガル	43.8	13.1	11.3	1.8	194	38.5	39.0
フィンランド	70.0	23.3	14.7	8.6	41	24.7	31.5
スウェーデン	145.9	83.3	79.0	4.3	328	49.1	60.0
イギリス	374.9	10.4	5.1	5.3	552	1.7	10.0
EU15カ国	2,598.8	388.2	321.4	66.8	23,056	13.9	22

注：TWhはテラワットアワー（兆ワット時），MWはメガワット（1000キロワット）である。
出典：欧州委員会資料，欧州風力協会（EWEA）資料，RES電力指令より作成。

料を必要とせず，汚染物質も排出しないためである。

　現在EUは一次エネルギー供給の約半分を域外に依存している。一次エネルギーとは化石燃料や風力・太陽光など，自然界から獲得して転換・加工する前のエネルギー源である（すでに転換・加工されたガソリンや電気などは二次エネルギーという）。北海油田などの生産が減少するにつれ，2030年頃には域外依存度が約7割に達すると見込まれているが，一方で再生可能エネルギーが，潤沢で枯渇しない域内エネルギーとしての可能性を期待されている。

　EUでは，風力，太陽，地熱，波力，潮力，バイオマス，廃棄物処分場ガス，下水処理場ガス，バイオガスのほか，水力は大規模なものもRESに含まれる。そのため，表9-5からもわかるように，ほとんどの国で水力発電がRESの大部分を占めており，現状では水力に恵まれた国ほどRESのシェアが大きい。しかし，大規模水力ダムは環境への影響が大きいため，今後大幅に増加させる方

向にはない。水力以外のRESの主力は風力発電である。EUにおいて風力発電所は大型化が進み，火力発電所と比べてもコスト競争力が高く，デンマークやドイツを中心に近年急激に設置が進んでいる。

特に電力分野での導入を促進するために，「再生可能エネルギー電力促進のためのEU指令」が2001年9月に発効した。この指令は，各国の再生可能エネルギー発電目標を定め，電力の原産地認証の手続きを規定したものである。EU全体として2010年のRES電力シェアを22％まで高めることを目標として，各国の事情に応じて目標を割り当てている（表9-5最右列）。

（2） 導入促進措置のあり方

目標は定めたものの，当面EUとしては各国共通の促進策を定めず，加盟国個別の補助制度を自由貿易保護の観点から欧州委員会がチェックするに留まる。現在でも，自然条件，政治的・文化的条件，設置許可の手続，導入促進措置の方式の違いによって，RESの導入量に大幅な違いが存在している。ただ，風況が有利な英仏で風力の導入が進んでいないなど，大型水力を除けば格差の根源が自然条件とは言えない。有力な原子力・化石燃料関連企業の存在，政権の保守・革新の違いなど政治的環境も重要であるが，最も大きな差をもたらしていると考えられるのは，導入促進措置の方式の違いである。

導入促進措置は大きく分けて，「割り当て制」と「電力買い取り制」の2つがある。割り当て制では，例えば，政府が電力会社に電力供給量の一定割合をRESでまかなうよう義務づけ，電力会社は自らRES発電設備を建設するか，RES設備保有者からの供給契約の入札を行ない，それでも義務が達成できなければ，十分に達成できる電力会社から余分な「証書」を購入する。他方，電力買い取り制では，RES発電者が一般電力網に送り込んだ電力は，優遇された固定電力で長期にわたり買い取られ，優遇価格の原資は電力消費者が薄く広く負担することになっている。

いずれが有効であったかは，現実の成果を見れば明白である。割り当て制を採ったイギリス，フランス，アイルランドなどでは風力発電の導入が進まず，

買い取り制をとったデンマーク，ドイツ，スペインの三国は風力設備容量を急速に増加させた。表9-5からわかるように，実に後者の三国だけでEUの風力設備の85％以上を占めている。前者の失敗は，RES導入比率が低く設定され，市場が小さくなりRES電力の価格が低く落ち着いたほか，価格変動のリスクが人々にRESへの投資を敬遠させたことによる。他方，ドイツやデンマークの買い取り制では，高水準の固定価格が保証されるため一般人でも安心して投資でき，個人所有または協同組合方式の風車が林立したうえ，大きな市場で風車メーカー間の競争が活発化したため技術革新も進んだ。

割り当て制の方が競争的な印象があるため，欧州委員会はこれを優先する考えであったが，現在は様々な導入促進制度の評価をしばらく続け，2005年秋に報告書をまとめ，必要であればEU共通の制度を提案するとしている。

5　EUにおける環境税制改革

（1）　環境税制改革のアイデア

これまでの節でEUが，持続可能な発展と地球温暖化防止を政策目標に掲げ，加盟国共通の政策を具体的に進めている姿を見た。さらに欧州では，市場原理を中心にした経済構造と，欧州のさらなる経済発展を損なうことなく，緩やかに持続可能な社会を実現していく壮大な方法論として，環境税制改革という考え方が一般的になっている。

この考えをわかりやすく説明したのがドイツのエルンスト・U・フォン・ワイツゼッカーである。私たちの社会はエネルギーや原料をいまだに浪費しており，その効率は少なく見積もっても4倍に高めることができる（「ファクター4」）。社会全体の効率が4倍となれば，経済規模が2倍に成長しても，資源消費量を半分に抑制することができる。エネルギーや原料に「環境税」と称して課税を行ない，税率は低率から出発してゆるやかに高めてゆけば，企業は効率を高める投資を進め，消費者は省エネ型の自動車や家電製品を購入していくであろう。他方，現状では労働への課税や社会保障負担が政府の収入の大部分を

まかなっているが,「環境税」の税収を, 労働にかかる税・負担金の引き下げに活用すれば, 雇用を増加させる可能性もある (「二重の配当」)。いわば, 人間の労働を機械の動力に置き換えてきた「合理化」の流れを逆転させ, エネルギー消費を「大量解雇」して, 人々の労働が求められる, 環境のよい社会を実現しようとの構想である。

(2) EU 炭素税指令案の末路

1990年代に入り, EC 加盟国の多くで構造的な失業問題が顕在化してくると, 環境税制改革に対する関心も高まってきた。EC 委員会の動きはそれより早く, 1989年には環境税に関するワーキンググループが作られ, 92年5月には EC 委員会より炭素・エネルギー税指令の提案が出された。化石燃料・原子力のエネルギー含有量および発熱量に応じて課税し, 税収は他の減税に充てるとする提案である。原油を代表として税率を決め, 1993年の1バレル (159リットル) あたり3ドルから出発し, 2000年には10ドルになるよう緩やかに引き上げるというもので, 1リットルあたり2セントから6セントという低い税率であったが, 環境税が重工業に悪影響を与えないように免税措置なども予定され, さらに日米などで同様の措置が実施されて初めて EC でもこの税が実施されると定めていた。

以上のように緩やかで配慮に富んだ EC 炭素・エネルギー税指令案も成立には至らなかった。環境税制改革は, 環境関係の懸案ではなく財政関係の懸案として, 経済財政理事会での全会一致が必要であり, たった一国が反対しただけでも成立しなくなる。当時, この案に主に反対していたのはイギリスであった。95年には各国の実施時期を柔軟化させた案が提示されたが, 反対国がなくならず後に廃案となった。

97年以降は, 既存のエネルギー関連税制を各国で調和させる指令案に切り替えられた。ガソリンや軽油, 石炭や電力の税体系が国ごとに異なり, 域内のエネルギー市場に歪みが生じているのを改善するため, これらのエネルギーに最低税率を定めるものであり, 環境保護の視点は弱い。この案もごく最近までス

第9章　EUの環境政策

表9-6　欧州の環境税制改革実施状況（例）

1990	フィンランドが世界初の炭素税	1999	ドイツが電力税導入等による環境税制改革
	オランダがエネルギー規制税		
1991	スウェーデン，税制改革の一環に炭素税導入		イタリアが環境税制改革開始
	ノルウェーが炭素税	2000	フランスが既存の汚染税（TGAP）の対象拡大
1992	デンマークが税制改革に炭素税	2001	イギリスが産業部門に気候変動税

表9-7　環境税制改革の効果の公式推定

	推 計 の 概 要	削減目標（1990年比）
事前推計	・デンマーク：税・助成金・協定によって2005年時点のCO_2排出量が3.8％（230万tCO_2）削減されると見込まれる（1998年評価）。	－21％
	・ドイツ：政府の研究によれば，2003年のCO_2排出量は基準ケースに比べ2.1％（2100万tCO_2），2010年では3.5％（3500万tCO_2）減少する。	－21％
	・イギリス：税の導入により250万トン，政府と企業の気候変動協定により250万トンの削減が見込まれている。	－12.5％
	・スイス：25US\$/tCO_2の課税によって，全化石燃料消費量とCO_2排出量が8％削減される。	－8％
	・フランス：税と協定により，2010年までに約240万tCの削減が見込まれる。	0％
事後推計	・フィンランド：1990年当時のままエネルギー関連税制が固定されていれば，1998年の現状よりも約400万tCO_2（実際の排出量の7％）排出が増えていたであろう。	0％
	・スウェーデン：1994年のCO_2排出量は1987年比19.2％（800万トン）減少，うち60％が炭素税の賦課によって直接達成された。	＋4％
	・ノルウェー：1991～93年の期間に，工場等固定発生源や自動車等移動発生源において，炭素税によってCO_2排出量の3～4％（30万トンCO_2）が削減された。	＋1％
	・オランダ：1994年時点で，一般燃料税がない場合には，170万tのCO_2が余分に排出されていたと推計された。	－6％

出典：環境省『地球温暖化防止のための税の論点報告書』2001年，および環境庁『環境政策における経済的手法検討会報告書』2000年より作成。

ペインの反対で可決に至らなかったが，東欧諸国の加盟スケジュールが決まり，彼らがエネルギーを非課税にしたまま安価に製品を生産することの懸念から，2003年3月21日に理事会での全会一致に達した。これは歴史的な合意であるとはいえ，先述の環境税制改革のアイデアとはほとんど無関係なものとなってしまっている。

（3）　各国の環境税制改革

　EU レベルの環境税制改革が合意に至らなかったため，各国はそれに並行して独自に環境税制改革を進めてきた（表9-6）。90年代初頭は北欧諸国が，福祉制度の見直しに伴う税制改革のなかで環境税の導入を相次いで進めた。90年代後半には，ドイツ，フランス，イギリスなどの中心的な国々も，失業対策の意味合いも兼ねて，化石燃料などへの課税を強化して社会保障負担を引き下げる形で環境税制改革を実施してきている。いずれの場合も，国民負担が増えないように減税を行なったほか，重工業の負担が大きくならないよう何らかの特別措置を採っている。

　表9-7に示すのは，環境税制改革の効果に関する公式の推計結果である。導入前の予測としての事前推計と，導入後の事後推計がある。この表から環境税の効果を読みとることができるが，第3節でみた京都議定書の削減目標と比較すれば，ほとんどの国で実施された環境税だけでは目標を達成できないこともわかる。その理由は，環境税の税率がまだ低かったことと，重工業で免税・減税が行なわれていることだと考えられる。

　近年では，環境税制改革に加えて，環境財政改革という構想が出され，EU 委員会などもその意義を認めている。これは新たな環境税の活用だけでなく，支出面で環境破壊的な公共事業や，環境に負荷の大きい産業や経済活動に与えられる補助金など，現在の財政構造を環境保護の視点から根本的に見直し，変えていこうとする考え方である。

　以上からわかるように，社会全体を環境配慮型の方向へ向かわせるために，経済学的な考え方を応用して経済・社会制度を積極的に改善していくことが，欧州流の環境政策の本質と言えよう。

□　□　□　□　□

■ 参 考 文 献

飯田哲也『北欧のエネルギーデモクラシー』新評論，2000年。

駐日欧州委員会代表部「欧州連合の環境政策」『europe』2001年秋号（ウェブより入手可：http://jpn.cec.eu.int/japanese/europe-mag/frame-titlepages/）。
朴勝俊「ドイツ・環境税制改革の行方」『資源環境対策』Vol. 39, No. 2, 2003年。
ブラウン，レスター・R. 編，加藤三郎監訳『地球白書1991-92』ダイヤモンド社，1991年。
ヘニッケ，ペーター／ディーター・ザイフリート著，朴勝俊訳『ネガワット――発想の転換から生まれる次世代エネルギー』省エネルギーセンター，2001年。
諸富徹『環境税の理論と実際』有斐閣，2000年。
ワイツゼッカー，E.U. フォン著，宮本憲一・楠田貢典・佐々木健監訳『地球環境政策』有斐閣，1994年。
―――／エイモリー・B. ロビンス／L. ハンター・ロビンス著，佐々木建訳『ファクター4　豊かさを2倍に，資源消費を半分に』省エネルギーセンター，1998年。

（朴　勝俊）

第10章

日欧関係

要約

　日本とヨーロッパの関係は，1959年に外交関係が樹立されたのを契機に主に貿易・投資を通じて進化してきた。これを関係主体としてみた場合には，日本とEU加盟各国との二国間関係から日本と一つの統合体としてのEUとの関係への進化としてとらえることができる。また，関係の内容としては，摩擦から対話と協調の関係への進化としてとらえることができよう。とりわけ，これまでの経緯を振り返ってみれば，日本—EU関係は，そのスタートの時代から長期間にわたる貿易摩擦の歴史であり，その対応の歴史でもあった。しかし，1990年代に入って双方の関係は，EUの深化・拡大に伴い，量的にも質的にも発展を遂げてきている。特に，90年代後半には，ユーロ導入によりEU経済が一段と深化したのに伴い，日本—EU関係は貿易面だけでなく投資，産業協力，先端技術，エネルギー，環境，雇用，社会問題，国際テロおよび文化交流など多角的なものになっている。なかでも，製造業を中心とした相互的な直接投資の増加は，21世紀の日欧関係をより安定した関係へと導く可能性が高い。

1　日本・EU経済関係の経緯

　まず，経済・貿易を通じた日本—EU関係の変化を，1950〜60年代，70〜80年代，90年代以降の3つの歴史的段階を追って振り返りつつ概観してみる。

（1）　二国間関係の時代（1950〜60年代）

　ヨーロッパにおいては，1952年8月にベルギー，旧西ドイツ，フランス，イ

タリア，ルクセンブルク，オランダの6カ国により欧州石炭鉄鋼共同体（ECSC）が結成された。また，1958年1月に欧州経済共同体（EEC）および欧州原子力共同体（EURATOM）が設立されたことで，「より広範囲の経済統合」への期待が高まった。これを受けて1967年7月に3つの共同体機関が融合するかたちでヨーロッパ共同体（EC）が発足，68年にはEECの関税同盟が完成した。

一方，日本においては，1955年にGATT（関税・貿易・一般協定）への加盟が認められ，59年に駐ベルギー日本大使がECSC, EECおよびEURATOMの3共同体日本政府代表に任命されたのを契機に，EECとの間で公式な外交関係が樹立した。しかし，当時は，EECの誕生間もないこともあり，日欧関係は実態の薄いものであった。ちなみに，1960年の時点で，日本の対EEC貿易は，輸出1.7億ドル，輸入2.1億ドルで，当時の日本の輸出額40.6億ドルの4.2%，輸入額44.9億ドルの4.7%にすぎず，貿易収支も日本側の3500万ドルの入超であった（EEC側の統計でみても，貿易に占める日本の割合は輸出で0.7%，輸入で0.6%と低いレベルにあった）。

また，EECも1968年に関税同盟を完成させたとはいえ，統一的な行動主体として域外第三国との通商交渉権限を有するまでには至らなかった。この結果，日本―EC間においては包括的な貿易協定が存在せず，日本との経済関係はそれぞれの加盟国との二国間関係に止まっていた。特に，ヨーロッパ各国の間では，日本のGATT加盟に当たって，戦前のダンピングや商標違反などの経験から日本に対する反発や警戒感が強く，加盟国に与えるべき最恵国待遇（MFN）を適用することを拒否した。また，GATT第35条（特定締約国間における協定の不適用）を援用して191品目の対日輸入数量規制枠を設定するなど，日本との正常な貿易関係を拒否する国も多かった。このため，日本はEEC 6カ国に対しGATT第35条の援用の撤回や対日差別的な輸入数量制限の削減・撤廃を求め，通商に関する二国間協定を締結するなど，個別国との年次協議を通じて対日差別的輸入制限品目の削減に努めてきた。こうしたなか，1960年代に入ると，駐ベルギー大使館とEU委員会との外交的ルートに加え，65年には

日本・ECSC定期協議が開始されるなど，共同体としてのECとの関係も徐々に定着していった。

（2） 貿易摩擦の深刻化（1970～80年代）

1970年代に入ると日本―EC間の貿易においては，日本側の出超が表面化し始めた。折りしも，ECでは70年1月より共通通商政策が発動し，対外通商交渉に関する権限が加盟各国よりEC委員会に移譲されることになった。これに伴いEC委員会は，イギリス，フランス，ベルギーなど加盟国の一部に残っていた対日セーフガード条項をEC共通のものとするため，日本との包括的な貿易協定締結に向けた交渉に入った。交渉は1971～72年にかけて行なわれたものの，日本側の反対から合意に至らなかった。なお，この交渉とほぼ同時期に繊維分野において，日本―EEC繊維協定に関する交渉が進められ，1972～73年，1976～77年まで期限付きで協定が締結された。

1972年以降，日本の対EC輸出が急増するのに伴って，ECによる対日批判が強まった。これに対し，日本は対欧輸出に関し71年6月に発表した総合経済対策の一つとして，「オーダリー・マーケティング（秩序ある輸出）」を実施した。また，73年には，日本―EC間の通商問題を定期的に協議する場として「日本・ECハイレベル協議」が設定された。さらに，78年の日本・EC議員交流など様々なレベルで協議がもたれ，日欧間の対話が制度化されるようになった。ちなみに，1980年代に設けられた日本―EC間の協議としては，日本・EC高級事務レベル協議（82年発足），日本・EU閣僚会議（84年発足）などがある。また，この間，個別貿易品目・分野では，造船，農産加工品，特殊鋼，医薬品，化学品，電気・ガス・水道器具，植物検疫などの問題についても協議された。しかし，こうした一連の協議にもかかわらず，日本―EC間の包括的貿易協定は依然として締結されるまでには至らず，通商事項に関する協議・交渉は，日本と共同体および個別二国間の両レベルで行なわれてきた。

(3) 対話と協調による新時代の到来（1990年代以降）

　日本の対EC貿易黒字額は1980年に89億ドルを記録した後も拡大を続け，90年184億ドル，91年274億ドル，92年312億ドルと史上最高を更新していった。これに伴い，日本—EC間では貿易摩擦が深刻化し政治問題化した。このため91年7月，日本の貿易黒字や貿易摩擦問題への対処をめぐり第一回日本・EC首脳会議がオランダのハーグで開催され，「日本・EC共同宣言」が採択された。それまでの日本—EU関係が，ともすると通商・経済分野での個別案件が中心であったのに対し，この共同宣言は，自由貿易の促進，環境協力，援助・開発協力などの世界的な課題への対処に向けた共同の貢献を謳ったものであり，広範な分野での協力関係の強化を明文化するなど，日本—EU関係における新時代の到来を象徴するものとなった。制度的にも，日本とEU間の首脳会議（年1回）が常設化された。

　こうしたなか，EU側は，1992年末の市場統合を目指すうえで，この対日差別輸入制限を撤廃することが必要だと認識した。これは，85年6月にEC委員会が発表した「域内市場白書」のなかで国別輸入規制の撤廃を謳っているほか，EC委員会が88年10月に発表した報告「1992年のヨーロッパ——世界のパートナー，ヨーロッパ」のなかにも同様のことを明記していたためである。一方，日本政府も，EUが対日差別輸入規制措置を完全撤廃することが市場統合の試金石と見なしており，88年9月以降，対日輸入数量制限撤廃のため4次にわたる非公式協議を通じて規制撤廃を訴えた。これら粘り強い交渉が奏効し，1970年代には191品目を数えたEU9カ国の対日差別輸入制限品目数は，88年末には131品目に減少し，94年3月には完全撤廃されることになった。

　また，1995年3月に欧州委員会は，日本—EU関係を一層進展させるため，「ヨーロッパと日本——将来の展望」と題する政策案を理事会に提出した。このなかで，EU側は，日本—EU関係を強化するために対話を通じて相互の認識を一層深めることを提案。そのための対日政策として，①日本市場に残存する貿易障壁を十分議論を尽くしてねばり強い姿勢で取り除いていく，②日本との協力関係を発展させ，長期的な観点からバランスのとれた政策を進めていくこ

第10章　日欧関係

表10-1　日本の対EC（EU）貿易
（単位：億ドル）

年	1960	1970	1980	1990	2000	2002
輸　出	1.7	13.0	167.0	535.2	626.6	611.1
輸　入	2.1	7.4	78.0	350.3	445.3	437.2
バランス	−0.4	+5.6	+89.0	+184.9	+181.3	+173.9

出典：財務省，通関統計。

と，などを掲げた。また，2000年7月の第九回日本・EU定期首脳会議では，「日欧協力の10年」が謳われ01年にスタートするなど，日本―EU関係は，従来の貿易摩擦による対立から対話をベースとした友好関係へと進化している。

2　日本―EU間の貿易・投資関係

　過去50年以上にわたる日本―EU関係の大半は貿易・投資を通じた関係であり，EUの拡大・深化に伴って量的にはもとより，質的にも拡大・発展を遂げてきた。

（1）　対日貿易赤字の推移

　日本とEU間の貿易は，EEC設立以降の40年間で飛躍的に拡大した。ドルベースでみた日本の対EU輸出は，1960年の1.7億ドルから2000年には626億ドルへと368倍に拡大。EUからの輸入も，2.1億ドルから445億ドルへ212倍になっている（表10-1）。この間，日本―EU間の貿易バランスは，1960年の0.4億ドルの日本サイドの入超から，80年には89億ドルの出超となり，90年には184億ドルの黒字へと倍増。最近の10年間をみても170〜180億ドルの大幅な日本の対EU貿易黒字が継続している。

　なお，図10-1は日本―EU間の貿易を円ベースでみたものである。これによると，日本の対EU輸出は，91年の7兆9700億円から92〜94年にかけて減少したものの，95年以降増加に転じ98年に9兆3100億円の史上最高を記録した。しかし，99年以降4年連続で減少し，02年の対EU輸出は7兆6,500億円

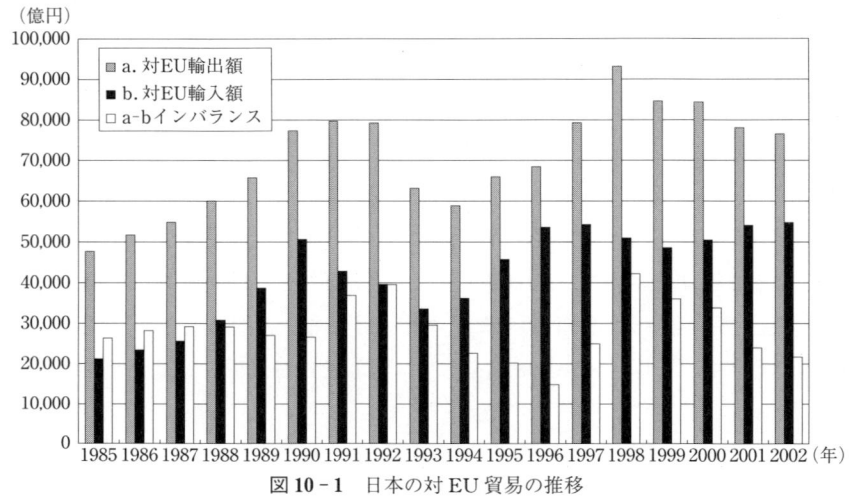

図 10 - 1　日本の対 EU 貿易の推移

出典：財務省「通関統計」より作成。

に止まっている。一方，日本の対 EU 輸入は，99年の 4 兆8600億円から02年 5 兆4700億円へと 3 年連続で増加するなど，輸出とは対照的な動きにある。これは，最近の EU 経済の低迷やユーロ安による日本製品の価格競争力の低下などを反映したものといえよう。ちなみに，2001年，02年の EU15 カ国の実質 GDP 成長率は各1.6％，1.0％に止まっており，ユーロも，98年の 1 ユーロ＝146.7円から2000年99.6円へと 3 割強下落している。こうした日本の対 EU 輸出減少・輸入増加に伴い，対 EU 貿易黒字も98年の 4 兆2200億円から02年には 2 兆1750億円へとほぼ半減している。

　図 10 - 2 は，日本の貿易に占める EU の比率をみたものである。これによると，対 EU 輸出シェアは，85年の11.4％から90年には18.7％に上昇した後，02年には15％を下回るなど，90年代に入って低下傾向にある。一方，日本の輸入に占める EU のシェアは，85年の6.8％から90年15.0％と倍増した後，2000年の12％前半まで低下したものの，01年以降上昇傾向にある。この結果，日本の貿易に占める EU のシェアは，輸出・輸入ともに14％前後でバランスする動きにある。表 10 - 2 は，これを EU サイドからみたものである。対日輸出

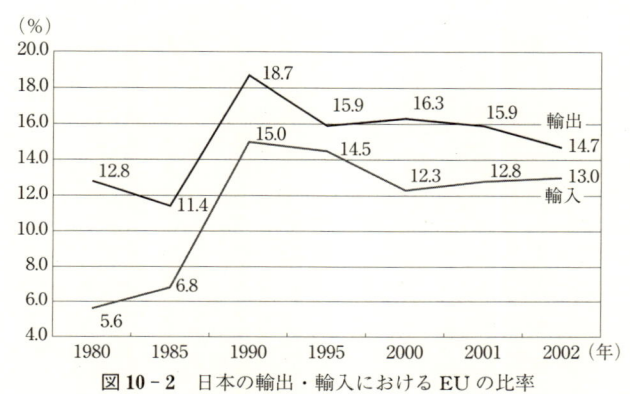

図10-2 日本の輸出・輸入におけるEUの比率

注:EUは,1980年はEC9カ国,85年10カ国,90年12カ国,95年からEU15カ国。
出典:財務省「通関統計」より作成。

表10-2 EU域外貿易の主要国・地域別シェア
(単位:%)

	輸出			輸入		
	1995	2000	2001	1995	2000	2001
アメリカ	17.8	24.6	24.4	19.0	12.0	18.9
日本	5.8	4.8	4.7	10.0	8.3	7.4
中国	—	2.7	3.1	—	6.8	7.4
中・東欧諸国	—	12.2	12.9	—	11.5	13.0
域外合計(他を含む)	100.0	100.0	100.0	100.0	100.0	100.0
(注)EU域内比率	—	62.3	61.9	—	59.0	59.3

出典:EUROSTAT.

のシェアは,95年5.8%に拡大した後,01年4.7%に低下したものの,1960年の0.7%からは大きく拡大している。輸入シェアも0.6%から10.0%に拡大した後,01年は7.4%に低下するなど,輸出・輸入とも日本の地位がやや低下している。この背景には,90年代後半にかけて,EUと中国,中・東欧諸国との貿易比率が高まったことが指摘できよう。

(2) 品目別貿易構造

ところで,日本―EU間の貿易を品目別にみた場合,どのような特徴があ

表 10-3　日本の商品別に見た対 EU 貿易

[輸出]　　　　　　　　　　　　　　　　　　　　　　　　　　　　　（単位：億円，年伸び率）

年	1980	1985	1990	1995	2000	2002	95/85	02/95
機械機器	27,185	37,844	62,468	52,885	67,192	58,287	3.4	1.4
自動車	6,053	7,228	13,327	8,976	10,399	11,469	2.2	3.6
船舶	817	1,385	272	538	727	605	-9.0	1.7
事務用機器	1,331	4,184	8,840	8,422	8,663	8,292	7.2	-0.2
科学光学機器	3,509	4,340	5,706	4,465	5,587	2,917	0.3	-5.9
半導体等電子部品	981	1,966	2,956	4,232	5,232	2,780	8.0	-5.8
金属および同製品	2,577	1,289	1,785	1,557	1,839	1,842	1.9	2.4
鉄鋼	1,116	530	664	443	495	484	-1.8	1.3
化学製品	1,602	2,239	4,116	4,571	5,549	6,055	7.4	4.1
繊維および同製品	953	1,080	1,411	823	897	805	-2.7	-0.3
食料品	270	173	194	80	101	107	-7.4	4.2
その他	5,077	5,054	7,365	6,084	8,742	9,455	1.9	6.5
総　額	37,664	47,680	77,339	66,000	84,319	76,551	5.9	-1.4

注：1980年は EC 9 カ国，85年10カ国，90年12カ国，95年以降は EU15 カ国。
出典：財務省「通関統計」より作成。

表 10-4　日本の対 EU 貿易の商品別構成比

[輸出]　　　　　　　　　　　　　　　　　　　　　　　　　　　　　　　　　（単位：％）

年	1980	1985	1990	1995	2000	2002
機械機器	72.2	79.4	80.8	62.7	79.7	76.2
自動車	16.1	15.2	17.2	10.6	12.3	15.0
船舶	2.2	2.9	0.4	0.6	0.9	0.8
事務用機器	3.5	8.8	11.4	10.0	10.3	10.8
科学光学機器	9.3	9.1	7.4	5.3	6.6	3.8
半導体等電子部品	2.6	4.1	3.8	5.0	6.2	3.6
金属および同製品	6.8	2.7	2.3	1.8	2.2	2.4
鉄鋼	3.0	1.1	0.9	0.5	0.6	0.6
化学製品	4.3	4.7	5.3	5.4	6.6	7.9
繊維および同製品	2.5	2.3	1.8	1.0	1.1	1.1
食料品	0.7	0.4	0.3	0.1	0.1	0.1
その他	13.5	10.6	9.5	7.2	10.4	12.4
総　額	100.0	100.0	100.0	100.0	100.0	100.0

注：1980年は EC 9 カ国，85年10カ国，90年12カ国，95年以降は EU15 カ国。
出典：財務省「通関統計」より作成。

第10章 日欧関係

表10-5 日本の商品別に見た対EU貿易

[輸入] (単位：億円，年伸び率)

年	1980	1985	1990	1995	2000	2002	95/85	02/95
食料品	1,913	2,321	4,538	4,243	4,923	5,491	6.2	3.8
機械機器	5,855	5,591	17,493	17,931	20,803	22,001	12.4	3.0
乗用車	777	1,189	7,691	6,372	5,773	5,874	18.3	-1.2
事務用機器	303	196	431	1,792	2,485	1,608	24.8	-1.5
航空機	212	65	369	626	470	701	25.4	1.6
化学製品	3,747	5,113	7,515	8,834	10,877	12,554	5.6	5.1
繊維製品	1,599	1,613	4,350	3,448	2,324	2,609	7.9	-3.9
その他	4,684	6,630	16,812	11,342	11,502	12,134	5.5	1.0
総　額	17,799	21,269	50,707	45,797	50,429	54,789	8.0	2.6

注：1980年はEC 9カ国，85年10カ国，90年12カ国，95年以降はEU 15カ国。
出典：財務省「通関統計」より作成。

表10-6 日本の対EU貿易の商品別構成比

[輸入] (単位：%)

年	1980	1985	1990	1995	2000	2002
食料品	10.7	10.9	8.9	9.3	9.8	10.0
機械機器	32.9	26.3	34.5	39.2	41.3	40.2
乗用車	4.4	5.6	15.2	13.9	11.4	10.7
事務用機器	1.7	0.9	0.8	3.9	4.9	2.9
航空機	1.2	0.3	0.7	1.4	0.9	1.3
化学製品	21.1	24.0	14.8	19.3	21.6	22.9
繊維製品	9.0	7.6	8.6	7.5	4.6	4.8
その他	26.3	31.2	33.2	24.8	22.8	22.1
総　額	100.0	100.0	100.0	100.0	100.0	100.0

注：1980年はEC 9カ国，85年10カ国，90年12カ国，95年以降はEU 15カ国。
出典：財務省「通関統計」より作成。

るだろうか。まず，輸出面での最も大きな特徴は，ハイテク製品を中心とする機械機器が圧倒的に多いことである。2002年の対EU輸出額7兆6541億円のうち，自動車，事務用機器，科学光学機器，半導体などの機械機器が5兆8287億円で全体の76％を占めている（表10-3）。このうち，自動車の輸出は1兆1469億円で最大であるが，90年の1兆3327億円をピークに頭打ち傾向にある。

その他の品目では，有機化合物を中心に化学製品の輸出が一貫して増大しており，その規模は80年の1602億円から02年6055億円と3.8倍となっている。また，近年では船舶，金属および同製品，食料品の輸出が伸びている一方，科学

光学機器,半導体等電子部品,などの輸出が減少している。特に,2000年以降は,世界的なITバブル崩壊の影響を受けて,事務用機器や科学光学機器などハイテク製品の輸出が減少している。なお,対EU輸出に占める主要品目の比率をみると,95年以降,半導体等電子部品（5.0%→3.6%）,科学光学機器（5.3%→3.8%）が低下している一方,自動車（10.6%→15.0%）,化学製品（5.4%→7.9%）の比率が高まっている（表10-4）。

一方,輸入面でも,2002年のEUからの輸入額5兆4789億円のうち,機械機器が2兆2001億円と輸入全体の約4割を占め最大である（表10-5,10-6）。特に,高級車など自動車（5874億円）の輸入額が大きい。しかし,他の品目でも医薬品や有機化合物など化学製品が1兆2554億円で約23%を占めるほか,食料品（10%）,繊維製品（4.8%）など,輸出に比べると主要品目が分散している。さらに,90年代のトレンドとしては,化学製品（医薬品）,食料品（肉類）,航空機の輸入が拡大している一方,乗用車（高級自動車）,事務用機器,繊維製品（ブランド品）などの輸入が減少ないし頭打ち傾向にある。

これらの特徴から,総じて言えば,日欧間の貿易においては,日本のEU向け輸出製品の中心がハイテク製品でEUの景気動向に左右され難いのに対し,EUからの輸入は,高級車,絵画,ファッション品などが中心のため日本の景気動向に影響されやすく,結果的に貿易不均衡の拡大につながりやすい特性にあるといえよう。実際,日本―EU間の貿易収支は,70年代に入って不均衡（日本の出超）が顕在化し,80年代に一段と拡大基調を辿るなど,不均衡が構造的なものとなっていった。

図10-1によると,80年代後半から90年まで2兆5000億円強で推移していた黒字額は,91年以降拡大に向かい92年に3兆9589億円のピークを付けた。その後黒字額は,EU側の積極的な対日輸出努力もあり一時減少したものの,97年以降再び増勢に転じ,98年には4兆2208億円と過去最高となるなど,日本―EU間の貿易不均衡は拡大した。これは,日本でバブル崩壊後の不況が長引き輸入が減少する一方,90年代後半にかけてEU経済が回復し,日本からの輸出が伸びたことが要因である（図10-3）。ただ,99年以降は,EU経済が減速

第10章　日欧関係

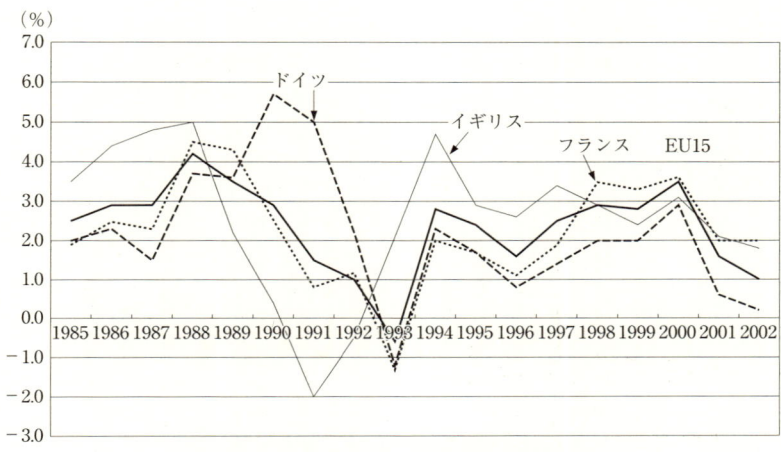

図10-3　EU―15カ国の実質GDP推移

出典：EUROSTAT.

したことから日本側の貿易黒字は再び減少に転じ，02年では2兆1752億円と98年からは半減している。すなわち，日本―EU間の構造的不均衡は90年代以降も継続しているものの，その規模は急速に縮小の方向にある。

（3）　日本―EU投資関係

　日本―EU間の貿易が1970年代において拡大していったのに対して，日本企業の対EU投資，とりわけ製造業投資が本格化したのは80年代後半に入ってからである。図10-4は，日本の対EU直接投資，およびEUの対日直接投資の推移をみたものである。これによると，日本企業の対EU直接投資（届出ベース）は，1980年代後半および90年代後半にかけて急増している。これは多分に，日本―EU間の貿易摩擦の深刻化に加えて，EUの深化と拡大に起因するところが大きい。すなわち，70年代において日本企業は，対日貿易赤字を背景とした様々な輸入制限措置に対して，オーダリー・マーケティングの考え方を打ち出し，輸出自主規制などを行なってきた。

　しかし，80年代に入って日本の対EU貿易黒字が拡大したことから，日本企業はEU域内に生産拠点を設けるなど，直接投資による輸出代替策を講ず

221

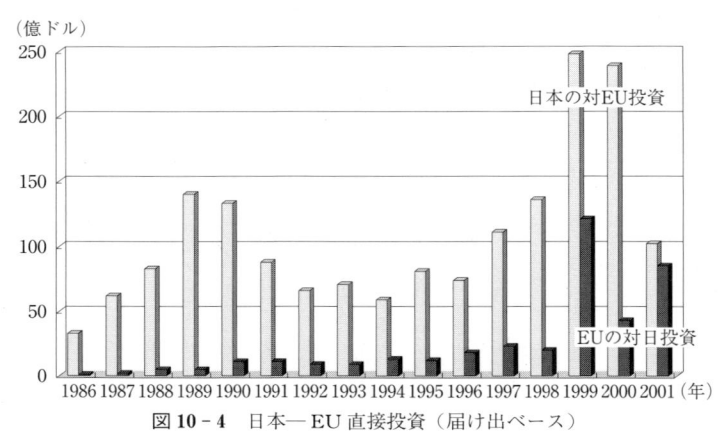

図10-4　日本―EU直接投資（届け出ベース）

出典：植田隆子編『二一世紀の欧州とアジア』勁草書房，2002年，126頁のデータに，財務省「対内および対外直接投資状況」より2000年度，01年度を追加。

るようになった。特に，80年代後半にはEUの市場統合への動きが加速するに伴い，統合による域内市場拡大と同時に，ヨーロッパ市場の「要塞化」が懸念されたことから日本企業の対EU投資が急増した。一方，90年代後半に直接投資が増加したのは，99年1月にスタートしたユーロ導入に伴う動きと言えよう。なお，99年度以降，EUの対日直接投資も急増しているのは，主にフランスの対日産自動車への資本参加などによるものである。

　なお，表10-7は，2002年現在の国・地域別にみた日本企業数である。これによると，海外に進出している日本企業数2万8841社のうち，約半数の1万3748社がアジアであり，欧州への進出はCISを含めても5208社と，北米の6757社を下回っている。また，アジアや北米への進出は比較的製造業が多いのに対し，欧州への進出は商業，金融・保険，サービス業など非製造業が大勢を占めている。

　こうしたなか，日本企業の欧州進出では3つの特徴が指摘できる。第一は，地域的にはイギリスへの進出が全体5025社の約4割（1372社）を占めることである。また，ドイツ，オランダ，フランスへの進出を加えると，これら4カ国で全体の7割弱を占めるなど，進出国に偏りがある。なお，イギリスへの進出

表10-7 国・地域別にみた日本企業数

	アジア	中近東	欧州・CIS	北米	中南米	アフリカ	オセアニア	全世界
全産業	13,748	164	5,208	6,757	1,585	304	1,075	28,841
製造業	7,150	35	1,096	2,034	477	57	168	11,017
商業	3,406	61	2,448	2,153	411	1	3	8,483
金融・保険	336	8	387	317	135	12	45	1,240
サービス業	933	8	378	788	70	7	126	2,310

注:日本企業による出資比率10%以上の現地法人を対象に集計。
出典:東洋経済「海外企業進出総覧」2003年版より作成。

表10-8 日本企業の国・地域別にみた投資目的

	アジア	中近東	欧州・CIS	北米	中南米	アフリカ	オセアニア	全世界
①資源・素材の確保・利用	63	3	5	18	10	2	17	118
②労働力の確保	473	1	7	22	16	2	2	523
③現地政府の優遇	111	1	10	8	13	1	3	147
④国際的な生産・流通網構築	1,113	8	177	263	35	4	32	1,632
⑤現地市場開拓	1,141	7	226	352	52	5	35	1,818
⑥第3国への輸出	208	2	38	34	13	0	6	301
⑦日本への逆輸入	329	1	9	29	3	2	3	376
⑧関連企業の進出に随伴	147	0	6	31	5	0	0	189
⑨資金調達・為替リスク対策	54	0	15	29	6	0	1	105
⑩ロイヤリティ・情報収集	338	1	100	197	16	1	17	670
⑪商品などの企画開発・研究	96	0	32	86	4	0	5	223
⑫新規事業への進出	63	0	17	33	2	0	7	122
⑬地域統括機能強化	46	2	26	40	5	0	3	122
⑭通商摩擦対策	5	0	0	7	0	0	0	12

注:現存する現地法人に出資(10%以上)するすべての日本側出資企業の投資目的(複数回をカウント)。
出典:東洋経済「海外企業進出総覧」2003年版より作成。

が多い理由としては,①英語圏である,②イギリス政府が外資誘致策を進めてきた,③世界の金融拠点であるシティを有する,④労働・雇用慣行が外資に馴染みやすい,などがあげられよう。特徴の第二は,サービスとりわけ金融部門の直接投資が多く,製造業の直接投資が少ない点である。ちなみに,全産業の対欧進出数5025社のうち,製造業の割合は20%程度と,全世界における同比率38%強と比べて圧倒的に低い。なお,イギリスへの進出企業を産業別にみた場合,1372社のうち製造業は304社で22%強である。第三に,進出の狙いとして

は，国際的な生産・流通網開拓や現地市場開拓，ロイヤリティ・情報収集などがあげられる（表10-8）。

3 日本—EU貿易摩擦と通商政策

　これまでにみた日本—EU間の貿易・投資の拡大は，双方の通商・経済関係を中心とする総体的関係の強化・発展の成果でもある。特に，日本—EU関係は，個別商品の貿易摩擦への対応を通じて進展してきたと言えよう。

（1）　貿易摩擦と日本の対応

　日本—EU間貿易において，不均衡を引き起こし日本側が輸出自粛を行なった輸出商品はどのようなものか。日本の対EU貿易黒字が表面化し始めた1970年代では，船舶，鉄鋼，ベアリング，自動車，科学光学機器，半導体等電子部品，事務用機器，カラーTVセット，カラーTVブラウン管などがある。また，80年代に入ると，VTR，乗用車，軽商業車，オートバイ，カラーTV，カラーTVブラウン管，フォークリフト，クォーツ時計，工作機械（NC旋盤，マシニングセンター），ハイ・ファイ機器の10品目が摩擦の対象となった。EU側は，これら商品が深刻な影響を引き起こしているとして，日本に対して1983〜85年までの3年間にわたり，輸出見通しを示すよう要請した。これは，表向きは日本側が一方的に輸出の動向や方向性を示す方式をとっているものの，実質的には輸出自主規制そのものであった。

　また，EU側は輸入を抑制するため日本に対して，輸入関税，輸入数量制限，アンチダンピング税，原産地規制など様々な措置を講じた。こうした輸入規制の動きに対し，日本は対EU貿易の均衡拡大を図る方向で黒字の不均衡を是正しようと，EUからの輸入促進や国内市場開放を進めた。すなわち，日本政府は81年12月以降，7次にわたり市場開放対策を打ち出し，85年には「原則自由，例外制限」の基本的な立場から，市場アクセスのための改善・改革措置を骨格とする「アクション・プログラム」を発表した。これは，日本は3年間で

輸入関税，輸入制限，基準・認証，政府調達，金融資本市場，サービス，輸入促進など，広範囲の分野にわたって改善・改革を進めるという内容である。

また，日本は，欧米諸国からの内需拡大，市場開放などの強い要求に応えるかたちで1986年に「国際協調のための経済構造調整研究会」報告（いわゆる「前川レポート」）を発表した。これは，より中長期的な視点から大幅な経常収支の不均衡を是正し，内需主導型の経済成長を図っていくため，日本の経済構造を国際協調型の経済構造へと転換することを謳ったものである。さらに87年には，「経済審議会・経済構造調整特別部会」報告（「新前川レポート」）が発表され，内需拡大のための具体策が詰められた。こうした対応のなか，90年代に入ると，日本経済のバブル崩壊に加えて，それまでの構造調整とあいまって日本経済も輸出主導型から内需主導型へと転換が進んだこともあって，対EU貿易黒字は急速に縮小していった。

その後，91年5月にドロール委員長が日本を訪問した際に，冷戦終焉後における新たな日本—EU関係の模索がスタートし同年7月，オランダのハーグで開催された第一回日本—EU首脳会議で「日本とECおよびその加盟国との経済に関するハーグ共同宣言」が発表された。また，EU理事会は92年6月，貿易不均衡是正のため対日政策決論文書を採択。日本に対して，改革の推進，内需拡大，長期的な円高，対米偏重の是正，産業協力の推進，政治対話の推進など幅広い要求を提示したのに続き，95年には「ヨーロッパと日本 次のステップ」文書を提出した。また，95年3月に日本政府が3カ年（1995～97年）規制緩和推進計画を発表したのを契機に，年1回のペースで日本—EU規制緩和対話がスタートした。そのなかで，EU側は97年11月，99年10月に150～200項目に及ぶ規制緩和提案リスト（改定リストでは50分野144項目）を日本政府に提出し，このうち投資，競争政策，国際基準の認証，電気通信，保険，外国弁護士，運輸，検疫など17分野42項目を優先的に規制緩和するよう求めてきた。

これに対し98年11月，日本もEUに基準認証，電気通信，建設など18分野57項目の要望リストを提出。99年11月に改定リスト（21分野62項目），2000年2月には再改定リスト（21分野89項目）を提出した。また，1995年5月に日本—

EU間で相互承認協力に関する協議を開始し，1999年6月に協定内容で合意が成立した。ちなみに，この日本―EU相互承認協定は，日本が締結する初めての相互承認に関する二国間協定であり，この対象分野として2000年に電気通信機器，電気用品，化学品，医薬品の4分野が調印された。

（2） EUの対日通商政策

一般に，一国の通商政策には，①二国間主義（バイラテラリズム），②地域主義（リージョナリズム），③多国間主義（マルチラテラリズム）の3つのアプローチがある。なお，アメリカの場合，これにユニラテラリズム（一国主義）が加わる。それぞれの国は，これら3つのアプローチを上手く組み合せながら，自国経済のために成長のダイナミズムを維持し，長期的な利益最大化を図る政策を求め続ける。EUの場合，1967年の共同体設立以来，リージョナリズムすなわち域内でGATT／WTO以上の自由化と加盟国間の法制度のハーモナイゼーションを進めることによって，域内経済の成長と貿易投資の流れを活性化することが基本政策であった。また，近年では，NAFTAやメルコスールなど他の地域統合体と自由貿易協定（FTA）を創設しようとの動きもみられる。

しかし，日本―EU関係においては，こうした自由貿易圏創設に向けた動きはいまのところみられない。これは，EUが，対日政策ではもっぱら個別分野の問題について二国間協議（バイ）で交渉を行ない，日本から十分な譲歩が得られない場合，GATT／WTOなどの多国間協議（マルチ）の場を通じて大幅な譲歩を引き出すことを狙ってきたためである。また，日本自身も，上記3つのアプローチのうち，多国間主義のスタンスを貫き，GATT／WTOなどの国際機関を通じて貿易関係強化を図ってきたことも要因である。ただ，ここ数年の世界的なFTA締結の流れのなかで，日本も2002年1月にシンガポールとの間でFTA（「日本・シンガポール新時代経済連携協定」）を締結したのを契機に，韓国，メキシコ，ASEANなどともFTA締結を目指す動きにあるなど，これまでの多国間主義から地域主義へと貿易・経済政策の軸足をシフトしつつある。

第10章　日欧関係

表10-9　WTO発足後の日本―EU紛争案件

EUの日本に対する申立　　　　　　　　　　　　　　　　　　　　（2003年2月現在）

案　件	申立事由	経　過	現状
日本の酒税格差	• ウィスキー，コニャック，ブランデー等に対する酒税が焼酎に比べて高率であり内国民待遇違反	95/6　協議要請 96/7　パネル報告 96/11　採択	終了
日米の移動電話に関する合意	• 日米移動体電話合意(94/9)内容が欧州企業の製品に対して内国民待遇違反	95/8　協議要請 95/9　妥結	終了
日本の著作隣接権	• 日本の著作隣接権保護制度がTRIP協定に違反する	96/7　協議要請 97/1　日米間合意で終了	終了
日本の豚肉輸入に係る措置	• 豚肉・同製品に係る日本の措置がガット1，10，13条に違反	97/1　協議要請	協議中
日本の人工衛星調達	• 日本の人工衛星調達の入札に係る明細事項は，明示的に米国以外を排除するものであり，政府調達協定に違反する	97/3　協議要請 98/3　二国間合意	終了
日本の皮革に係る関税割当及び補助金	• 日本の皮革の関税割当の運用及び補助金は，輸入許可手続き協定に違反	98/10　協議要請	協議中

出典：経済産業省「不公正貿易白書2003」。

　ちなみに，EUが日本に対して二国間主義（バイラテラリズム）アプローチを用いた例としては，①戦後EUが講じてきた191品目にわたる対日輸入数量制限措置，②造船，農産加工品，特殊鋼，医薬品，化学品，電気・ガス・水道器具，植物検疫などを巡って幾度か行なわれた個別品目・分野別協議，③日本―EEC繊維協定（70年代），④VTR，カラーTVブラウン管，乗用車，クォーツ時計などに本製品10品目に対する対EC輸出自粛（80年代）要請，⑤電子タイプライター，エクスカベター（掘削機），複写機，DRAM半導体など，輸出自主規制の対象にならなかった日本製品に対するアンチダンピング（AD）規制，および「部品AD規制（いわゆるスクリュードライバー規制）」（80年代），⑤EU加盟各国による日本車に対する輸入数量規制と，それに代わる「日本―EU自動車合意」による日本側への輸出自主規制要請（90年代），⑥日本―EC首脳協議等の対話・協議フォーラム（90年代），などがある。なお，このうち

227

「日本―EU自動車合意」は99年末に期限切れとなり失効。これにより2000年以降、日本―EU間の貿易に関する数量規制は皆無となった。

また、EUが多国間主義によりGATT／WTOの枠組みを通じてアプローチを行なってきた例としては、①GATT第23条1項（無効化または侵害）に基づく対日協議を申し入れ（82年）で、EUは日本市場の閉鎖性によって対日輸出が阻害されGATT下で享受できる利益が損なわれていると主張、②アルコール飲料の酒税問題でGATT第23条第2項に基づき提訴（86年）、③日米半導体協定問題をGATT協議の場にもち込む（88年）、④日本のウイスキー・焼酎などの酒税制度が輸入酒を差別しているとしてWTOに提訴（95年）、⑤日本の港湾荷受け慣行をWTOに提訴（96年）、⑥皮革輸入問題に関してGATT第22条協議を実施（98年）、などである。ちなみに、1995年1月1日のWTOスタート以降、EUが日本に対し申立を行なった案件は表10-9のとおりである。これらから感ずるところは、日欧間での紛争案件が数えるほどになっており、40年以上にわたって日本―EU通商関係を特徴づけていた問題がほぼ解消されているということである。

（3）　経済・産業協力

戦後一貫して貿易摩擦を巡って対立を繰り返してきた日本―EU関係であるが、すでにみたように1990年代に入ると徐々にその関係は改善に向かった。なかでも、双方の関係改善の足掛かりとなったのは、91年7月、オランダのハーグにおいて日本とEUおよびその加盟国間で調印された「日本・EU共同宣言」である。宣言は、包括的な対話と協力の原則と目標を定めたもので、これにより、日本・EU首脳会議、外相会議、閣僚会議など高いレベルでの会議が定期的に開催されるようになった。また、これら会議を通じて日欧双方とも一段の規制緩和を進めることが確認された。この背景には、①冷戦崩壊後の世界経済の安定を実現するためには、世界経済に占めるウエイトが圧倒的に高い日・米・EUの3極の協力が不可欠なこと、②ニューエコノミーを謳歌して一人勝ちとなりつつあった米国に対し、日欧が警戒感を有するようになったこと、

③90年代後半には，EU経済が好調となり労働市場も改善傾向にあった，などがあげられよう。

また，95年1月1日よりスタートしたWTOの新交渉を開始するに当たって，日本およびEUは，いくつかの問題に関して共同歩調をとることで合意した。特に，注目される点は，EUサイドにおいて，積極的に日本市場を開拓しようとする動きが見られるようになったことである。例えば，イギリスは，日本市場には参入機会があるということで「オポチュニティージャパン」キャンペーンを実施。かつて対日強硬派とされたフランスも同様なキャンペーンを行なったほか，94年には，欧州委員会が「ゲートウェイ・トゥー・ジャパン」キャンペーンを行なった。

さらに，「日本・EU共同宣言」に基づいて，日欧産業分野において，ざっと数えただけでも「日本―EU労働シンポジウム」（91年），「同運輸ハイレベル協議」（92年），「同産業政策・産業協力ダイアローグ」（93年），「日本―EUビジネス・ラウンドテーブル」（95年），「同バイオテクノロジー・ワーキンググループ」などが次々に設けられ，双方のビジネスマンによる対話が始まった。これに伴い，日本―EU関係は，かつての「摩擦」一辺倒の関係から対話と協調の関係へと大きく変化しつつあると言えよう。

90年代の対話と協調の強まりを受けて，2000年に入ってからは企業レベルあるいは個別分野での日本―EUの交流が活発化している。バイオテクノロジー分野を例にとると，在日フランス大使館対仏投資部（AFII）が03年5月，東京商工会議所と共催で「フランスのバイオクラスター～戦略的パートナーシップの提案～」と題ずるセミナーを開催。同セミナーでは，フランスのバイオ産業育成に向けた積極的な取組みや，同分野における日本企業とのパートナーシップ構築に向けた意欲が示された。ちなみに，フランスには現在約300社のバイオ関連企業（うち8割が医療関係，2割が農業・食品・環境関係）がある。これらの企業の大半が，国策としてのバイオ産業育成により，ここ2，3年で設立されている。欧州でバイオ事業戦略を進めようとしている日本企業にとって，各種の投資優遇制度をそろえ，国際提携に意欲的なフランスは，大変魅力的な

投資環境を提供する格好となっている。

　また，航空機分野では，欧州航空機メーカー大手のエアバスインダストリーが03年2月，06年就航予定の大型旅客機「A380」生産に向け，コックピット・モジュール，液晶スクリーン，翼部分の生産に使われる精密機械など，総額4億ドルを日本メーカー3社に発注した（横河電機，カシオコンピューター，牧野フライス製作所）。02年の発注を加えると，エアバス社による日本企業への「A380」関連の発注先は21社で，総額21億5000万ドルにのぼる。同社は，日本メーカーへの大型発注をきっかけに，米ボーイング社のシェアが8割を占める日本の航空機市場で，エアバス販売を伸ばしたい考えである。さらに，流通分野では，英食品スーパー最大手のテスコが03年，日本の小売業者シートウーネットワークを買収するかたちで日本市場進出する方針を発表した。ちなみに，欧州の大手流通企業ではすでに，仏カルフールが進出している。

4　今後の展望

　21世紀における新たな日本―EU関係を展望するうえでの青写真は，すでに2000年7月の「日本―EU首脳協議結論文書」および01年12月の日本―EU首脳協議で採択された「日本―EU協力のための行動計画」で明らかである。この行動計画では，日本―EU間のより強固なパートナーシップのための4つの重点目標として，①平和と安全の促進，②万人のためのグローバル化の活力を活かした経済・貿易関係の強化（〈経済・貿易関係〉および〈開発および貧困に対する戦い〉），③地球規模の問題および社会的課題への挑戦，④人的・文化的交流の促進，が掲げられている。このうち経済・貿易関係では，合せて世界のGDPの約45％を占める日本とEUが，世界全体の利益のためのグローバル化の活力を活かす方策を共同で模索し，貿易と投資を含む双方に経済関係を強化するために精力的に努力することを謳っている。

　91年の「日本・EU共同宣言」から10年が経過して日本―EU関係においては，過去半世紀における中心テーマであった差別や貿易規制の問題はすべて解

消され，投資，産業協力，先端技術，エネルギー，環境，雇用，社会問題，国際テロおよび文化交流など多角的なものになっている。この意味では，日欧関係は経済・貿易を超えた新たな段階に入っていることは確かである。新時代における日本―EU関係をより高い段階へと発展させるためには，これまでの政府首脳レベルでの絆の強化から産業間レベル，企業レベルさらに人的レベルでの絆の強化が問われる必要があろう。

　かつて，日・米・EU関係に付いては，三辺がそれぞれ等長である正三角形でなければならないとの議論があった。しかし，現実にはEU―アメリカ，アメリカ―日本に対して日本―EUの辺は短く，それぞれの経済規模（2002年時点で，日本のGDP4兆ドル，EU8兆ドル）の大きさにもかかわらず，両者の相互依存関係はあまりにも低位に止まっている。日本―EU新時代における多角的な関係の強化は，日米欧3極構造におけるリンケージが最も脆弱な「二等辺三角形」の一辺を強化することになり，今後の国際政治，経済社会の安定化にとっても大きな貢献を意味しよう。

参考文献

安藤研一「地域経済統合と直接投資――1980年代後半以降の日本の対EC直接投資とEC統合に与えた影響に関する分析」日本証券経済研究所『証券研究』Vol. 110，1995年。

植田隆子編『二一世紀の欧州とアジア』勁草書房，2002年。

内田勝敏「EUと日本」内田勝敏・清水貞俊編『EU経済論』ミネルヴァ書房，2001年。

久保広正「EUと対外通商関係」田中素香・長部重康・久保広正・岩田健治『現代ヨーロッパ経済』有斐閣アルマ，2001年。

JETRO通商弘報2003年各号より一部参照。

田中友義「EUの対外関係の展開と戦略（Ⅱ）――EUの対日政策の展開」『EUの経済統合』中央経済社，2002年。

『2003年 海外企業進出総覧』東洋経済新報社，2003年4月。

日本関税協会『外国貿易概況』各年。

『日本貿易の現状』日本貿易会，2003年，他各年版。
福島清彦『ヨーロッパ型資本主義』講談社現代新書，2002年。
藤井良広『EU の知識』日本経済新聞社，2001年。

（柴田明夫）

終 章

21世紀のヨーロッパ経済と社会

要　約

　ヨーロッパ（以下では，ヨーロッパの中核であるEUを意味する）は1950年代から拡大を繰り返してきたが，10カ国という多くの国が一度に加盟するのは初めてのことであり，ヨーロッパという領域の広がりはほぼ定まった。拡大のプラス効果は拡大によるコストを上回り，とくに新規加盟国への拡大効果は大きい。拡大はヨーロッパに平和・安定・繁栄の領域を生み出す。

　21世紀のヨーロッパは知識基盤型の経済・社会の構築を目指している。それは，より多くより良い雇用とより強い社会的連帯を確保しつつ，3％という持続的な経済発展が達成できる社会である。この目標を達成する戦略が社会・経済・雇用政策のトライアングルの「リスボン戦略」である。

　ヨーロッパはどこへ行くのか（QUO VADIS EUROPA ?）。様々な欧州統合構想がヨーロッパのリーダーから打ち出されるなかで，将来の欧州像の模索が続いている。欧州憲法条約が調印されて，いよいよEUの基本条約の批准手続きがEU25カ国で始まった。ヨーロッパがより連邦的な体制になるのか，国家間協力の体制でいくのか。いずれを選択するのかは21世紀のヨーロッパにとってきわめて重要な課題である。

1　拡大と平和・安定・繁栄圏の形成

（1）　拡大するヨーロッパ

　EUは表終-1にみるように，1950年代から始まる50年余りの歴史を通じて拡大を繰り返してきたが，10カ国余りもの多数の国が一度に加盟するのは，今

表終-1　EU拡大の推移

	国　名	加盟申請時期	加盟時期
第一次拡大	アイルランド	1961年7月	1973年1月
	イギリス	1961年8月	1973年1月
	デンマーク	1961年8月	1973年1月
第二次拡大	ギリシア	1975年6月	1981年1月
第三次拡大[(1)]	ポルトガル	1977年3月	1986年1月
	スペイン	1977年7月	1986年1月
第四次拡大	オーストリア	1989年7月	1995年1月
	スウェーデン	1991年7月	1995年1月
	フィンランド	1992年3月	1995年1月
第五次拡大[(2)]	ハンガリー	1994年3月	2004年5月
	ポーランド	1994年4月	2004年5月
	ルーマニア	1995年6月	2007年1月(予定)
	スロヴァキア	1995年6月	2004年5月
	ラトヴィア	1995年10月	2004年5月
	エストニア	1995年11月	2004年5月
	ブルガリア	1995年12月	2007年1月(予定)
	リトアニア	1995年12月	2004年5月
	チェコ	1996年1月	2004年5月
	スロヴェニア	1996年6月	2004年5月
	キプロス	1990年7月	2004年5月
	マルタ	1990年7月	2004年5月
	クロアチア	2003年2月	2007年1月(予定)
	トルコ	1987年4月	2014年以降(予定)

注：(1) 旧東ドイツは1990年10月のドイツ統一によってEUに併合。
　　(2) 交渉開始1998年3月：ハンガリー，ポーランド，エストニア，チェコ，スロヴェニア，キプロス，マルタ。1999年10月：ルーマニア，スロヴァキア，ラトヴィア，ブルガリア，リトアニア。トルコ(2005年10月)。
出典：筆者が作成したもの。

回が初めてのことである。今回の拡大によって，ヨーロッパという領域の広がりはほぼ定まることになる。

　2002年12月，コペンハーゲン欧州理事会（EUサミット）は中・東欧諸国との加盟交渉の終了を宣言し，2004年5月からのマルタ，キプロスを含む中・東欧10カ国がEUに加盟することを承認した。2003年4月，ギリシア・アテネにおいて25カ国は加盟条約に調印し，2004年5月，これら10カ国は，正式に加盟した。さらに，2005年4月，ブルガリア，ルーマニアは，EU加盟条約に調印し，2007年1月からの加盟が正式に決定した。

終　章　21世紀のヨーロッパ経済と社会

表終-2　拡大のインパクト（1995年データ）

加盟国数	面積拡大(%)	人口増加(%)	GDP 合計増加(%)(1)	1人当たりGDP 変化(%)	1人当たりGDP 平均(EUR6＝100)
6カ国から9カ国へ	31	32	29	−3	97
9カ国から12カ国へ	48	22	15	−6	91
12カ国から15カ国へ(2)	43	11	8	−3	89
15カ国から26カ国へ(3)	34	29	9	−16	75

注：(1) 購買力平価基準で調整。
　　(2) 旧東ドイツを含む。
　　(3) EU 加盟15カ国＋加盟申請11カ国（マルタ，トルコを除く）。
出典：Timothy Bainbridge, "The Penguin Companion to European Union" (3rd edition, Penguin Books, UK, 2002), p.156.

　また2003年2月，クロアチアも EU 加盟を正式に申請し，ブルガリア，ルーマニアと同時期の2007年加盟を目指して2005年10月 EU と交渉に入った。同時にトルコとの交渉も始まった。加盟が実現しても早くて2014年以降になる見通しである。

　ところで，これまでの4回の拡大と比較すると，第五次拡大の特徴は，表終-2のとおり EU の1人当たり国内総生産（GDP）が大きく下がることである。これは，今回加盟した10カ国は，これまでの EU 加盟国と比較して，経済水準がきわめて低いということにほかならない。現15カ国と新10カ国との経済格差は歴然としている。

　現15カ国の1人当たり GDP を100とすると，新10カ国の平均は24.6となる（2002年，1人当たり GDP の EU 平均100。最低のラトヴィア15.8から最高のキプロス55.9）。「結束基金」の受け取り国であるアイルランド，スペイン，ギリシア，ポルトガルといった国に比べても，経済格差は大きい。

　面積や人口に与えるインパクトに比較して GDP へのインパクトが多くの問題を提起しているといえる。このように大きな格差を解消するためには，共通農業政策（CAP），構造基金など EU 財政からの巨額の資金移転を必要としている。また，完全な単一経済圏の形成には相当の期間を要すると思われる。特に，ユーロ導入までには相当の期間が必要ではないかとみられ，早くても2008〜09年以降になるとの見通しが出されている。

今回の拡大効果については，欧州委員会や在欧の研究機関が様々な調査結果を発表しているが，それらの結果の共通点は，利益がコストを上回ることと，現15カ国よりも新10カ国の方が享受する利益が大きいということである。

　EU拡大により，資本は現15カ国から新10カ国に流入し，労働力は新10カ国から現15カ国に流入する傾向が強いとみられる。しかし，労働者の移動の影響は，それほど大きくないというのが一般的な見方である。EU加盟交渉において，新10カ国はアキ・コミュノテール（EU法全体から派生する権利と義務の総体）の履行に際し，移行期間が設けられている。しかし，新10カ国からの流入労働者の移動については，現15カ国に7年間の移行期間が設けられており，現15カ国は一定の規制をすることができる。

（2）　拡大と平和・安定・繁栄のヨーロッパ

　欧州委員会は，EU拡大による利益として，ヨーロッパにおける平和，安定，繁栄圏が拡大し，すべての欧州市民の安全保障が強化されることを挙げている。

　新10カ国が環境保護，犯罪・麻薬・不法移民の撲滅に関するEU政策を採択するにしたがって，欧州全域で市民生活の一層の質的向上が期待できるし，ヨーロッパは文化的多様性，知識交流，相互理解の増進を通じて豊かになることができる。また，EUの拡大は国際社会における役割を強化することができることを強調している（外交安全保障政策，貿易政策，その他のグローバル・ガバナンスの分野など）。

　さらに現在3億7910万人の市場規模が4億5360万人に拡大することによって，欧州全体の経済成長が押し上げられ，雇用があらたに創出されるとみている。具体的には，新10カ国は加盟後10年間にわたり，毎年GDPの1.3～2.1％ポイントの追加的成長が，現15カ国は累積ベースでGDPの0.5～0.7％の拡大が期待できるとしている。

　表終-3にみるように，欧州委員会は，1人当たりのGDPがEU平均を大幅に下回っていたアイルランド，ポルトガル，スペインが，EU加盟後に高い経済成長を遂げたことを強調し，今回加盟した中・東欧諸国の脆弱な経済がダ

終 章　21世紀のヨーロッパ経済と社会

表終-3　結束諸国のGDP成長（1988～2003年）

	期間	ギリシア	スペイン	アイルランド	ポルトガル	EU3カ国[1]	EU12カ国[2]	EU15カ国[3]
GDP年平均成長率(%)	1988～98	1.9	2.6	6.5	3.1	2.6	2.0	2.0
	1988～93	1.2	2.0	4.4	2.6	2.0	1.7	1.7
	1993～98	2.7	3.1	8.7	3.6	3.1	2.4	2.5
	1998～2003（予想）	3.9	3.1	6.8	2.1	3.1	2.0	2.1
1人当たりGDP（購買力平価）EU15=100	1988	58.3	72.5	63.8	59.2	67.8	106.6	100.0
	1990	57.4	74.1	71.1	58.5	68.6	106.4	100.0
	1993	64.2	78.1	82.5	67.7	74.0	105.0	100.0
	1998	66.9	79.2	106.1	72.2	75.9	104.6	100.0
	2000	67.7	82.2	115.2	68.0	77.3	104.3	100.0
	2001[3]	64.7	84.1	117.9	69.0	78.1	104.2	100.0
	2002(予想)	69.0	83.4	119.1	72.5	79.0	104.1	100.0
	2003(予想)	70.4	83.8	119.9	72.1	79.5	104.0	100.0

注：(1)　ギリシア，スペイン，ポルトガル3カ国。
　　(2)　1988～98年，1988～93年の成長率は旧東ドイツを除外。
　　(3)　2001年のギリシアの数値は国勢調査暫定値による。
出典：Eurostat（national accounts）+calculations DGREGIOから作成。

イナミックな成長の刺激を受け，同様の経済発展を遂げることを期待している。

　欧州委員会は，新10カ国のなかには経済構造改革を進めるにしたがって，雇用面で多少のネガティブな影響は出てくることはあるが，EUからの財政支援資金の増額による職業訓練や競争力の改善によって雇用が増加することを期待することができるとしている。

　依然として残る賃金格差や雇用水準の格差から加盟直後に労働力移動の自由化が実施されれば，約33万5000人が中・東欧諸国から現15カ国に流入するとみられる（ドイツ，オーストリアなどの特定国・地域に集中するおそれがある）。前述したとおり現加盟国は新規加盟国から労働力の流入を規制するため7年間までの移行期間についてこれらの諸国との間で合意している。

　在ロンドンのシンクタンク経済政策調査センター（CEPR）によると，第五次拡大は，現15カ国に対して100億ユーロ，新10カ国に対して230億ユーロの経済効果をもたらすと予測している。また在ブリュッセルのシンクタンク欧州政策研究センター（CEPS）によれば，EU拡大はGDPを5％押し上げるが，雇用問題，賃金問題に深刻な影響は与えることはないとみている。中・東欧地域

表終-4　中・東欧諸国の主要経済指標（1997～2001年平均）

	GDP成長率	物価上昇率	失業率	一般政府予算	対外貿易	経常収支	海外直接投資
	変化率 (％)	年平均	活動人口 (％)[3]	対GDP比 バランス (％)	対EU バランス (100万ユーロ)	対GDP比 バランス (％)	対GDP比 ネット流入 (％)[1]
ブルガリア	2.0	9.8	15.2	0.5	−188	−1.5	5.6
チェコ	1.1	5.6	7.1	−3.8	−2,604	−4.3	7.8
エストニア	5.2	6.1	11.5	−0.5	−496	−7.8	8.1
ハンガリー	4.5	12.4	7.4	−5.4	−1,090	−3.4	4.3
ラトヴィア	6.1	3.9	14.0	−1.7	−318	−8.6	5.7
リトアニア	3.6	3.3	16.5	−2.9	−696	−8.9	4.8
ポーランド	4.2	9.9	13.6	−2.8	−10,750	−5.4	4.2
ルーマニア	−1.0	46.3	6.2	−4.0	−1,050	−5.3	3.5[2]
スロヴァキア	3.3	8.9[2]	15.7	−7.0	−48	−7.4	4.4
スロヴェニア	4.2	8.0	6.8	−2.3	−1,704	−1.7	1.4

注：(1)　国際収支データ。
　　(2)　1997～2000年平均。
　　(3)　労働力調査定義。
出典：European Commission "Toward the Enlarged Union; Strategy Paper", Brussels, 9.10.2002 COM (2002) 700final, p.98 から作成。

からの労働力のネットの流入は，2009年時点でEUの労働人口の1％以下とみており，ドイツ，オーストリアなどの特定国・地域へ集中して流入することを予測している。

欧州企業家ラウンド・テーブル（欧州経済の競争力と成長を促進することを目的に46人のヨーロッパの主要なビジネス・リーダーが参加するフォーラム）は，EU拡大が600～800億ユーロの成長と約30万人の新規雇用の創出の経済効果をもたらすと予測している。

その要因として，第一に，海外直接投資の増加によって生産性の改善，技術移転，近代的工場・設備，訓練・技能基準の向上や環境・社会的基準の改善がもたらされること，第二に，法制度改革，行政改革の遂行により，企業が長期戦略を描ける投資環境が創出されること，第三に，現15カ国，新10カ国の国際競争力が向上すること，第四に，現15カ国，新10カ国間の貿易が拡大することを挙げている。

欧州委員会は拡大の効果はすでに現れているとみている。中・東欧諸国では

終　章　21世紀のヨーロッパ経済と社会

すでに民主的制度の進展や少数民族に対する尊重の増進などによって安定した民主主義国が出現していると評価している。表終-4のとおり，これら諸国の経済改革によってEU現15カ国を上回る高い成長率と明るい雇用情勢が期待できるとしている。

　事実，自動車，ハイテク，小売，銀行，保険，エネルギー，テレコム部門への欧州企業をはじめとする直接投資が増大しており，リストラされたオールド・エコノミーにとって代わって，より規模の大きいサービス部門を含めたニュー・エコノミーが新技術，ノウハウ，金融資産投資などの注入によって生産性の大規模な上昇を遂げつつある。

（3）　中・東欧諸国の市場経済化

　新10カ国は，EU加盟にあたり自国での市場経済が機能していること，つまり，自国の経済がEU加盟後の域内市場の競争圧力に対応できる能力があることが求められている。

　1980年代末以降の体制転換の進捗によって，EU, G24（先進24カ国），EBRD（欧州復興開発銀行）などのマルチ・ベースや二国間ベースでの様々なレベルの公的経済支援と並行して，EU企業による中・東欧諸国への貿易取引や直接投資が活発化し，新10カ国の経済発展に大きく貢献した。

　中・東欧諸国のEU加盟を待つまでもなく，経済統合化はEU企業などによる拡大EU戦略の積極的な展開によって実態面で大きく進展している。その背景として，体制転換後10年余りを経て，中・東欧諸国の市場経済化が大きく進展したことが考えられる。

　表終-5はEBRDが2002年度の「トランジション・レポート（市場経済移行報告書）」のなかで中・東欧諸国の市場経済化への移行の進展状況を示したものである。それらの指標として，「GDPに占める民間部門の比率」，「大規模国営企業の民営化」，「小規模国営企業の民営化」，「企業統治・リストラ」，「価格自由化」，「貿易・外国為替制度」，「競争政策」，「銀行改革・金利自由化」，「証券市場・ノンバンク金融機関」，「インフラ改革」の10の項目があり，市場経済

表終-5　中・東欧諸国の市場経済化の進捗状況[1]

国名	人口（100万人, 2001年央）	GDPに占める民間部門の比率(%, 2001年央)	企業			市場・貿易			金融		インフラ
			大規模国営企業の民営化	小規模国営企業の民営化	企業統治・リストラ	価格自由化	貿易・外国為替制度	競争政策	銀行改革・金利自由化	証券市場・ノンバンク金融機関	インフラ改革[2]
ブルガリア	8.1	70	4−	4−	2+	3	4+	2+	3+	2+	3−
チェコ	10.3	80	4	4+	3+	3	4+	3	4−	3	3
エストニア	1.4	80	4	4+	3+	3	4+	3	4	3	3
ハンガリー	10.0	80	4	4+	3+	3+	4+	3	4	4−	4−
ラトヴィア	2.4	70	3+	4+	3−	3	4+	2+	4−	3	3
リトアニア	3.7	75	4−	4+	3	3	4+	3	3	3	3−
ポーランド	38.7	75	3+	4+	3+	3	4+	3	3+	4−	4−
ルーマニア	22.3	65	3+	4−	2	3+	4	2+	3−	2	3
スロヴァキア	5.4	80	4	4+	3	3	4+	3	3+	2+	2+
スロヴェニア	2.0	65	3	4+	3	3+	4+	3−	3+	3−	3+

注：(1) 評価点は，最低点1「計画経済からの進展なし」から最高点4+「先進工業国並の水準・成果」までの9段階。詳細な説明はTransition Report 2002, p.21参照のこと。
　　(2) テレコム，電力，鉄道，道路，水道の5つの分野。
出典：EBRD；Transition Report 2002から作成。

化への移行の進展程度は1から4+までの9段階の評価値で表示されている。

　ハンガリー，ポーランド，チェコ，エストニアの市場経済化はかなり進展しているが，ルーマニア，ブルガリアでは遅れが目立つ。市場経済化のひとつの目安となる「GDPに占める民間部門の比率」では，ハンガリー，チェコ，スロヴァキア，エストニアが80%と最も高く，ルーマニア，スロヴェニアが65%と最も低い。

　市場経済化が最も進展しているのは，市場化の第一段階において改革に着手した「小規模国営企業の民営化」や「貿易・外国為替制度」などの分野であり，これらの分野の市場経済化はほぼ先進諸国並と評価されている。外資導入による「大規模国営企業の民営化」も積極的に進められた。

　「銀行改革・金利自由化」については，銀行部門の改革が進展し，金利も自由化されているものの，BIS（国際決済銀行）基準の銀行・金融制度にはまだ到達していないと評価されている。外資を呼び込むためにも，これら分野におけ

る市場経済化の一層の進展が望ましい。

　市場経済化がいぜんとして遅れている分野は，第二段階の改革の「インフラ改革」，「証券市場・ノンバンク金融機関」，「競争政策」，「企業統治・リストラ」や第一段階の改革の「価格自由化」の分野である。

2　知識基盤経済・社会を目指すヨーロッパ

（1）　知識基盤型経済・社会の構築

　21世紀のヨーロッパの経済・社会はどのようになっているのだろうか。この先ヨーロッパは数多くの改革と挑戦に立ち向かわねばならないが，ヨーロッパの近未来像を具体的にイメージすることはできるのだろうか。少なくとも2010年までのヨーロッパの経済・社会のシナリオはすでにできあがりつつある。

　2000年3月，リスボン欧州理事会が開催された。このEUサミットでは，狭義の雇用問題にとどまらず，IT革命への対応を一つの軸として，知識社会への移行を強力に推進しつつ，社会的疎外や貧困の解消のため能動的な社会福祉政策をも追求するという「欧州社会モデル」のあり方など，経済・社会問題について包括的な議論が行なわれた。

　各国首脳は，「より多くより良い雇用とより強い社会的連帯を確保しつつ，持続的な経済発展を達成し得る，世界で最も競争力があり，かつ力強い知識基盤経済・社会（knowledge-based economy and society）を構築する」というEUの今後10年間の戦略的目標を決定した。これが「リスボン戦略」である。

　具体的措置としては，①競争力とイノベーションがあり，力強い知識経済・社会への移行準備（IT革命対応，研究開発支援，起業支援，域内市場完成，マクロ経済政策協調など），②欧州社会モデルの改革（知識社会に向けた教育・訓練，エンプロイアビリティの改善などより積極的な雇用政策，社会保障制度改革，社会的疎外の解消など），③より一貫した体系的な政策の実施（毎年春の欧州理事会でのモニタリングの実施，短期・中期・長期別の目標とタイムテーブルの設定，適当な場合には目標値を世界最高水準に併せて，加盟国相互間でモニターしてピアプレシャーを働かせ

表終-6 リスボン戦略の主要政策目標

〈情報社会〉	通信市場の完全自由化、ネット接続コストの削減（2001年末） 全学校をインターネット・マルチメディア接続（2001年末） 全教員のインターネット・マルチメディア技術の習得（2002年末） 公共サービス部門の電子情報化（2003年）
〈研究とイノベーション〉	各国研究機関・大学などを結ぶ汎高速電子通信網の構築（2001年） 研究者の域内移動の自由化・研究頭脳の誘致と確保（2002年末） EU共通特許制度の導入（2001年） 民間研究投資・ハイテク起業のための環境改善
〈経済金融側面〉	金融サービス規制の統一（2005年） 運輸・エネルギー・郵便の完全自由化の促進 政府調達手続の電子化（2003年） サービス貿易障壁の撤廃戦略（2002年） 中小企業のための欧州憲章の策定 労働の税負担軽減, 教育・訓練・研究開発向け公共投資の強化
〈欧州社会モデル〉	就業率の引き上げ（2000年の61%から70%へ。女性の就労率を2000年の51%から60%）（2010年） 域内実質成長率3%前後の維持（10年間） 雇用促進のための労働者の能力向上・技術格差の是正 育児制度改善, 男女機会均等などの徹底 サービス産業の雇用拡大 インターネットで接続された学校などを多目的地域学習施設に発展 社会的排除・差別の撤廃など貧困層のEU社会政策の各国政策への反映 少数民族・子供・高齢者・障害者など社会的弱者に対する優先的行動の展開

出典：Europe（no.221), april／may／june 2000（駐日欧州委員会代表部）などから筆者が作成したもの。

る）を決定し，これらの措置による毎年実質約3％の持続的な経済成長，2010年までに70％の就業率（就業者数／15～64歳の全人口数，2000年61％），女性の就業率60％の達成（同51％）などの目標を掲げた。

リスボンEUサミットが描いた2010年までのシナリオは，健全なマクロ経済政策の下で具体的政策が実行されれば，EUは今後とも毎年約3％の実質成長率を達成できること，就業率を2000年の61％から70％へ引き上げられうることを展望した。リスボン戦略は社会（社会の質・社会的連帯），経済（競争力・ダイナミズムの向上），雇用（完全雇用・仕事の質的向上）のトライアングルのヨーロッパの近未来像のシナリオを描いている。

そして，このリスボン戦略の進捗を点検するために毎年春に特別欧州理事会が開催されることになり，すでに2001年3月のストックホルムEUサミット，2002年3月のバルセロナEUサミット，2003年3月，2004年3月のブリュッ

セルEUサミットが開催されており，リスボン戦略の進捗の評価と将来の優先的課題の決定が行なわれてきた。ただし，2005年3月のブリュッセルEUサミットは，2010年の戦略的目標の達成の遅れをとりもどすために改革のスピード・アップの必要性を認め，雇用と成長を促進し，EU経済の活性化のための新たな戦略に合意した。リスボン戦略の具体的政策目標は，表終-6のとおりである。

（2） eEuropeと全市民の情報社会

eEurope（欧州電子化計画）は「すべての欧州市民の情報社会」を目指すEUのイニシアティブである。eEuropeは情報化が，ヨーロッパの雇用，成長，生産性に大きな影響を及ぼすとの認識に基づいて，情報社会の便益をすべての欧州市民が享受できることを確保するためリスボン戦略の中心に位置づけられている。ヨーロッパは21世紀の本格的な情報社会の到来に備えようとしている。

リスボン戦略とその中核を構成する「eEuropeイニシアティブ」は，1990年代末になって，IT革命やグローバル化によって米国経済が隆盛を極め，ニュー・エコノミーがいわば一人勝ちする状況を目の前にしたヨーロッパが，IT革命やグローバル化への対応に遅れたことを認識し，自らの経済・社会モデルについてもこれらに対応した形で再構築する必要があるとの問題意識をもつに至ったことによるものである。

このために，1999年12月，欧州委員会はIT革命に積極的に対応するための「欧州電子化構想—すべての欧州市民の情報社会（eEurope Initiatives; Information Society for All）」を提案した。

欧州委員会のeEuropeイニシアティブは，IT分野における欧州域内間での格差あるいはアメリカとの格差の広がりが見られるなかで，すべての欧州市民のための情報社会を構築するために，①すべての市民，家庭，学校，すべての企業，政府をデジタル時代・オンラインに導くこと，②新しいアイディアに喜んで融資し，これを発展させるような企業文化に支持されたデジタル能力をもったヨーロッパを創設すること，③全体のプロセスが社会的に差別的ではなく，

消費者の信頼を築き，社会的結束を強化することを確保することの3つの主要な目的を掲げている。

そのために教育，電子商取引の促進，ハイテク中小企業支援などについて達成目標を掲げ，EU加盟国，欧州委員会，欧州産業界や欧州市民が協力して，その達成に向けて努力することが必要であることを強調している。このeEuropeイニシアティブの提案はリスボン戦略の主要政策目標に掲げられている（表終-6）。

欧州委員会は2000年5月，2002年末を目標としてすべての欧州市民に開かれた情報社会の構築を目的とするeEurope2002アクション・プラン（欧州電子化行動計画2002）を発表し，2000年6月のポルトガル・フェイラ欧州理事会で採択された。

このアクション・プランはeEuropeイニシアティブを具体化したもので，実施期限が全般的に前倒しされ，2002年を全体の最終期限として設定していることが特徴点であった。このアクション・プランは「より安く，より速く，より安全なネットインフラの整備」を謳うと同時に，市民のIT能力を向上させ，インターネットの利用を促進させることを目的としている。eEurope2002アクション・プランには，法律，行政，文化，環境，交通などの基本的な公共データをオンラインで提供できる体制を整えることや，インターネット接続料金の引き下げ，コンピュータ犯罪に対処する防犯技術の確立，および各国の警察・検察当局の連携による安全なネットワーク作りなどの行動目標とそれぞれの行動主体者や達成期限が明示されている。

さらに，2002年5月，欧州委員会はeEurope2002アクション・プランをフォロー・アップするためのeEurope2005アクション・プランを発表し，2002年6月のスペイン・セビリア欧州理事会で採択された。このアクション・プランは2005年までに優先的に取り組む課題として，①近代的なオンラインの公共サービス（電子政府，電子教育，電子医療など）を提供できること，②そのための達成方法として，競争的価格でブロードバンド・アクセスの広範な利用が可能になること，③安全な情報インフラを整備することなどをあげている。

（3） ヨーロッパは雇用重視の社会

　1990年代初期に再び始まった雇用についての議論の背景の主要な理由として，1970年代の二度にわたる石油危機の後に生じた経済的社会的問題と1992年，1993年の欧州通貨危機は，主として欧州自身の対応の不手際に起因するという認識があった。

　EU統合のペースが市場統合などの様々な分野で加速する一方，EUはマクロ経済的ショックをうまく管理するのに充分な確固たるツールも一貫した戦略ももっていなかった。また，EUは労働市場における長期の失業や他の構造的問題を生じさせかねない持続的な失業水準を阻止し，これと戦うきわめて効果的な対応策ももっていなかった。

　失業問題は技術的悲観主義（日米とのテクノロジー・ギャップ），雇用なき成長，グローバリゼーションへの脅威，あるいは第三世界との競争激化などの結果だけでなく，加盟各国の雇用政策の失敗に起因するものでもあった。

　このような失業問題をより強い協調と収斂によって「欧州レベルで解決する」という関心がEU加盟国の間で急速に高まった。この欧州レベルの解決はマーストリヒト条約によってマクロ経済分野で生じたが，さらに，欧州レベルの解決についての新たな議論は，通貨統合（EMU）のもとでのマクロ経済的ポリシー・ミックスを補完する構造政策に向けられた。雇用問題がこの議論の重要な要素であり，EUが直面している拡大問題，構造基金，経済的社会的結束，制度改革などのすべての挑戦に優先するものであった。

　1997年11月，雇用問題のみを議題とする初めてのルクセンブルク欧州理事会（雇用サミット）が開催されたが，そこでは高水準の雇用の達成と雇用政策への取り組みについての議論が行なわれて，「欧州雇用戦略」が決定された。これが「ルクセンブルク・プロセス」と呼ばれるもので，リスボン戦略のなかで雇用政策が重要な政策課題として取り上げられたことは前述のとおりである。

　また，2000年6月，欧州委員会は欧州社会モデルを刷新して，良質な雇用を創出することにより，社会的連帯を強化するための「新社会政策アジェンダ」を決定し，2000年12月のフランス・ニース欧州理事会においてこのアジェンダ

が合意された。このアジェンダは2005年末に終わったことから，欧州委員会は2006年から2010年の5年間を対象とした新たな社会政策アジェンダを提案した。

2001年3月のストックホルム欧州理事会は，主な雇用政策の目標として今後10年間，持続的に3％経済成長を達成し，2000万人の新規雇用を創出しつつ，雇用拡大については，55歳以上の中高年人口が2010年までに50％（2000年，38％）の雇用水準（就業率）にする。また，2005年までの中間目標として，全体的な雇用水準を67％，女性の雇用水準を57％とすると同時にEU内の社会的結束を確保することを決めた。

2002年3月のバルセロナ欧州理事会は，リスボン戦略の基軸となっている完全雇用達成の長期計画のための経済社会政策に焦点があたった。雇用政策については，税制や社会保障制度，雇用の柔軟性と安定性，女性の労働市場への進出，柔軟な段階的退職制度，生涯教育へのアクセスの保証，欧州全体が高齢化社会となることから，現在58歳の退職年齢を2010年までに段階的に63歳に引き上げることなどを中心に戦略の抜本的な見直しを行なうことを決めた。

3　QUO VADIS EUROPA？（ヨーロッパはどこへ行くのか）

（1）　統合構想と新たな欧州像の模索

フィッシャー独外相（当時）が2000年5月，ベルリン・フンボルト大学で統一憲法の下で今後10年以上を見越した一つの国家のように運営する「欧州連邦」を独仏などの「前衛」あるいは「重心」となる中核グループが推進する構想を提案した。それ以来，2004年5月からの拡大EUを前にしてヨーロッパの将来像（「ヨーロッパのかたち」あるいは「欧州統合の最終形態」）を巡る議論が一段と熱を帯びてきた。百花繚乱の感を呈した欧州統合構想を巡る動向は表終-7のとおりである。

フィッシャー構想はEU議長国フランスのもとで2000年12月末のフランス・ニース欧州理事会に向けてアムステルダム条約の改定交渉が政府間協議（IGC）で行なわれている最中の微妙な時期に発表された。さらに，EU主要国

終　章　21世紀のヨーロッパ経済と社会

表終-7　欧州統合構想を巡る動向

2000年5月	フィッシャー独外相，「欧州連邦」構想を提案（フンボルト大学）
2000年6月	シラク仏大統領，欧州統合構想（「パイオニア・グループ」）について演説（独連邦議会）
2000年10月	プロディ欧州委員長，欧州統合について演説（欧州議会）
2000年10月	ブレア英首相，欧州政策について演説（ワルシャワ）
2000年12月	欧州理事会，ニース合意
2001年2月	ニース条約調印
2001年4月	シュレーダー独首相，EUの「最終形態」構想提案（シュピーゲル誌）
2001年5月	ジョスパン仏首相，「国民国家の連邦」構想発表
2001年5月	独社民党（SPD），欧州社民党大会に「欧州連邦」構想提案
2001年6月	アイルランド，国民投票でニース条約批准を否決
2001年11月	独SPD，年次大会（ニュルンベルク）で宣言採択
2001年7月	欧州委員会，欧州統治白書発表
2001年12月	ラーケン・グループ，欧州統合構想提案
2001年12月	欧州理事会，ラーケン宣言採択
2002年2月	ヨーロッパの将来像に関する諮問会議（コンベンション）開会
2002年10月	諮問会議，欧州憲法条約枠組み案公表
2002年12月	アイルランド，国民投票でニース条約を批准
2003年1月	独仏，EU機構改革案を共同提案
2003年2月	ニース条約発効
2003年2月	欧州憲法条約草案の一部公表
2003年6月	諮問会議，欧州憲法条約最終草案採択
2003年6月	欧州理事会（ギリシア・テッサロニキ），欧州憲法条約草案承認
2003年10月	憲法制定のため基本条約改正の政府間会議（IGC）開始
2004年5月	中・東欧諸国EU加盟
2004年6月	欧州議会選挙
2004年6月	欧州理事会，欧州憲法条約案採択
2004年10月	欧州憲法条約調印（ローマ）
2005年5月	フランス，欧州憲法条約批准を国民投票で否決
2005年6月	オランダ，欧州憲法条約批准を国民投票で否決

出典：筆者が作成したもの。

であるドイツの外相がこれまではタブー視されていた「欧州連邦（European federation）」あるいは「欧州政府（European government）」という大胆な統合構想を私見とはいえ提案したことから，欧州各国に様々な反応を呼び起こした。

2000年6月，フィッシャー構想を歓迎していたシラク仏大統領は，ベルリンの独連邦議会で演説し，安全保障など特定分野の統合を積極的に推進するために，独仏両国が中心となって一部の加盟国が先行する「パイオニア・グループ（pioneer group）」の結成を提案した。そして，数年以内に「欧州憲法

(European constitution)」を作成することを視野に入れるべきだと主張した。

　「ヨーロッパで指導的な役割を果たす」ことを繰り返し主張してきたブレア英首相は，国内に反欧州感情が根強く，ユーロへの参加もままならず，次第に焦燥感を強めていた。相次いで独仏主導で打ち出されるヨーロッパの将来構想に対して，2000年10月，ワルシャワで演説を行ない，「自由で独立し，主権をもった諸国のヨーロッパ」を提唱した。EUは政府間主義と超国家主義のユニークな組み合わせとしてとどまり，主権国家が共通の利益を追求するヨーロッパは経済的・政治的な「超大国（superpower）」ではあるが，「超国家（superstate）」ではありえないことをあらためて強調した。

　ドイツ主導の欧州統合構想はさらに加速化する。2001年4月30日付の独シュピーゲル誌上でシュレーダー独首相（当時）は欧州統合の最終形態に関する構想を初めて明らかにした。シュレーダー構想は，欧州委員会を強力な「欧州行政府（European executive）」に改組して決定権限を強化し（ただし，「欧州政府（European government）」という語句を使うことを慎重に避けているのは，EUの超国家化を望まないイギリス，フランスなどの批判を避けることを意図したためと見られる），また，EU予算への完全な主権を与えることによる欧州議会の権限を一層強化し，そのためにも欧州憲法を制定すべきだというものである。

　シュレーダー構想がフィッシャー連邦構想とあいまって欧州統合をドイツが主導するかの印象を与えたことと，フィッシャー構想以上に連邦制を強く打ち出していたことから，国内のみならず他のヨーロッパの国々からも大きな反響を呼び起こした。仏ル・モンド紙は「ドイツの利己主義的ビジョンの反映ではないか」，「シュレーダーのエゴイズム」と手厳しく批判した記事を掲載したほどであった。

　これに対して，長い間沈黙を守っていたジョスパン仏首相（当時）が2001年5月，首相就任以来初めて独自の構想を明らかにした。ジョスパン構想は一言で表現すると「国民国家からなる連邦（Federation of Nation States）」ということができる。

　ジョスパンはシュレーダーやフィッシャーがドイツやアメリカの連邦制をモ

デルとして提唱した欧州連邦構想には，各国政府の権限の制限につながることを理由に反対する姿勢を示した。そして，ジョスパンはフランスあるいは他のいずれのヨーロッパの諸国家を解体せずにヨーロッパを建設することが必要であり，国民国家からなる連邦こそ連邦主義者の理想とヨーロッパの国民国家の現実とのユニークな分解不能の混合体であると述べた。

　以上にみたように様々な欧州統合構想と新たな欧州像の模索が戦後1950年代に出発した欧州統合の最終形態をどのようなものに仕上げていくのかという点で，21世紀のヨーロッパの経済・社会を考えるうえで興味深いテーマである。

(2) ラーケン宣言と欧州憲法

　2001年12月，ベルギー・ラーケン欧州理事会は欧州統合の将来像を検討するため，各国政府，議会の代表のほか欧州委員会，欧州議会の代表らによる諮問機関を創設することを盛り込んだ「ラーケン宣言」を採択した。

　2002年2月，ラーケン宣言に基づいて，ジスカール・デスタン元仏大統領を議長とする「ヨーロッパの将来に関する諮問会議（コンベンション）(Convention on the Future of Europe)」が召集された。

　ラーケン宣言は2002年7月でEUの前身であるECSC（欧州石炭鉄鋼共同体）発足から50年の歴史を経過して，EUがその本質を明確に定義するべき時期，すなわち岐路に立っているとの認識を示している。中・東欧へのEU拡大は冷戦時代のヨーロッパを清算することになり，50年前とは異なるアプローチを必要としているとして，拡大EUをにらんで欧州の将来像に関する議論が本格化した。

　2003年6月末のギリシア・テッサロニキ欧州理事会の承認を受けた後，2003年10月から始まったEU加盟国代表によるIGC（政府間協議）においてニース条約（基本条約）の改正協議のなかで欧州憲法条約草案は新しい基本条約改正案としてまとめられた。

　この諮問会議は，EUが2004年5月には現在の15カ国から25カ国になることを受けて，EUが機能不全に陥ることを防ぐこと，また欧州市民に開かれた形

で民主的にヨーロッパの将来について議論することを目的としている。

　具体的には，ラーケン宣言に明記されているように，EUが緊急に解決すべき3つの具体的課題に取り組むために，①EUと加盟国との権限の分配，②EUの法的手段の簡素化，③EUの諸機関の民主性・透明性・効率性の確保，④EUの条約の簡素化・再編（憲法採択の可能性の検討）のような問題について，約1年間かけて議論することになった。

　諮問会議は，EU各国の利害がまともにぶつかりやすいIGCという形を避けて，大所高所に立って新たな欧州像を模索するために開かれた協議を展開しようという目的があった。諮問会議には，議長のジスカール・デスタン，副議長のアマート元伊首相，ベルギーのジャン＝リュック・デハーネ元首相の統合推進派の3人に加えて，EU加盟国政府代表，10カ国の新規加盟国政府代表，加盟国議会代表，新規加盟国議会代表，欧州議会代表，欧州委員会代表の105人と経済社会評議会や地域評議会などの代表のオブザーバー13人の合計118人が参加した。

　2003年1月23日の仏独間のエリゼ条約調印40周年記念日の直前に，仏独両国間で意見の一致が見られなかったEU機構改革に関してシラク・シュレーダー首脳会談で合意が成立し，仏独の共同提案の形で諮問会議に提出された。

　この共同提案では，「将来のヨーロッパを国家・国民・市民の連合」とする国民国家からなる連邦（Federation of Nation-States）としたうえで，欧州理事会常任議長と欧州委員会委員長の双頭体制（仏ル・モンド紙は，EU首脳の共存，cohabitationという表現を使っている）については，欧州理事会や加盟国の立場の重要性を強調するフランスと，連邦制の推進と欧州委員会の強化を主張するドイツとの間の困難な妥協の結果であった。

　イギリス，スペインやジスカール・デスタンらはこの共同提案に好意的な評価を示す一方，仏独主導の統合に反対するイタリア，大国支配を警戒するオランダなど中小国やプロディ欧州委員長（当時）らは否定的な評価を下すなど，複雑な反応がみられた。

　諮問会議における欧州憲法条約草案の作成作業は，イラン問題をめぐる欧米

終　章　21世紀のヨーロッパ経済と社会

表終-8　欧州憲法条約草案のポイント

〈連合の定義と目的〉	
EUとは	共通の未来を築く市民と国家とで形成。各国は主権の一部をEUに委譲
加盟国との関係	各国家の独自性と歴史を尊重し，多様性のなかで団結する
EUの目的	平和と市民の福祉の促進
欧州市民	加盟国国民は同時にEU市民
〈政策と機構〉	
欧州理事会議長 （大統領）	特定多数決により理事会議長を選出。任期2年半，1回だけ再選可能。欧州理事会の議長を務める。欧州理事会は理事会議長の主宰により，欧州委員会委員長，EU外相の出席の下に，四半期に1回開催。EUの対外代表
EU外相	欧州理事会が欧州委員会委員長の同意の下で，EU外相を任命。外相理事会を主催。欧州委員会副委員長を兼務。EUの共通外交・安全保障政策を担当
閣僚理事会	欧州議会とともに立法機関としての機能を果たす。閣僚理事会議長は1年ごとに交代。「全体問題および立法理事会」を新設
欧州委員会委員長	欧州議会の過半数以上の支持を前提に，欧州理事会が特定多数決で選出，任命
欧州委員会	欧州委員会は委員長，EU外相，輪番制で選出された議決権をもつ委員13人で構成し，その他の加盟国からの委員は議決権をもたない。2009年11月から実施
欧州議会	立法機能を強化するため，共同決定権の対象分野を拡大
各国議会	欧州委員会の法案が自国の権限に抵触している場合，欧州裁判所への提訴が可能
〈EUと加盟国の政策分野〉	
EU専管の政策分野	ユーロ圏の通貨政策，共通通商政策，国際貿易協定，関税同盟，共通漁業政策のもとでの海洋生物資源保護，共通外交・安全保障
EUと加盟国との共管の政策分野	域内市場，自由・安全・裁判分野，農業・漁業（海洋生物資源保護を除く），運輸，汎欧州ネットワーク，エネルギー，社会，経済・社会・地域結束，環境保護，消費者保護，公衆衛生
EUが加盟国の政策を支援，調整，補足的に活動する分野	産業，健康保護・増進，教育，職業訓練，青少年保護，スポーツ，文化，市民保護
〈議決方式〉	特定多数決制を改革。通常は，加盟国の半数以上の国数と賛成国の合計人口がEU総人口の60％を超えれば可決できる。2009年11月から実施 司法・警察分野など特定多数決制を拡大 外交・安全保障，税制，社会保障などの分野では全会一致制を残す。重要案件については，欧州理事会の承認を得たうえ特定多数決で採決できる
〈透明性〉	欧州議会や閣僚理事会の審議を公開
〈基本権憲章〉	民主制が基本。死刑禁止，難民保護
〈加盟・脱退〉	EUは価値を共有する欧州国家に開かれている。加盟国は各国の憲法上の必要が生じた時脱退できる

出典：The European Convention: Draft Treaty establishing a Constitution for Europe などから筆者が作成したもの。

間の対立・緊張にもかかわらず,ほぼ予定通り進められ,2003年6月,諮問会議は全体会議で欧州憲法条約最終草案を採択した。この条約草案は国家主権に配慮して,玉虫色になった。ジスカール・デスタンは「意見対立は激しかった。会議の結果は完全なものではないが,予想を上回る出来だ」と語った。憲法条約草案のポイントは表終-8のとおりである。

2003年6月,ギリシア・テッサロニキで開催された欧州理事会は欧州憲法条約草案を基本的に承認した。この条約草案を2003年10月からのIGCの協議の重要な議題とすることを決定した。また,中・東欧など10カ国の新規加盟国代表もIGCに参加し,拡大EU加盟国は2004年5月以降できるだけ早期に正式署名することを確認した。2004年6月,欧州理事会において欧州憲法条約案が採択され,同年10月,ローマにおいて25カ国の首脳によって調印された。しかし,2005年5月,フランスの国民投票,同年6月のオランダの国民投票で同条約の批准が否決されたため,2006年11月からの発効は2007年以降に延期されることになった。

(3) QUO VADIS EUROPA? ——ヨーロッパはどこへ行くのか

さて,21世紀のヨーロッパはどこへ向かうのだろうか。「拡大」は今回の10カ国の中・東欧などの諸国が2004年5月からEUに加盟したことによってほぼヨーロッパという領域の広がりが定まった。他方,「深化」は1990年代の域内市場統合,通貨統合の完成から21世紀は政治統合へと向かうだろう。

このようにヨーロッパは拡大と深化するなかで,統合がどのように進んで,最終的にどのような国家形態になるのだろうか。すなわちヨーロッパは欧州連邦を目指すのか,それとも各国が多くの主権をもつ国家連合にとどまるのか。

「ヨーロッパはどこへ行くのか(QUO VADIS EUROPA?)」というこの基本的な疑問への答えとして,欧州統合構想をめぐる様々な議論や,欧州憲法条約の内容からいくつかの方向性を探ってみることにする。

まず,第一は,欧州統合の最終形態である。ヨーロッパの最終形態はフィッシャー構想の欧州連邦とジョスパン構想の国民国家からなる連邦の2つの構想

を軸にして模索されるであろう。ここでは，アメリカとヨーロッパの国家成立の過程や，歴史的・文化的背景の大きな相違からして，いわゆる「米国モデル」は放棄されるだろう。

では，フィッシャー構想の根幹を成す「ドイツ連邦モデル」に近いものに統合が進むのかどうか。筆者の答えは，「No（否）」である。30カ国近い拡大EUは，むしろジョスパン構想の「連邦主義者の理想とヨーロッパの国民国家の現実とのユニークな分解不能な混合体」である国民国家からなる連邦へと進むであろう。その方が欧州政治の現実と欧州市民の感情やニーズに一層相応しているからである。

第二は，今後の欧州統合はいわゆる「先行統合」の傾向を強めながら進められるであろう。フィッシャーが前衛あるいは重心と呼び，シラクがパイオニア・グループと呼んだ「ハードコア欧州（hardcore Europe）」統合が一段と進むことが考えられる。

ブレアはハードコア欧州統合によって，ヨーロッパが「中心」グループと「周辺」グループとに分断されることに強く反対しているが，先行統合については，マーストリヒト条約はすでにイギリスやデンマークに対してEMU最終段階移行への適用除外（opt-out）を容認している前例がある。

第三は，国民国家からなる連邦は，EUが排他的権限をもつ政策分野，EUと加盟国が共管する政策分野，加盟国が所管する政策分野が明確に規定されて，「補完性原則（権限の分担）」にしたがって一段と管理・運営されていくことになるだろう。

「ブリュッセルがヨーロッパに君臨する」ようなEUへの野放図で，過度の権限集中化にはブレーキーがかかることになるだろう。イギリスや北欧，あるいは2004年に新規に加盟してくる中・東欧は，特にEUへの権限集中化に強く反対する立場をとっている。

サッチャー英首相が一貫してとった立場を思い起こしてみればよい。「顔のない」と揶揄される肥大化するEU官僚機構（ユーロクラート）の国益軽視に対する欧州市民の批判や反発も過度の権限集中化にブレーキをかける傾向を強

めていくだろう。

　第四は，発効時期は遅れるにしても欧州憲法条約が制定される可能性が高まったことである。ヨーロッパの大部分の国家をカバーする憲法的条約が制定されることはまさに画期的なことであろう。1951年調印されたECSC条約から様々な基本条約や法規則が調印・批准あるいは決定・実施されてEUの法体系を形成してきた。その複雑なアキ・コミュノテールは解釈不能で複雑な法体系である。EU（EC）法は欧州市民にとっても理解可能で「明確，透明，簡素」なものに書き換えられる必要があろうし，欧州人権規約や基本権憲章を含む欧州市民憲章へと発展していく可能性もあろう。

　いずれにしても，ラーケン宣言に明記されたように，多極化した国際経済社会において，EUが安定的要素としてのモデルとして発展していくのかどうか，21世紀に入って多くの挑戦と課題がヨーロッパの前途に待ち構えている。

■ 参 考 文 献

G. ベルトラン／A. ミシャルスキ／L. ペンク編著，小久保康之監訳『ヨーロッパ2010——EU・世界を読み解く5つのシナリオ』ミネルヴァ書房，2000年。
テオ・ゾンマー著，加藤幹雄訳『不死身のヨーロッパ——過去・現在・未来』岩波書店，2000年。
ヘルムート・シュミット著，大島俊三・城崎照彦訳『グローバリゼーションの時代——21世紀への最大の課題に挑む』集英社，2000年。

（田中友義）

資料編

	首　都	主　要　言　語	名目GDP (百万ドル)	人　口 (百万人)
ベルギー	ブリュッセル	オランダ・フランス・ドイツ語	244,693	10.30
ドイツ	ベルリン	ドイツ語	1,986,072	82.41
ギリシャ	アテネ	ギリシャ語	133,027	10.97
スペイン	マドリード	スペイン語	655,193	40.98
フランス	パリ	フランス語	1,431,206	59.85
アイルランド	ダブリン	アイルランド・英語	121,724	3.91
イタリア	ローマ	イタリア語	1,184,218	57.48
ルクセンブルク	ルクセンブルク	ルクセンブルク・フランス・ドイツ語	21,076	0.45
オランダ	アムステルダム	オランダ語	418,454	16.07
オーストリア	ウィーン	ドイツ語	205,471	8.11
ポルトガル	リスボン	ポルトガル語	121,664	10.05
フィンランド	ヘルシンキ	フィンランド語	131,485	5.20
デンマーク	コペンハーゲン	デンマーク語	172,357	5.35
スウェーデン	ストックホルム	スウェーデン語	240,579	8.87
イギリス	ロンドン	英　語	1,563,061	59.07
キプロス	ニコシア	現代ギリシャ・トルコ語	10,139	0.80
マルタ	バレッタ	マルタ・英語	3,869	0.39
チェコ	プラハ	チェコ語	69,509	10.25
ハンガリー	ブダペスト	ハンガリー語	65,843	9.92
ポーランド	ワルシャワ	ポーランド語	188,997	38.62
スロバキア	ブラティスラバ	スロバキア語	23,686	5.40
スロベニア	リュブリアナ	スロベニア語	21,960	1.99
ルーマニア	ブカレスト	ルーマニア語	45,749	22.39
ブルガリア	ソフィア	ブルガリア語	15,563	7.96
エストニア	タリン	エストニア語	6,503	1.34
ラトビア	リガ	ラトビア語	8,403	2.33
リトアニア	ビリニュス	リトアニア語	13,804	3.47

注：名目GDP・人口・1人当たりGDPは2002年現在，為替レートは2004年2月末現在，経済成長率・イ
出典：国際通貨基金，"International Financial Statistics"，欧州委員会，"European Economy" など。

統　計

1人当たりGDP（名目）（ドル）	為替レート（1ドル当たり）	通貨名	経済成長率（％）	インフレ率（％）	失業率（％）	財政収支／GDP比率（％）
23,766	0.8024	ユーロ	0.8	1.5	8.2	0.2
24,099	0.8024	ユーロ	0.0	1.1	9.4	−4.2
12,127	0.8024	ユーロ	4.1	3.6	9.5	−1.7
15,989	0.8024	ユーロ	2.3	3.1	11.3	0.0
23,913	0.8024	ユーロ	0.1	2.1	9.4	−4.2
31,125	0.8024	ユーロ	1.6	4.1	4.8	−0.9
20,601	0.8024	ユーロ	0.3	2.8	8.8	−2.6
47,127	0.8024	ユーロ	1.2	2.2	3.7	−0.6
26,044	0.8024	ユーロ	−0.9	2.4	4.4	−2.6
25,332	0.8024	ユーロ	0.9	1.3	4.5	−1.0
12,108	0.8024	ユーロ	−0.8	3.4	6.6	−2.9
25,298	0.8024	ユーロ	1.5	1.4	9.3	2.4
32,208	5.9810	クローネ	0.8	2.3	5.5	0.9
27,131	7.4017	クローナ	1.4	2.3	5.7	0.2
26,462	0.5358	ポンド	2.0	1.4	4.9	−2.8
12,741	0.4696	キプロス・ポンド	2.0	4.3	3.9	−5.2
9,855	0.3419	マルタ・リラ	0.8	1.3	7.0	−7.6
6,784	26.0120	コルナ	2.2	0.0	3.9	−8.0
6,636	206.9000	フォリント	2.9	4.6	5.6	−5.4
4,893	3.8695	ズローチ	3.3	0.7	20.6	−4.3
4,388	32.6450	コルナ	3.8	8.5	17.7	−5.1
11,058	190.8800	トラール	2.1	5.9	6.4	−2.2
2,044	32,228.0000	レイ	4.6	15.3	6.5	−2.7
1,954	1.5634	レバ	4.5	2.0	15.3	0.0
4,860	12.5641	クローン	4.4	1.6	8.6	0.0
3,608	0.5340	ラト	6.0	2.5	12.4	−2.7
3,984	2.7724	リタス	6.6	−0.9	12.3	−2.6

ンフレ率・失業率・財政収支／GDP比率は，欧州委員会による2003年実績見込み（2003年秋発表）。

関 連 年 表

年代	月	社 会 の 動 き
1923年	10月	リヒャルト・クーデンホフ・カレルギー「パン・ヨーロッパ」出版
1950年	5月	ロベール・シューマン「シューマン・プラン」発表
1952年	7月	欧州石炭鉄鋼共同体（ECSC）が発足
1958年	1月	欧州経済共同体（EEC），欧州原子力共同体（EURATOM）が発足
1960年	5月	欧州自由貿易連合（EFTA）が発足
1961年	8月	「ベルリンの壁」が構築
1964年	7月	農業共同市場が発足
1966年	1月	「ルクセンブルグの妥協」が成立
1967年	7月	ECSC，EEC，EURATOM の執行機関が併合，欧州共同体（EC）が成立
1968年	7月	関税同盟および共通農業政策（CAP）が完成
1970年	10月	経済通貨同盟（EMU）に関するウェルナー・プラン発表
1972年	4月	EC 縮小為替変動制度（「トンネルのなかのヘビ」）が発足
1973年	1月	第1次拡大（イギリス・アイルランド・デンマークが EC に加盟）
	3月	EC 各国通貨対ドル・フロート制へ（「トンネルを出たヘビ」）
1975年	2月	ACP 46 カ国と第1次ロメ協定を締結
1979年	3月	欧州通貨制度（EMS）が発足
	6月	第1回欧州議会直接選挙
	10月	ACP 58 カ国と第2次ロメ協定に調印
1981年	1月	第2次拡大（ギリシャが EC に加盟）
1984年	6月	第2回欧州議会直接選挙
	12月	ACP 65 カ国と第3次ロメ協定に調印
1985年	6月	ミラノ欧州理事会が「域内市場統合白書」を採択
1986年	1月	第3次拡大（スペイン・ポルトガルが EC に加盟）
1987年	7月	単一欧州議定書（SEA）発効
1988年	3月	EC 委員会が「チェッキーニ報告」を発表
1989年	4月	経済通貨同盟に関するドロール報告書が発表
	6月	第3回欧州議会直接選挙
	11月	「ベルリンの壁」が崩壊
	12月	ACP 69 カ国と第4次ロメ協定に調印
	12月	ストラスブール欧州理事会が「欧州社会憲章」を採択
1990年	7月	第4次資本自由化指令発効，EMU 第1段階がスタート
	10月	ドイツ統一
	10月	英ポンドが EMS の為替レート・メカニズム（ERM）に参加
1991年	12月	マーストリヒト欧州理事会で「欧州連合条約」締結に合意
1992年	2月	「欧州連合条約（通称「マーストリヒト条約」）」に調印
	6月	デンマークが国民投票によって欧州連合条約の批准を拒否
	9月	EMS 危機により，英ポンド・伊リラが為替レート・メカニズムから離脱
1993年	1月	単一欧州市場が成立（市場統合が完成）
	11月	欧州連合条約が発効，以降，EU と称される
	11月	欧州委員会「成長，競争力，雇用に関する白書」を発表

関連年表

年	月	事項
	12月	コペンハーゲン欧州理事会で「コペンハーゲン基準」を設定
1994年	1月	EMU 第2段階がスタート,欧州通貨機構(EMI)設立
	1月	EFTA との間で欧州経済領域(EEA)を創設
	6月	第4回欧州議会直接選挙
1995年	1月	第4次拡大(スウェーデン・フィンランド・オーストリアが EU に加盟)
	11月	ACP 70カ国と改定第4次ロメ協定に調印
	12月	マドリード欧州理事会が単一通貨の名称を「ユーロ」と決定
1996年	11月	伊リラが ERM に復帰
1997年	6月	アムステルダム欧州理事会が「安定成長協定」を採択
1998年	5月	ブリュッセル特別欧州理事会が EMU 参加国を11カ国とすることを決定
	6月	欧州中央銀行(ECB)が発足
	12月	蔵相理事会が EMU 参加国通貨とユーロの固定為替レートを決定
1999年	1月	EMU 第3段階がスタート,11カ国間で非現金取引にユーロを導入
	3月	ベルリン特別欧州理事会で「アジェンダ2000」に合意
	5月	アムステルダム条約が発効
	6月	ケルン欧州理事会で「欧州雇用協定」に合意
	6月	第5回欧州議会直接選挙
2000年	3月	リスボン欧州理事会において,EU 経済の競争力強化のための「リスボン戦略」を採択
	10月	ACP 77カ国とコトヌー協定に調印
2001年	1月	ギリシャが EMU 第3段階に参加
2002年	1月	ユーロ紙幣・硬貨の流通開始
	2月	「欧州の将来に関するコンベンション」がスタート
	3月	EMU 第3段階に参加した12カ国通貨をすべて廃貨,EMU が完成
	12月	コペンハーゲン欧州理事会で10カ国(チェコ・ポーランド・ハンガリー・スロバキア・スロベニア・リトアニア・エストニア・ラトビア・マルタ・キプロス)の EU 加盟を承認。加盟時期は2004年5月
2003年	2月	ニース条約が発効
	2月	クロアチアが EU 加盟申請
	4月	10カ国の加盟予定国と加盟条約に調印
	6月	「コンベンション」が EU 憲法草案を採択
	6月	テッサロニキ欧州理事会が EU 憲法草案を了承
	10月	EU 憲法草案に関する政府間会合がスタート
	11月	経済蔵相理事会(ECOFIN)は財政赤字/GDP 比率が3%を上回っているドイツとフランスに制裁を課さないことを決定
	12月	ブリュッセル欧州理事会は EU 憲法草案の採択を断念
2004年	5月	第5次拡大(ポーランド・ハンガリー・チェコ・スロバキア・スロベニア・リトアニア・エストニア・ラトビア・キプロス・マルタが EU に加盟)
	6月	欧州理事会で欧州憲法が採択
	10月	欧州憲法条約に署名
	11月	「リスボン戦略」の見直しに関するコック・レポート発表
2005年	1月	「日・EU 市民交流年」がスタートし,様々な関係行事が始まる
	5月	フランスにおいて欧州憲法を巡る国民投票が行なわれ同国民は否決
	6月	オランダにおいて欧州憲法を巡る国民投票が行なわれ同国民は否決
	10月	トルコの EU 加盟交渉がスタート

索　引

［ア　行］

アキ・コミュノテール　236, 254
アクション・プログラム　224
アデナウアー，コンラート　22
アムステルダム条約　82
安定成長協定（SGP）　117
イギリス病　18
イタリアの奇跡　33
医療制度　163
ウェルナー・レポート　112
栄光の30年　29
エウロペ　1
エネルギー関連税制（の調和）　206
エリクソン　61, 62
エンプロイメント・フレンドリー　175
欧州
　──温暖化防止プログラム（ECCP）　198
　──環境庁（EEA）　193
　──研究開発共同体　103
　──研究領域　102
　──憲法条約草案　252
　──雇用戦略　173
　──社会モデル　241
　──石炭鉄鋼共同体（ECSC）　212
　──中央銀行（ECB）　114
　──通貨制度（EMS）　110
　──投資銀行　193
　──の将来に関するコンベンション（協議会）　11, 82
　──連合に関する条約（マーストリヒト条約）

　　81, 113
　──連邦　11, 246, 252
大きな政府　30
オーダリー・マーケティング　213

［カ　行］

介護　166
価格決定の財政理論　119
拡大　233
確定給付型（給付建て）　159
確定拠出型（拠出建て，掛金建て）　159
株式インデックス　132
カレルギー伯，クーデンホフ　10
為替レートメカニズム（ERM）　110
環境
　──行動計画　190
　──財政改革　208
　──政策　192
　──税制改革　205-208
関税同盟　212
起業家精神　179
気候変動に関する政府間パネル（IPCC）　197
給付　150
京都議定書　198
巨額インフラ投資を要する指令　196
拠出　150
グローバリゼーション　91
グローバル運用　132
グローバルバンク　139
経済通貨同盟（EMU）　109

260

索　引

経済の奇跡　22
研究開発費　101
原単位　194
公開調整方法　154
構造的失業率　170
公的扶助　150, 157
国王問題　46
国際競争力　99
国際通貨　121
国民国家からなる連邦　248, 252
国有化　16, 27, 30
雇用保護法制の見直し　188
コール，ヘルムート　25
ゴーリスム（ド・ゴール主義）　28
混合経済　28
　——体制　35
コンバージェンス取引　130

［サ　行］

再生可能エネルギー　202
　——電力促進のためのEU指令　204
財政　150
最低限所得制度　159
最適通貨圏　106
サッチャー，マーガレット　18
サッチャリズム　18
サーブ　57
ジェンダー主流化アプローチ　181
仕事の質　182
市場経済化　239
社会
　——協定　47
　——的経済　179
　——的市場経済　23
　——的統合　157
　——的統合戦略　177

　——的排除　177
　——保険　150
　——保護　150
就業能力　174
就業率　176
重金属　194
柔軟性の原則　85
シューマン・プラン　29
シュレーダー，ゲアハルト　26
生涯学習　179
シラク，ジャック　31
深化と拡大　69, 80
新機能主義　11
新自由主義（ネオ・リベラリズム）　31
信認輸入仮説　111
新前川レポート　225
スウェーデン方式　161
スウェーデン・モデル　56
スカンジナビア航空　57
スカンジナビア主義　44, 58
スクリュードライバー規制　227
スネーク　109
スーパー・リージョナルバンク　140
スピルオーバー効果　11
スミソニアン体制　109
潜在成長力　101
全要素生産性　100
相対的貧困　157
即時グロス決済システム（RTGS）　137
ソーシャル・ヨーロッパ　172

［タ　行］

第三の道　20
多極共存型社会　48
ダラリゼーション　105
炭素税　206

261

地域主義政党　49
小さな政府　5
地球温暖化問題　197
知識基盤経済・社会　241
チャーチル，ウィンストン　16
中央計画局(CPB)　48,55
長期失業率　171
超国家主義　68
調整(整合化)　153
調和　154
積立方式　160
抵当証券(ジャンボ・ファントブリーフ)　131
ディーリング業務　136
適応能力　180
適用除外　84
電力買い取り制　204
ドイツ病　26
ドイツ問題　66
投資銀行業務　143
ド・ゴール，シャルル　28
トルコ　2
ドロール　80
　　――報告　112

[ナ　行]

二極通貨体制　124
二国間主義　226
二重の配当　206
ニース条約　82
日欧協力の10年　215
日本
　　――EEC繊維協定　213
　　――・EC高級事務レベル協議　213
　　――・EU閣僚会議　213
　　――・EU共同宣言　214,228
　　――EU協力のための行動計画　230
　　――EU自動車合意　227
　　――EU首脳協議結論文書　230
　　――企業の対EU直接投資　221
　　――・シンガポール新時代経済連携協定　226
ヌーボーマルシェ　135
ネオ・リベラリズム　23
年金改革　159
ノキア　62

[ハ　行]

排出量取引　201
ハーグEC首脳会議　77
パリ・ボン枢軸　29
ビッグバン・アプローチ　131
ファクター4　205
フィナンシャル・イノベーション　95
賦課方式　160
福祉国家　16,56
フランコ政権　44
フランデレン　46,47,49,52,53
フル就業　176
ブレア，トニー　20
ブレトンウッズ体制　108
米ソ冷戦　68
ベルルスコーニ，シルヴィオ　36
ベンチャー株式市場　135
防衛協力　83
貿易関連投資措置　93
保革共存(コアビタシオン)　31
補完性の原理　85
北欧理事会　57
ボスポラス・ダーダネルス両海峡　2
ホームバイアス　132
ホールセールバンク　139

索　引

ポンド危機　108

[マ　行]

前川レポート　225
マネージング・チェンジ　180
マルテンス　52
ミッテラン，フランソワ　30
民営化　35
　——政策　19, 25, 31
民主化の第三の波　78
ミーンズ・テスト（資力調査）　158
メイク・ワーク・ペイ　177
メガ・ディール　97
目的の収れん　154
モネ，ジャン　28
モネ・プラン　28

[ヤ　行]

ユーレックス　132
ユーロシステム　114
ユーロネクスト　133
ユーロペシミズム　13
ヨーロッパと日本——将来の展望　214

[ラ　行]

ラーケン宣言　249
ラムファルシーグループ　144
リスボン戦略　241, 242
リテールバンク　139
ルクセンブルク・プロセス　245
レートメカニズム（ERM）　110
連邦主義　10
ロイヤル・ダッチ・シェル　47, 51
労働組織の現代化　180

労働力移動の自由化　237
老齢依存率　160
ローカル・コンテンツ要求　93

[ワ　行]

割り当て制　204
ワロン　52, 54
　——地方　46, 47, 49, 52, 53

[A to Z]

CO_2 削減義務分担　199
EC 炭素・エネルギー税指令案　206
ECSC　72
ECU　109
EDC　73
EEC　74
eEurope（欧州電子化計画）　243
EFTA　74
EU 拡大　236
EU 新加盟国の環境政策　193
GATT　93
　——第35条　212
ICT 産業　99
IT
　——改革　243
　——産業　62
　——先進国　61
LIFE 基金　195
LIFFE　135
NCBs　114
Phare プログラム　195
QUO VADIS EUROPE　252
TARGET　138
WTO　93

263

執筆者紹介（所属，執筆分担，執筆順，＊は編者）

＊久保　広正（神戸大学大学院経済学研究科教授，序章・第4章）

＊田中　友義（駿河台大学経済学部教授，第1章・終章）

奥西　孝至（神戸大学大学院経済学研究科教授，第2章）

玉木　俊明（京都産業大学経済学部助教授，第2章）

小林　正英（尚美学園大学総合政策学部専任講師，第3章）

髙屋　定美（関西大学商学部教授，第5章）

林　秀毅（株式会社新光証券商品企画部部長・グローバルストラテジスト，第6章）

河野　誠之（九州国際大学国際関係学部教授，第7章）

濱口　桂一郎（東京大学大学院法学政治学研究科附属比較法政国際センター客員教授，第8章）

朴　勝俊（京都産業大学経済学部専任講師，第9章）

柴田　明夫（丸紅経済研究所主席研究員，第10章）

《編著者紹介》

田中　友義（たなか・ともよし）
1940年　京都市に生まれる。
1963年　大阪外国語大学フランス語学科卒業。
現　在　駿河台大学経済学部教授。
主　著　『ゼミナール欧州統合』（共著）有斐閣，1996年。
　　　　『ヨーロッパ対外政策の焦点』（編著）日本貿易振興会，2000年。
　　　　『現代経営用語の基礎知識』（編著）学文社，2001年。
　　　　『EUの経済統合』中央経済社，2001年。
　　　　『EU経営史』（共著）税務経理協会，2001年。

久保　広正（くぼ・ひろまさ）
1949年　大阪府に生まれる。
1973年　神戸大学経済学部卒業。
現　在　神戸大学大学院経済学研究科教授，博士（経済学）。
主　著　『EC「統合市場」のすべて』日本経済新聞社，1989年。
　　　　『ヨーロッパ対外政策の焦点』（共著）日本貿易振興会，2000年。
　　　　『グローバリゼーションの光と影』（共著）文眞堂，2001年。
　　　　『現代ヨーロッパ経済』（共著）有斐閣，2001年。
　　　　『欧州統合論』勁草書房，2003年

現代世界経済叢書　第5巻
ヨーロッパ経済論

2004年4月20日　初版第1刷発行
2006年3月20日　初版第2刷発行

検印廃止

定価はカバーに表示しています

編著者　田中　友義
　　　　久保　広正
発行者　杉田　啓三
印刷者　江戸　宏介

発行所　株式会社　ミネルヴァ書房
607-8494　京都市山科区日ノ岡堤谷町1
電話代表　（075）581-5191番
振替口座　01020-0-8076番

©田中友義・久保広正，2004　共同印刷工業・藤沢製本

ISBN4-623-03989-7
Printed in Japan

現代世界経済叢書

全8巻

（Ａ５判　美装カバー　各巻平均300頁）

第1巻	日本経済論	植松忠博・小川一夫 編著
第2巻	中国経済論	加藤弘之・上原一慶 編著
第3巻	アメリカ経済論	村山裕三・地主敏樹 編著
第4巻	アジア経済論	北原　淳・西澤信善 編著
第5巻	ヨーロッパ経済論	田中友義・久保広正 編著
第6巻	ロシア・東欧経済論	大津定美・吉井昌彦 編著
第7巻	ラテンアメリカ経済論	西島章次・細野昭雄 編著
第8巻	アフリカ経済論	北川勝彦・高橋基樹 編著

―― ミネルヴァ書房 ――
http://www.minervashobo.co.jp/